MW01676332

TABÉ JAVA, TABÉ INDIË

RONALD NIJBOER

TABÉ JAVA

DE KOLONIALE OORLOG VAN MIJN OPA

TABÉ INDIË

HarperCollins

HarperCollins
PUBLISHERS
Since 1817

Omslagontwerp: Wim van de Hulst & Marion Rosendahl
Beeldmontage en auteursfoto: Wim van de Hulst
Zetwerk: Mat-Zet B.V., Soest
Druk: CPI Books GmbH, Germany

ISBN 978 94 027 2730 2
NUR 320/680
Eerste druk augustus 2017

Originele uitgave verschenen bij HarperCollins Holland

HarperCollins Holland en Harlequin Holland zijn divisies van Harlequin Enterprises Limited
www.harpercollins.nl

INHOUDSOPGAVE

1

ORANJE BOVEN!

Een luid gejuich vulde Hardenberg toen de Canadese bevrijders de Voorstraat binnenreden. Zittend op hun gevechtswagen zwaaiden drie van de soldaten de menigte toe. Meisjes met oranje strikken in het haar beklommen het voertuig om hun helden zo dicht mogelijk te naderen. Aan hun moeders hand wuifden kinderen met Nederlandse vlaggetjes. Een gulle glimlach verscheen onder de platte petten van de Hardenbergse mannen. De mensen stonden op elkaar gepakt terwijl het 'Oranje boven' uit hun kelen galmde. Voorzichtig, maar zelfbewust baande Evert-Jan Nijboer zich een weg naar voren. 'We moeten vlak achter de tank zijn, dan beleven we het meest,' zei hij tegen zijn vriend Theo.

De jongens waren die ochtend al om zes uur te voet vertrokken van de boerderij in de Schans, een buurtschap enkele kilometers van Hardenberg. ''s Nachts kon ik van blijdschap niet slapen,' schreef Evert-Jan in zijn dagboek. Zijn moeder had liever dat hij binnenbleef. De Duitsers zaten nog overal – een dag eerder 'hadden [ze] Moeder de fiets nog afgenomen'. Hardenberg werd zelf weliswaar bevrijd, de omgeving was dat nog niet. Er werd nog veel gevochten, vaak man tegen man. Toch namen Evert-Jan en Theo dat risico voor lief, want van de aanstaande bevrijding wilden ze niets missen.

Tot aan Hardenberg was er weinig aan de hand. De jongens passeerden de weilanden waar boeren en hun arbeiders ondanks de bezetting doorgingen met het omspitten van hun grond. Bomenrijen van eiken en esdoorns langs de alsmaar rechte wegen bepaalden het landschap. Op vijf minuten afstand van de stad hoorden ze opeens een schot. Ze waren gezien door een groep Duitsers en werden onder vuur genomen. Zo snel mogelijk renden ze terug in de richting waar ze vandaan kwamen. Geen van de acht geloste schoten wist de jongens te raken, hoewel drie kogels vlak voor Evert-Jan in de grond vlogen. 'Dat was niet mooi meer,' schreef hij er later over. Wellicht was de ongerustheid van moeder niet helemaal onterecht geweest. Desondanks bleven ze volharden in hun voornemen de stad te bereiken. Dan maar via de boskant van de stad, waar ze een bootje vonden om de Vecht mee over te steken. Hier geen Duitser te bekennen, en zonder verder oponthoud bereikten ze het centrum van Hardenberg. En wat was het de moeite waard. Iedereen was uitzinnig van blijdschap en schudde elkaar de hand. 'Wat een vrijheid, het juk is verpletterd.'

Op 6 april 1945 vierde Hardenberg de bevrijding. De geallieerden trokken door het oosten van Overijssel, waar ze de dorpen en steden een voor een van de bezetter verlosten. Gramsbergen, Coevorden, Ommen, overal vlogen feestvierende mensen elkaar in de armen. Het was een kwestie van weken voordat de rest van Nederland zou volgen. Iedereen voelde het historische belang van die dagen. Zo ook Evert-Jan Nijboer, en daarom begon hij met het bijhouden van een dagboek. 'Een blijde dag. Het begin van de vreugde. Het begin der vrijheid.'

Vermoedde hij toen al dat hij behalve de bevrijding nog een gedenkwaardige periode in de Nederlandse geschiedenis zou optekenen? Dat hij de halve wereld over zou varen om te vechten voor het behoud van de kolonie Nederlands-Indië? Dat hij getuige zou zijn van het einde van driehonderdvijftig jaar Hollandse overheersing in de Indonesische archipel? Waarschijnlijk niet. Op dat moment, midden in die vreugdevolle menigte, had hij hele andere dingen aan zijn hoofd. Daar trokken vooral de Hardenbergse meisjes zijn aandacht. Met hun ontwapenende lach waren ze mooier dan ooit, maar oog voor de Hollandse jongens hadden ze niet. Hun belangstelling ging uit naar die knappe Canadezen.

De ochtend na het bevrijdingsfeest in Hardenberg werd Evert-Jan wakker met de wetenschap dat er op vele plekken nog hevig gevochten werd. Nu zijn dorp bevrijd was, had hij eindelijk de mogelijkheid om zelf iets te doen. De meeste jongens van zijn leeftijd – Evert-Jan was eenentwintig – hadden de bezettingstijd lijdzaam ondergaan. Velen waren tewerkgesteld in Duitsland. Evert-Jan had in 1943 ook een oproep gekregen, waarna hij besloot onder te duiken bij een boer in de omgeving, waar hij als knecht nog van enig nut kon zijn. 'Ondergrondse bladen kreeg ik geregeld,' schreef hij toen weliswaar, maar verder voelde hij zich machteloos. Dat was nu afgelopen. Zoals veel Nederlanders meldde hij zich aan bij de Binnenlandse Strijdkrachten, de BS. In september 1944 hadden de belangrijkste verzetsgroepen hun krachten gebundeld en vormden sindsdien de BS, met prins Bernhard als bevelhebber. De Binnenlandse Strijdkrachten moesten de geallieerden steun bieden tijdens de bevrijding en konden daarna meehelpen met het handhaven van de orde. Elke man die iets wilde doen sloot zich aan, 'oude militairen, maar ook jongens die nooit een geweer vasthielden, waaronder ik'. Waar mankracht nodig was, werden de Binnenlandse Strijdkrachten ingezet om belangrijke plaatsen te beveiligen. In de weken tot de bevrijding van heel Nederland werd Evert-Jan ingezet voor het bewaken van bruggen en boerderijen.

Toen begin mei het nieuws van Hitlers dood doorsijpelde, was de Duitse overgave een kwestie van dagen. En inderdaad, op 5 mei 1945 kon de overwinning worden gevierd. Het werd een extra bijzondere dag voor Evert-Jan, want 'vandaag m'n 22ste verjaardag'. Het werd er eentje om te onthouden.

Evert-Jan trad aan op het marktplein van Wijhe, nabij Zwolle. Het feest was nog uitbundiger, nog grootser dan in Hardenberg. 'Het was al vlaggen en al oranje en blijde mensen wat je zag.' Toespraken volgden. De burgemeester stond stil bij al het leed dat was geleden en loofde de koningin en het Nederlandse volk. De gereformeerde dominee benadrukte dat de band 'God, Nederland en Oranje' weer hersteld was.

Daarna richtte ieders aandacht zich op de radio. 'En thans. De koningin. Dat was een mooi ogenblik. Haar eigen stem te horen op eigen bodem. Zij bracht hartelijk dank aan allen die aan de bevrijding hebben meegewerkt.' Koningin Wilhelmina had ook aandacht voor 'onze rijksgenoten van Nederlands-Indië, die nog zoo bitter onder den zware druk van den vijand moeten lijden'. In tegenstelling tot de Duitsers hadden de Japanse overheersers in Azië nog niet gecapituleerd. Sinds 1942 viel Nederlands-Indië onder Japans gezag, en de koningin vergat 'onze rijksgenoten' in de Oost niet. 'Moge ook voor hen, mede door onze krachtsinspanning, spoedig het uur der bevrijding aanbreken.'[1] Evert-Jan luisterde geboeid. 'Ook sprak ze tot de overzeese gewesten, en zei dat ook voor hen de dageraad der bevrijding begon te gloren.' Bij het beëindigen van haar toespraak klonken de eerste tonen van het Wilhelmus. 'Dit is een van de mooiste verjaardagen voor mij kan ik wel zeggen,' vond Evert-Jan.

Nu de vrede daar was en de mensen weer vooruitkeken bleek het toekomstperspectief voor veel Nederlanders troebel te zijn. 'Ja, de opbouw gaat niet zoo makkelijk, afbreken gaat gauwer,' schreef een vriend aan Evert-Jan. Na vijf jaren van oorlog lagen niet alleen steden en dorpen in puin, ook de economie moest opnieuw worden opgebouwd. Uitzicht op werk was er amper.

Maar er lonkte een alternatief. Nederland wilde zo snel mogelijk met een volwaardig leger deelnemen aan de oorlog tegen Japan om de Indische kolonie weer in te lijven. Nederlands-Indië had eeuwenlang gefunctioneerd als melkkoe voor de Nederlandse staat. Nederland kon niet zonder, zo was de gedachte – 'Indië verloren, rampspoed geboren' – en voor het behoud van de kolonie waren jonge Hollandse mannen nodig.

Evert-Jan zag het leger al tijdens de bezetting als een reële optie. Al in 1944 'had ik met m'n broer Gerrit-Jan afgesproken ons te melden tegen Japan'. Voor beiden klonk het soldatenleven interessanter dan een onzeker bestaan als boerenknecht. Dat gold voor veel jongens binnen de BS. Het leger bood een stabiel inkomen voor langere tijd, en de regering beloofde goede voorwaarden als de soldaten weer thuiskwamen. Zo zouden vroegere werkgevers verplicht zijn om terugkerende oorlogsvrijwilligers hun baan terug te geven en kwamen er mogelijkheden voor scholing.[2] Een gunstig vooruitzicht, en dat al vechtende voor de goede zaak, het vaderland.

Dat plichtsbesef was een tweede belangrijke motivatie. Nederland was dan wel bevrijd, in Nederlands-Indië werd de bevolking nog steeds onderdrukt. De media riepen op om Indië zo snel mogelijk te verlossen van de 'Jappen'. De familie Nijboer las de krant *Trouw*, tijdens de oorlog opgericht als verzetsblad. Net als vader en moeder Nijboer waren de meeste lezers gereformeerd en aanhanger van de protestantse Anti-Revolutionaire Partij (ARP). *Trouw* herinnerde Evert-Jan en Gerrit-Jan dagelijks aan de plicht van 'onze jonge menschen' om zich in te zetten voor 'de groote zaak van ons koninkrijk'. Zonder Indië zou ons land 'een niets beteekenende kleine natie' zijn. Een politicus schetste het angstbeeld dat Nederland zonder de kolonie zou afglijden tot de rang van een onbetekenend land als Denemarken.[3] 'Met Indië daarentegen,' schreef *Trouw*, 'zijn we een groot en sterk rijk, dat met 80 miljoen inwoners zijn plaats inneemt in de rij der grootere rijken.' De krant liet niet na te benadrukken dat het hier om een hogere roeping ging. 'Alleen in geloovige overgave aan God en aan Zijn Woord ligt de weg open naar een nieuwe toekomst.'[4]

Naast de mogelijkheid van een vast inkomen en het plichtsgevoel was de hang naar avontuur bij de gebroeders Nijboer misschien wel het doorslaggevende argument om te kiezen voor Indië. Sterker dan hun andere broers voelden Evert-Jan en Gerrit-Jan de drang om de vlakke landbouwgronden te verlaten voor iets nieuws, iets onbekends. Verder dan over de grens bij Duitsland waren ze nooit geweest, en samen fantaseerden ze over dat land, liggend rond de evenaar, aan de andere kant van de wereld: Nederlands-Indië. Eilandennamen als Flores, Timor en Celebes kenden ze van school, waar ze op geïllustreerde platen palmbomen, specerijen en mensen met een donkere huidskleur hadden gezien. Maar veel meer wisten ze niet van het land. Hoe zouden de mensen daar praten? Was het er echt zo warm? En hoe verbouwden ze hun gewassen?

De overheid speelde gretig in op deze mengeling van gevoelens van avontuur, idealisme en pragmatisme. Een van de affiches uit die tijd toont de tekst: 'En nu Indië! Meldt u als Vrijwilliger'. Op de afbeelding een Nederlandse vlag waarbij de vlaggenstok de rijzende Japanse zon doorklieft en zich neerplant op de Indische eilanden.[5] Op een ander affiche is een Hollandse leeuw in uniform te zien, de borst vooruit, staande op een wereldbol. 'Zie de wereld. Pak aan in Indië. Neem dienst.'[6]

Al in 1943 was de Nederlandse regering in Londen begonnen met plannen voor de wederopbouw na de bevrijding. Er moest zo snel mogelijk een representatief leger komen, niet alleen voor het herstel in Nederland, ook om het gezag in de Indische kolonie terug te winnen.[7] Alle jonge mannen oproepen als dienstplichtige was een administratieve monsterklus waar Nederland vlak na de oorlog nog niet toe in staat was. Bovendien was het vanuit de Grondwet verboden om soldaten zonder hun toestemming in de koloniën in te zetten.[8] Op de achtergrond werd alles in gang gezet om dit aan te passen, maar voor het moment koos de regering voor een snellere optie: het rekruteren van tienduizenden zogenoemde oorlogsvrijwilligers. Mannen die uit zichzelf bereid waren mee te helpen aan de bevrijding van Nederlands-Indië. Aanmeldingsbureaus werden geopend om oorlogsvrijwilligers te werven. In oktober 1944 opende het eerste bureau in het inmiddels bevrijde Eindhoven. Het enthousiasme bleek groot, want de inschrijvingen stroomden binnen. Dankzij de geallieerde bevrijders was de soldaat een populair symbool geworden; het toonbeeld van lef, kracht en mannelijkheid. Daarbij was Evert-Jans generatie allesbehalve oorlogsmoe. Na vijf benauwde jaren wilden ze eropuit, iets terugdoen voor hun land.[9]

Na twee weken stond de teller bij het aanmeldingsbureau in Eindhoven al op drieduizend vrijwilligers, en de aanplakbiljetten waren nog niet eens opgehangen. In oktober en november 1944 telde het vrije Zuid-Nederland dertien aanmeldingsbureaus, een maand later hadden zo'n achttienduizend vrijwilligers zich ingeschreven. Historicus Loe de Jong citeerde een rapport uit die tijd: 'Bij de aanmelding blijkt dat de mensen komen met de bedoeling iets voor Nederland te doen. Zij zijn volkomen bereid naar het Verre Oosten te gaan. [...] Eén vraag is er, die we practisch van elke man krijgen, en dat is de vraag: 'Wanneer gaan we weg?' Ons antwoord hierop heeft met enige reserve geluid: 'Over een maand, misschien iets langer.' Dit is reeds een termijn die verreweg de meesten te lang vinden. [...] Neen, ze komen zich melden om mee te doen, liever vandaag dan morgen.'[10]

Bij het openen van de eerste aanmeldingsbureaus in Overijssel in mei 1945 bleek het enthousiasme nog niet verstomd. Evert-Jans latere collega-soldaat Arend Ruijsink woonde in Zutphen en vertelt jaren nadien hoe graag hij daar weg wilde. 'We hadden vijf jaar oorlog achter de rug, ik wilde weleens wat gaan doen. Het ging toch een beetje knellen thuis, het was al heel wat als je uit logeren ging.' In de Zutphense krant riep een advertentie de jongens op om Indië te bevrijden van de Japanners. 'Ik ging me aanmelden bij een kantoor in Zutphen en moest in de rij staan, zo populair was het.'

Ook Evert-Jan en Gerrit-Jan besloten zich, zoals afgesproken, in te schrijven. Op 17 mei 1945 zette Evert-Jan zijn handtekening en werd hij oorlogsvrijwilliger bij de Koninklijke Landmacht (KL). Twee weken later volgde Gerrit-Jan zijn voorbeeld. Hij tekende bij de Mariniersbrigade. Waarom de broers voor verschillende onderdelen kozen, lichtten ze nergens toe. Gerrit-Jan zou zijn training krijgen in Schotland en de Verenigde Staten. Evert-Jan zou na een korte voorbereiding op de Prinses Margriet Kazerne in Harderwijk worden opgeleid in Engeland. Hoewel hij vooral onwetend was over de toekomst, kon hij niet wachten tot het begon. 'Om 7 uur werd bekend gemaakt dat morgenvroeg weer een detachement zal vertrekken. Wij zullen dinsdag volgen. Hiep hoera!' In gedachten reed hij al door de straten van Batavia, net als de Canadezen in Hardenberg als held onthaald door de juichende Javanen langs de kant van de weg.

2

LANDWIRTSCHAFTSHILFE

De kleine letters staan dicht op elkaar. De e's zijn nauwelijks te onderscheiden van de a's. Ik zit voorovergebogen boven de dagboeken van mijn opa, een loep naast me voor de onleesbare woorden. Zijn handschrift is amper te ontcijferen, zeker bij voor mij nog onbekende Indonesische namen als Bekasi en Tanah Tinggi. Pas na het intypen van steeds nieuwe lettercombinaties vertelt Google me welke spelling de juiste is en dat dit plaatsen nabij Jakarta zijn.

Vijf jaar geleden sloeg ik de dagboeken voor het eerst open. Ik moest een paar keer alles van voor naar achteren lezen voordat ik elke letter begreep die mijn opa zeventig jaar eerder had opgeschreven. Toch was het cryptische handschrift geen moment reden voor mij om te stoppen. Integendeel, het versterkte het mysterie van mijn opa's geschiedenis en vergrootte mijn wil om die te doorgronden. Waarom vertrok hij naar Nederlands-Indië? Drie jaar lang weg van zijn familie, met de dood altijd op de loer. En wat was daar gebeurd dat hij – net als zoveel andere militairen – na de oorlog nooit over zijn ervaringen had willen praten? Via zijn dagboeken en brieven hoopte ik mijn opa's zwijgen beter te begrijpen. Kon ik me een voorstelling maken van zijn situatie? Zou ik het avontuur zelf hebben aangedurfd?

In 2008 overleed Evert-Jan op vijfentachtigjarige leeftijd. Mijn vader nam samen met zijn broers en zus de taak op zich om de kamer van mijn opa in het verzorgingstehuis op te ruimen. In Evert-Jans kast vond mijn vader een houten legerkist, soldaatnummer 230505009. Er werd wat door de documenten gebladerd, de kist kreeg een prominente plek in de woonkamer van mijn ouders, want authentiek, maar de inhoud verdween voorlopig in een verhuisdoos achter het schot op zolder. Een paar jaar later rommelde ik eens door de verzameling en ontdekte ik wat mijn opa in al die jaren bewaard had. Drie dagboeken, een fotoalbum, vele losse foto's, ruim driehonderd brieven, geschiedenisboeken en nog talloze oorkondes, mouwemblemen en krantenknipsels. Nadat ik één dagboek mee had genomen en had doorgelezen bleef ik terugkomen op de zolder van mijn ouders, totdat ik uiteindelijk mijn opa's hele archief naar mijn eigen huis had overgeheveld.

Nederlands-Indië. Kroepoek en spekkoek. Daar hield mijn clichématige kennis over het land wel mee op. Toen ik de dagboeken begon te lezen wist ik er nog minder van dan Evert-Jan voor zijn vertrek. Ik kan me niet herinneren dat er op school veel aandacht aan werd besteed. En nu bleek mijn opa een rol gespeeld te hebben in die verborgen geschiedenis. Zoals hij zich destijds aangetrokken voelde tot het onbekende, zo werd ik jaren later gegrepen door zijn dagboeken, die voor mij lazen als een spannend jongensboek. Ik begreep wel waarom hij dat kleine dorpje in Overijssel verliet, op zoek naar avontuur. Dankzij zijn dagboeken stond ik plots naast hem op het dek van het schip dat hem naar de andere kant van de wereld bracht, zag ik door zijn ogen de groene bergen van de eerste tropische eilanden aan de horizon verschijnen en proefde ik de exotische vruchten die hij at op de dag van aankomst in het Verre Oosten – 'Het eerste moesten wij natuurlijk een kokosnoot hebben.'

Zijn reis was opwindend om te lezen, maar wat me vooral intrigeerde was zijn keuze om aan een oorlog deel te nemen. Een uiteindelijk voor Nederland dramatisch verlopen oorlog, weten we achteraf. Als ik de laatste jaren al eens iets over de koloniale oorlog in het nieuws had gezien, ging dat over het wrede geweld dat de Nederlanders hadden gepleegd. Dat de Nederlanders aan de verkeerde kant van de geschiedenis hadden gestaan. Welke rol had mijn opa daarin gespeeld? Had hij het gezien? Had hij eraan meegedaan? Het fascineerde me hoe het perspectief op de voormalige kolonie tegenwoordig zo tegengesteld is aan dat van mijn opa's tijd. Twee generaties geleden spraken we nog over 'onze zeventig miljoen rijksgenoten'. Toen vonden we het doodnormaal om dat enorme Indonesië te beschouwen als 'ons land', terwijl we het kolonialisme nu als iets barbaars zien. Evert-Jan bevond zich in het midden van de plek waar deze eeuwenlang – in het westen – onbetwistbare wereldbeelden begonnen af te brokkelen. Plotseling, in mijn kleine appartement in Amsterdam-West, bracht mijn eigen opa die verre geschiedenis tot leven. Hoe had die geschiedenis hem veranderd? Het werd het begin van een jarenlange zoektocht. Ik sprak met veteranen en hun kinderen, met historici uit Nederland en Indonesië, dook in archieven en reisde van Hardenberg tot Java om mijn opa, bijna tien jaar na zijn dood, op een nieuwe manier te leren kennen.

Als ik de opa uit mijn jeugd voor de geest haal zie ik hem voorovergebogen in zijn moestuin staan, geduldig zijn sperziebonen en kroppen sla bewerkend. Of rommelend in zijn schuurtje, waar niemand behalve hij iets van de chaotische indeling begreep. Van de spaarzame momenten dat hij niet aan het werk was, en met ons, kleinkinderen, speelde, herinner ik me vooral zijn licht opgetrokken mondhoeken en ondeugende blik in zijn ogen, alsof hij ons vertelde dat we die grotemensenwereld niet al te serieus moesten nemen.

Over Indonesië heb ik hem nooit gesproken. Ik heb het hem ook nooit gevraagd, ongeïnteresseerde puber als ik was. In de tijd dat mijn blik zich als adolescent iets meer van mezelf naar de buitenwereld verplaatste, gebeurde bij mijn opa het tegenovergestelde. Een beroerte tastte zijn geestelijke gezondheid in zijn laatste levensjaren flink aan.

Waarschijnlijk had hij me ook weinig verteld. Hij sprak er namelijk nooit over. Eén wat onsamenhangend verhaal over de bevrijding van duizenden Chinezen had mijn vader weleens te horen gekregen. Maar details kan mijn vader zich niet herinneren. Ik zal het dus met Evert-Jans overgebleven materiaal moeten doen. Zoals Evert-Jans vroegste soldatenfoto, waarop mijn oude opa opeens in een jongeman van tweeëntwintig verandert. Het optimisme is te lezen in zijn sprekende, blauwe ogen. Een jongen die haast naïef zoekt naar avontuur en betekenis in een vreemd land aan de andere kant van de wereld. Op zijn bovenlip groeit wat vlashaar, van de volle witte snor waar ik hem mee ken is nog lang geen sprake.

Die jonge Evert-Jan groeide op als oudste zoon in een gezin met zeven jongens en één meisje. De kinderen kregen ongecompliceerde namen: Evert-Jan, Evert, Gerrit-Jan, Gerrit, Dirk, Frederik, Henk en Henny. Met zijn tienen, inclusief vader en moeder, woonde de familie Nijboer aan het eind van de oorlog in een boerderij bij het dorpje Lutten, niet ver van Hardenberg. Evert-Jans grootvader had de boerderij bij het ingaan van de twintigste eeuw laten bouwen. Een langwerpige hoeve waar gewoond en gewerkt werd onder hetzelfde laag aflopende, rieten zadeldak, met precies in het midden van de kap een schoorsteen. De groene deur in de zijgevel leidde naar de hal die het gebouw in tweeën verdeelde; linksaf naar de stallen, rechtsaf naar de keuken van de woning. Akkers omringden het erf, dat door de familie steevast werd aangeduid als de Schans, de naam van het minuscule buurtschap waar de hoeve onderdeel van was. De boerderijen van de buren stonden een halve kilometer verderop, waardoor de krapte binnenshuis – de kinderen sliepen soms met z'n drieën in één bed – gecompenseerd werd door de weelde aan ruimte buiten.

Op een oude zwart-witfoto bestudeer ik de vader en moeder van

Evert-Jan, mijn overgrootouders. Beiden staan fier rechtop. Vader Hendrik heeft een wat blokkig gezicht met een stevig voorhoofd, een kortgeknipt kapsel en zijn mondhoeken staan zuinig. Moeder Berendina staat aan zijn rechterzijde. Ze is maar liefst achttien jaar jonger dan haar man. Als ik Evert-Jans broertje Henk ernaar vraag – de enige van de kinderen die nu nog in leven is – heeft hij geen verklaring voor het leeftijdsverschil. 'Dat was nou eenmaal zo.' Berendina's gezicht is ronder, zachter en daardoor het enige lieflijke aspect op de foto. Haar haren worden bedekt door een hoofdkapje, en ze is strak ingesnoerd in traditionele klederdracht. Nog net in beeld is een tafeltje met een boek erop, hoogstwaarschijnlijk de bijbel. In alles straalt het paar een calvinistische mentaliteit uit: hard werken en niet zeuren.

Dat moest ook, want de familie had het niet breed. Er was geen honger, maar geld voor nieuwe kleren was er ook niet. Soms kregen ze oude kleren van de kinderen van 'moderne mensen' die eruit waren gegroeid. Het geld werd verdiend met een handjevol koeien, varkens en kippen en het verbouwen van wat aardappels en rogge. Voor de oogst moest een paard worden geleend bij een boerderij verderop. De inkomsten waren laag, en vader Hendrik werkte regelmatig bij andere boeren in ruil voor stro om het vee mee te kunnen voeren. Ook van de kinderen werd al vroeg verwacht dat ze bij andere boeren bijverdienden als knecht. Na de lagere school had Evert-Jan volgens de gezinsstandaarden genoeg geleerd en moest hij thuis op de boerderij komen werken. Toen een jaar later zijn broertje Gerrit ook van school ging, was er zelfs een hulp te veel. 'Eén kon er eigenlijk wel gemist worden. Mijn ouders en vooral mijn vader was een practisch denker.' Zodoende werd Evert-Jan naar een andere boerderij gestuurd om daar extra inkomsten voor het gezin te vergaren. Vlak over de grens in Duitsland kon iemand nog een boerenknecht gebruiken. Evert-Jan zag het wel zitten, 'door avontuur bevangen', en zo begon hij in 1938 op vijftienjarige leeftijd als '*landwirtschaftshilfe*'. Rond diezelfde tijd lijfde Duitsland Oostenrijk in, dat als onderdeel van het Duitse Rijk verderging als Ostmark. 'Iedereen was vol van de Ostmark-geschichte.' Lang duurde Evert-Jans baantje in Duitsland daarom niet. Met het samenpakken van de donkere nationaalsocialistische wolken boven Europa keerde Evert-Jan op 1 mei van het volgende jaar terug naar Nederland, negen dagen voor de Duitse inval. Tijdens de bezetting ging hij aan de slag bij een boer dichter bij huis, waar hij tot zijn onderduiken kon blijven. Zijn broertjes, die ook klaar waren met school, volgden zijn voorbeeld.

Met zijn keuze voor Indië was Evert-Jan de komende jaren verlost van die baanonzekerheid. De zomer van 1945 stond in het teken van de voorbereiding op zijn reis en het afscheid nemen van zijn familie en vrienden. Op 23 juli zei hij iedereen voor de laatste keer gedag en vertrok hij naar de kazerne in Harderwijk. Daar aangekomen kreeg hij te horen dat ze pas op 4 augustus zouden vertrekken en dat hij dus nog een paar dagen langer thuis mocht blijven. 'Ze [zijn familieleden] vonden het mooi dat ik nog niet weg was. Mooier dan ikzelf. Want je moet telkens weer afscheid nemen.'

De extra dagen thuis gaven Evert-Jan de mogelijkheid om belijdenis te doen in de kerk, geen kleinigheid in de streng gereformeerde familie Nijboer. Voor een vol kerkgebouw verkondigde hij op de laatste zondag van juli zijn trouw aan God. 's Ochtends hadden de gezinsleden vanaf de boerderij in de Schans vier kilometer gelopen, langs het rechte kanaal dat aan weerszijden geflankeerd werd door arbeiderswoningen, tot ze de gereformeerde Kruiskerk in Lutten bereikten. Van thuis hadden ze boterhammen meegenomen, zodat ze tussen de ochtend- en middagdienst konden overblijven, samen met andere families die van ver kwamen. Een ritueel dat elke zondag werd herhaald. 'Als je een keer niet ging, dan voelde je je daar niet lekker bij,' vertelde Henk later.

Twee kleine, ronde raampjes in het vooraanzicht van het gebouw zijn de enige speelse elementen van de verder sobere kerk. De tinnen daktoren geeft de kerk een trots en onbuigzaam aanzien, tenminste, zo oogt het voor mij als ik op een zachte ochtend in november het gebouw bekijk. In de tuin aan de rechterzijde probeert een man orde te scheppen in een wirwar aan bladeren. De koster, zo blijkt wanneer ik hem aanspreek. Met een blauw fleecejack tegen de wind en een hark in zijn hand staat hij me te woord: 'Nijboer? Ja, dat is wel een bekende naam in de omgeving. Natuurlijk mag je binnen rondkijken.'

Mijn vader had me verteld over de vaste plek van de familie in de kerk. In het midden, op de achtste rij vanaf de preekstoel, neem ik plaats op een van de lange houten banken. Volgens de koster zitten ze beter dan de groene banken die er vroeger stonden, maar comfortabel zou ik ze niet willen noemen. Vanaf mijn harde zitplek bekijk ik hoe alleen de gouden en bruine versierselen op het orgel het verder smetteloos witte interieur onderbreken. Hier heeft Evert-Jan al die uren doorgebracht, twee keer per zondag luisterend naar de dominee op de kansel. In zijn dagboeken noteerde hij trouw de gegevens van elke zondag: de dominee van dienst, de besproken bijbelteksten en de gezongen psalmen. Op de dag van zijn belijdenis schreef hij:

> ''s Morgens naar de kerk. We hadden Ds. J.D. van Ginhoven. Tekst was deze morgen Ps 123. Bekend werd gemaakt dat ik 's middags belijdenis kon doen. 's Middags tekst uit Genesis over Noach. Na de dienst deed ik dan de openbare belijdenis. Dan mijn lied zingen. Ps 121:4. De Heer zal u steeds gadeslaan.'

Zo gedetailleerd was Evert-Jan over elk kerkbezoek, en ik verwonder me over het contrast tussen mijn opa's trouwe geloof en de afwezigheid daarvan bij mezelf. Onze tegengestelde wereldbeelden sluiten naadloos aan bij de tijd waarin we leven. Het maakt me des te nieuwsgieriger naar zijn geloofsbeleving als soldaat in Indonesië. Daar wachtte een radicaal andere omgeving, waarin zaken als geweld, de omgang met seks en de scheidslijn tussen goed en kwaad een andere, meer ambigue betekenis zouden krijgen dan hij vanuit het homogene milieu van Lutten gewend was. Bracht de oorlog zijn geloof aan het wankelen of zorgde God op de moeilijkste momenten juist voor houvast?

Tijdens zijn belijdenis leek van twijfel in ieder geval nog geen sprake. Hij was helemaal klaar voor vertrek. Eerste stop: Engeland.

3

IN KAKI DOOR DE BRITSE REGEN

'*Have you got some money for me?*' In zijn net verkregen uniform stapte Evert-Jan over de kinderkopjes van het Britse stadje Malvern, waar jongens en meisjes in lompen zich aan hem vastklampten, in de hoop een aalmoes te ontvangen. Vriendelijk wimpelde hij ze af, het enige wat hij op zak had waren wat sigaretten. Met zijn collega Herman Bijenhof verkende hij de omgeving van het opleidingskamp, waar ze twee dagen eerder waren aangekomen. Statige Victoriaanse huizen sierden de straten, en boven alles uit torende de bijna duizendjarige Anglicaanse kerk. Onophoudelijke regen gaf Malvern een wat grijzige gloed, maar Evert-Jan vond het 'werkelijk een lustoord [...], een reusachtig fijne omgeving'. Hij probeerde het Engels direct in de praktijk te brengen. Hoewel hij begreep wat de kinderen zeiden, ging het opschrijven daarvan vooralsnog fonetisch: 'Have joe gat soh monny for may?'

In de vroege ochtend van 16 augustus 1945 was Evert-Jan in de haven van Oostende aan boord van de HMS Prinses Astrid gegaan, het schip dat hem en zijn bataljon de Noordzee over zou brengen, de krijtkusten van Dover tegemoet. In Dover aangekomen werden ze op een trein gezet die ze van Oost- naar West-Engeland bracht, voorbij afgelegen stationnetjes en door het drukke centrum van Londen, het Londen dat iedere Nederlander kende als de plek waarvandaan

Wilhelmina het volk tijdens de oorlogsjaren moed had ingesproken.

In de steden die de trein passeerde zagen de Hollandse jongens overal vreugdevuren waar de mensen zich omheen verzamelden. De reden werd al snel duidelijk: Japan had gecapituleerd. De twee Amerikaanse atoombommen op de Japanse steden Hiroshima en Nagasaki hadden de overgave bespoedigd. De Engelse kranten schreeuwden het uit: *JAPAN: UNCONDITIONAL SURRENDER, IT'S OVER – OFFICIAL, THE LAST OF OUR ENEMIES IS LAID LOW, PEACE!*[1] Natuurlijk was Evert-Jan blij met het einde van de oorlog, maar er was ook onzekerheid. Wat betekende dit voor het doel van hun missie? Ze zouden toch naar Indië gaan om 'de Jap' te verslaan? Dat was althans de bestaansreden van het Gezagsbataljon Indië, waar Evert-Jan toe behoorde.

Na een lange treintocht kwamen de mannen aan in het kamp, gelegen aan de voet van de Malvern Hills. Een gebied vol groene heuvels die voor Evert-Jan aanvoelden als bergen, gewend als hij was aan de Overijsselse vlakten. 'Toen zijn we de bergen op geweest, en juist op een plaats waar het zo steil opliep dat we doodmoe waren.' Het kampement zelf bestond voornamelijk uit oefenterrein en golfplaten barakken in de vorm van halve bogen, waar de mannen in sliepen. Bedden stonden tegen de muur gestapeld, met aan het hoofdeind een plank om – bij afwezigheid van borden – je etensblikje op te bewaren.

Op de eerste dag in het kamp kregen ze hun langverwachte militaire kleding. Vanwege een gebrek aan geld werd slechts het hoogstnoodzakelijke uitgedeeld: twee tropenuniformen en een tweedehands Canadees uniform. Alleen degenen die op wacht stonden kregen een wapen, in bruikleen.[2]

Zonder wapens – met stokken bootsten ze geweren na – maar met nieuwe kleding in een nieuwe omgeving, begonnen de soldaten hun opleiding. Elke dag om stipt zes uur klonk trompetgeschal door het kamp om de soldaten te wekken. Na het ontbijt moest iedereen klaarstaan voor appel, waarna de trainingen van start gingen. De ene dag gymnastiek, de andere dag les in de Engelse en Maleise taal. De opleiding was niet al te zwaar, er was genoeg vrije tijd. Alleen de lange marsen over de heuvels en door de steden zorgden voor vermoeidheid bij Evert-Jan: ''s Morgens een mars naar Malvern Wells wat me een dikke blaar bezorgde.' In tropenuniform marcheerde het bataljon over de Britse straten, terwijl de trommelaar vooraan de groep het tempo aangaf. In hun korte kaki broek vielen de mannen uit de toon bij de natte weggetjes en de deftige winkelpuien.

De overgave van Japan was vooralsnog geen aanleiding om de oorlogsvrijwilligers terug naar Nederland te halen. Sneller dan verwacht leken de kersverse militairen namelijk harder nodig dan ooit. Voor de Nederlandse regering was het een logische stap om het gezag in Indië zo snel mogelijk weer van de Japanners over te nemen en de oude verhoudingen in ere te herstellen. Maar dat was buiten Soekarno en zijn Republikeinse aanhang gerekend. Twee dagen na de Japanse overgave riep de vrijheidsstrijder Soekarno de onafhankelijkheid van de Republiek Indonesië uit. De Nederlanders waren niet meer welkom. Soekarno werd president van de nieuwe Republiek en zijn medenationalist Mohammad Hatta vicepresident. Een nieuwe macht was opgestaan, bestaande uit de Indonesiërs zelf, nota bene. Voor vele Nederlanders een totaal onverwachte partij, want tot dan toe was er in Nederland amper oog geweest voor de opkomst van het Indonesische onafhankelijkheidsstreven.[3]

Veel Nederlanders konden zich niets voorstellen bij het groeiende nationalisme. Ze vonden dat ze de Indonesiërs juist hielpen bij hun 'ontwikkeling'. Aan het begin van de twintigste eeuw was er in Nederland steeds meer kritiek ontstaan op het koloniale beleid van eeuwenlange economische uitbuiting en onderdrukking door geweld. Als antwoord op die kritiek was de regering een koers van 'ethische politiek' gaan varen, waarbij de 'inlander' moest worden opgevoed, onder meer via onderwijs.[4] Nederlanders zagen de hulp aan Indië vanaf dat moment als een morele missie. Elke school die ze in de kolonie bouwden bevestigde de Nederlandse onmisbaarheid in Indië en het superioriteitsgevoel ten opzichte van de Indonesiërs. Maar in de praktijk kreeg slechts een minimale groep Indonesiërs toegang tot een opleiding, waardoor de enorme etnische ongelijkheid, die in de Indische samenleving altijd had bestaan, in stand bleef. Toch waren de Nederlanders trots op wat ze voor de Indonesiërs dachten te betekenen, en daardoor blind voor de opkomende nationalistische stroming. Ze konden niet geloven dat er Indonesiërs waren die een land zonder Nederland zouden willen.

Soekarno en Hatta behoorden tot het selecte groepje Indonesiërs dat wel een Nederlandse opleiding kreeg. Soekarno volgde een ingenieursstudie aan de Technische Hogeschool in Bandoeng, Hatta studeerde aan de Nederlandse Handels-Hoogeschool in Rotterdam.[5] Vanaf de jaren twintig van de twintigste eeuw mengden Soekarno en Hatta zich steeds actiever in de wel degelijk aanwezige nationalistische bewegingen. Hatta werd in 1926 voorzitter van de Indonesische Vereeniging, terwijl Soekarno in 1927 de Partai Nasional Indonesia (PNI) oprichtte. Beide organisaties streefden naar een zelfstandig Indonesië zonder inmenging van de koloniale overheerser. Deze ontwikkeling ging de Nederlandse regering te ver. Er was heus ruimte voor nieuwe invloeden, maar alleen als ze pasten binnen de bestaande orde, en niet als ze deze omver wilden werpen. Daarom nam Nederland in de jaren twintig en dertig een steeds repressievere houding aan tegenover de nationalisten. Zo maakte een agressieve politieactie in 1929 een einde aan de PNI. Honderdtachtig leiders werden gearresteerd en Soekarno kreeg een jarenlange gevangenisstraf. Ook Hatta werd meerdere malen gearresteerd. Tot de Japanse verovering van Nederlands-Indië in 1942 brachten beiden veel tijd door in gevangenschap of ballingschap. De Nederlandse overheid had steeds gedacht dat het nationalisme zich tot een kleine groep Indonesische intellectuelen beperkte. Met het strenge optreden tegen de nationalistische bewegingen hoopte Den Haag dat het iedere voedingsbodem voor koloniaal verzet vernietigd had.[6]

Dat bleek een illusie, want alle tegenwerking ten spijt sprak Soekarno op 17 augustus 1945, in zijn eigen voortuin in Batavia, de onafhankelijkheidsverklaring uit. Mohammad Hatta stond aan zijn zijde. Vrijwel niemand in Nederland had de *proklamasi* zien aankomen, en nu het zover was nam ook vrijwel niemand die serieus. Dagblad *De Tijd* sprak na het uitroepen van de onafhankelijkheid over 'zoogenaamde nationalisten met Soekarno als leider en president van de republiek en een zekere Matta Hatta als vice-president'.[7]

De jonge Nederlandse soldaten in Engeland hadden amper notie van wat zich afspeelde in Indië. Typerend was een voorlichting die ze kregen over het jungleleven in nota bene Venezuela. 'Vanavond zijn we naar een lezing geweest van ir. Hartman over het leven in de rimboe. De verhouding met de Indianen was niet erg vriendelijk. Een vergissing met zo'n stam kan soms onaangename gevolgen hebben.' Dat kon vast niet veel verschillen van de Indische wildernis, moet de legerleiding gedacht hebben. Over de actuele situatie op Java werd niet gesproken.

Dat er überhaupt Indonesiërs bestonden die vrijheid wilden werd door niemand echt geloofd. Op een bewolkte middag in september stonden de mannen op appel, de gezichten gericht naar de metershoge mast waar de Nederlandse vlag in werd gehesen. De kampcommandant hield een toespraak waarin hij de innige band tussen Nederland en Indië benadrukte: 'Vijf jaar is onze vlag vertreden onder de voeten van een minderwaardige vijand. Telkens als ons teleurstelling en druk trof, was het de driekleur die ons weer opbeurde. Kom je in een vreemde haven, dan zie je tot Hollands glorie en trots weer de driekleur, waar je met een blijde glimlach naar kijkt. Telkens, vooral in Indië als je de rimboe intrekt, wordt de vlag gehesen, daar hangt vooral in Indië een heel grote waarde aan.'

Evert-Jan maakte zich weinig zorgen over wat er in Indië gebeurde, hij genoot vooral van de sfeer onder de manschappen. Op vrije avonden – Ontwikkeling- en Ontspanningsavonden – verzamelden de jongens zich rondom een piano en zongen ze liedjes als 'Waar de blanke top der duinen' en 'Jongens in Indië': 'Jongens in Indië, hou je maar haaks, daar in het land van smaragd'. Onderling werd veel kattenkwaad uitgehaald. Bij slapende jongens werd een van hun benen met een touwtje vastgemaakt aan een met water gevuld etensblikje aan het hoofdeinde van het bed. Een kleine beweging zorgde voor een nat pak bij de gedupeerde en hilariteit bij zijn kameraden.

'Als "toerist" hebben we er wel een mooie tijd gehad, er zat echter geen actie in,' zo schreef Evert-Jans collega Harry Thevissen in zijn memoires.[8] De soldaten verkenden de omgeving. Stadjes omringd door glooiende vlaktes waar de boeren hun tarwe, hop of aardappelen verbouwden en schapen op de lege stukken land graasden. Bij het rooien van de aardappelen of het plukken van de hop konden de boeren wel wat sterke handen gebruiken. De mannen, vaak met meer agrarische dan militaire ervaring, zagen een extra zakcentje van een paar shilling ook wel zitten. Als boerenzoon was Evert-Jan het nodige gewend, maar de manier van werken in Engeland maakte toch indruk. Honderdvijftig hectare grond voor één boerderij had hij nog nooit gezien – in de Schans moesten ze het doen met vierenhalve hectare – en ook de techniek waarmee de Engelse boeren werkten was vooruitstrevend. 'We moesten tarwe opsteken. Je ziet dus wel dat hier alles veel beter is dan in Holland. Met twee man opsteken en één opladen. Met twee tractors tegelijk. Geen paarden voor de wagen, maar een tractor.'

Hoewel het Evert-Jan weinig moeite kostte om zich in Engeland op zijn gemak te voelen, ontkwam hij niet aan de eerste gevoelens van heimwee. 'Als je nu naar buiten kijkt, zie je dat heldere maantje zo lief lachen en dan gaan je gedachten naar Holland met al hun liefs.' Gelukkig was er het contact met thuis, in de vorm van brieven. Zijn eerste brief ontving hij op 7 september van zijn broertje, Gerrit. Naast een uitgebreide beschrijving van de kerkdienst van afgelopen zondag, vertelde Gerrit over Gerrit-Jan, die op dat moment zijn marineopleiding volgde in Amerika en, naar tevredenheid van de familie, 'ook daar godsdienstoefeningen [kon] bijwonen'. Ook Evert-Jan bezocht in Engeland trouw de kerk en bleef details van elke dienst noteren. En terwijl Gerrit-Jan zich in de vs klaarmaakte voor zijn bootreis bereidde Evert-Jan zich in Engeland voor op de oversteek naar Indië. In de stad deed hij zijn laatste inkopen, 'tabak, tandpasta, zeep en schrijfgerei'. Op 2 oktober was er dan eindelijk bericht: 'Bekendmaking dat we morgen vertrekken naar Liverpool', waar hun boot klaarlag in de haven.

4

RAPALJE IN SYDNEY

Een voor een stapten de mannen van het Gezagsbataljon Indië de rode dubbeldekker in die ze van Liverpool Station naar de haven zou brengen. Puin van ingestorte gebouwen herinnerde aan de zware bombardementen die de stad te verduren had gekregen. Langs pakhuizen van rode baksteen naderden ze de kades. Door de donkere en nevelige lucht waren slechts schimmen van kranen te zien, maar het ruim tweehonderd meter lange vaartuig dat voor hen opdoemde ontging niemand. Het Britse passagiersschip Stirling Castle zou hun onderkomen voor de reis worden. Evert-Jan nam zijn plunjezak op de schouder en sloot aan in de rij van soldaten die via de loopplank het schip betraden. Op het dek aangekomen begaf hij zich naar de scheepsruimen die fungeerden als slaap- en verblijfplaats. Hij hing zijn linnen hangmat aan een van de zware haken aan het plafond. Het was halfdrie in de nacht, dus kropen de meeste soldaten meteen hun nieuwe bed in. Met gebogen rug en opgetrokken schouders probeerde Evert-Jan de slaap te vatten. Ruimte om een keer opzij te draaien was er niet, maar wat gaf het, want over een paar uur vertrokken ze naar de andere kant van de wereld.

Op het moment van wegvaren trok de laatste nevel weg en brak de ochtendzon door die de contouren van Liverpool achter hen zichtbaar maakte. De eerder bedekte kranen – 'ontzaggelijk veel' – reikten imposant boven de haven uit. Het schip zette koers richting Australië, waar de zestienhonderd Nederlandse soldaten aan boord een aanvullende opleiding zouden krijgen. De meevarende Australische en Nieuw-Zeelandse troepen, veelal piloten van de Royal Air Force die in de Tweede Wereldoorlog hadden gevochten, gingen huiswaarts. Hun militaire dienst zat er eindelijk op, terwijl de Nederlanders pas aan de vooravond van hun oorlogstijd stonden.

Al op de tweede dag werden de zeebenen getest in het onstuimige water van de Golf van Biskaje. Onder een dichtgetrokken lucht tilden golven het schip metershoog op, om het daarna weer de diepte in te smijten. In de ruimen zaten de soldaten op houten banken aan smalle tafels die haaks op de zijkant van het schip waren geplaatst. Ze begonnen net aan het middageten toen de storm losbarstte. Om het schuiven van de banken en tafels tegen te gaan waren deze vastgeschroefd aan de grond, maar de borden waarvan de mannen aten waren dat niet. Met elke golfbeweging schoten de borden naar de zijkant. Niet iedereen kon zijn maaltijd binnenhouden. 'Heel wat zijn al zeeziek en staan de vissen te voeren,' schreef Evert-Jan, die het zware weer zelf redelijk leek te doorstaan, ook toen het noodweer 's nachts aanhield. 'Vannacht werd ik om half twee wakker en toen schommelden onze hangmatten ten minste een halve meter heen en weer. Toen ben ik voor de patrijspoort gaan zitten, om te kijken hoe de zee was. Het bulderde en waaide van heb ik jou daar.'

Pas voor de kust van Portugal ging de storm liggen en was er meer rust om van het uitzicht te genieten. 'Half 10 zijn we ter hoogte van Lissabon. Je kunt het donkere berggesteente nog net onderscheiden. Tientallen lichtjes en vuurtorens werpen hun lichtstralen in zee. 's Avonds als je zit te schrijven hemelt er één tegen je hoofd aan.' Via Gibraltar draaiden ze het bijna getijloze water van de Middellandse Zee binnen, waar de aangename temperatuur aanleiding gaf om het tropenuniform uit de zak te halen.

Aan boord bestonden weinig verplichtingen. Eens in de paar dagen had Evert-Jan corvee, want de dekken moesten geschrobd en de aardappelen geschild, maar de meeste tijd mocht zelf worden ingevuld. Dat gebeurde met luieren op het dek of een potje kaarten, bijna altijd voor sigaretten of geld. Om de mannen te vermaken werden af en toe bokswedstrijden georganiseerd. Op het bovendek verzamelde iedereen zich rondom twee soldaten, die elkaar met ontbloot bovenlichaam te lijf gingen. De toeschouwers sloten onderlinge weddenschappen af, waarbij met name de Australiërs niet op een pond meer of minder keken en hun favoriet dan ook het meest uitbundig toejuichten.

Ontspannen voeren de troepen door de turquoise wateren van de Middellandse Zee, via Algiers, 'een mooie stad waarachter zich het Atlasgebergte verheft', langs het Tunesische Bizerte, bij elke soldaat bekend door de grote veldslag die hier tijdens de Tweede Wereldoorlog had plaatsgevonden – 'tevens de laatste vesting van de Moffen'. Ze naderden Port Said, de Egyptische havenstad die de ingang van het Suezkanaal markeert. Bij het betreden van de stad passeerde het schip het metershoge standbeeld van de Fransman Ferdinand de Lesseps, de ontwikkelaar van het Suezkanaal. Eeuwenlang hadden handelsschepen van onder meer de VOC om Afrika heen moeten varen als ze het oosten wilden bereiken. De opening van het Suezkanaal in 1869 verkortte de reis voor de huidige troepentransporten met vele weken.

Met opengevouwen rechterhand heette het bronzen beeld van De Lesseps de schepen welkom. De weg naar de Oost lag voor hen open. Eerst meerde het schip in Port Said aan om olie bij te tanken en nieuwe voorraden in te slaan. De mannen mochten niet aan wal, maar vanaf het dek zagen ze tientallen bootjes de Stirling Castle omsingelen, met daarop Arabische handelaren in wit gewaad en een rode fez op hun hoofd, die hun koopwaar wilden slijten aan de nieuwsgierige soldaten. Met een lange stok werden tassen, portemonnees, doeken en sigaretten aangereikt. Soldaten gooiden muntjes in het water, waar geldduikers gretig achteraan sprongen. Een goochelaar kwam aan boord en liet de militairen versteld staan van zijn balletje-balletjetruc. In plaats van een bal liet de Arabier een kuikentje verdwijnen onder een van de drie doppen; 'kiepetje, kiepetje weg'.[1] De eerste stad in de Oriënt, wat een bedrijvigheid. 'Het is hier heerlijk. De palmbomen en springs zijn hier te zien. En vooral vanavond was het mooi, om al die duizend lichtjes te zien.'

Port Said achter zich latend voer de Stirling Castle het Suezkanaal door richting de Rode Zee, waar de temperaturen snel opliepen. Het prettige mediterrane weer werd vervangen door een verzengende hitte, die de mannen dwong om zich niet te veel in te spannen en de nachten op het open dek door te brengen. Ondanks de warmte was de tocht door de Rode Zee bijzonder voor de gelovige Evert-Jan. Hij stelde zich voor hoe dezelfde zee waar zij doorheen voeren ooit openspleet voor Mozes en het Joodse volk op hun vlucht voor de Egyptenaren. 'Het is toch aardig te weten waar wij nou varen. Dat daar eens het volk der Joden doortrok, door die bruisende golven.'

De Golf van Aden leidde de Stirling Castle de Indische Oceaan op, waar het hete woestijnklimaat plaatsmaakte voor iets zachtere omstandigheden. Aan beide zijden vergezelden vliegende visjes het schip. Nog een kleine twee weken varen voor ze de Australische westkust zouden bereiken. Er was alle tijd om rond te hangen op het dek en de zilveren visjes die door de golven heen schoten te bewonderen. 's Avonds werden films vertoond in een heuse bioscoopzaal, waar zondags kerkdiensten werden gehouden. Een speciale gebeurtenis was het passeren van de evenaar. Bij zeelieden was het traditie om mensen die voor het eerst de evenaar overstaken – op de Stirling Castle vrijwel alle Nederlanders – voor te stellen aan de zeegod Neptunus. Mannen verkleed als Neptunus, met zeewier op het hoofd en een drietand in de hand, leidden het ritueel.[2] De groentjes werden ingezeept en natgespoten, en ook Evert-Jan ontkwam niet aan een nat pak. Het was een vrolijke onderbreking van de dagelijkse routine aan boord. Met het diploma dat ze ontvingen werden ze geschikt bevonden om alle gevaren van het Verre Oosten te trotseren.

Terwijl de Stirling Castle eind oktober 1945 over de Indische Oceaan gleed, was de situatie in Nederlands-Indië allesbehalve rustig. De Nederlandse regering was ervan uitgegaan dat ze de macht over Indonesië weer snel over kon nemen, maar voorlopig had ze helemaal niets te vertellen in de archipel. Nederland had zich in Zuidoost-Azië met andere geallieerde landen – Groot-Brittannië, de Verenigde Staten en Australië – verenigd in de strijd tegen Japan. Na de Japanse overgave werd bepaald dat de Britse South East Asia Command (SEAC) het gezag zou krijgen over een gebied dat onder andere Birma, Thailand, Singapore en ook Nederlands-Indië omvatte. De SEAC stond onder leiding van de Britse Lord Louis Mountbatten, wat betekende dat Groot-Brittannië de koers in de regio bepaalde. Mountbatten kreeg de taak om honderdtwintigduizend krijgsgevangenen en geïnterneerden te helpen en ruim zevenhonderdduizend Japanners te ontwapenen en af te voeren. Daardoor had de SEAC niet de middelen om ook nog eens een grootschalige actie tegen Soekarno's machtsgreep in Indonesië te ondernemen.

In Indonesië was de situatie inmiddels uiterst explosief geworden, want veel Indonesiërs waren niet van plan om nog enige westerse bemoeienis in hun land te accepteren. Voor een eventueel ingrijpen was Nederland afhankelijk van de geallieerde bondgenoten, omdat het eigen leger bij lange na nog niet op orde was. Bovendien ontzegde Mountbatten, om escalatie te voorkomen, voorlopig alle Nederlandse troepen de toegang tot Java. Ondertussen lagen de Britse prioriteiten bij andere gebieden, zoals bij de talloze eigen kolonies in Zuidoost-Azië, waardoor de eerste Britse eenheden pas eind september, ruim een maand na de onafhankelijkheidsverklaring, aan land gingen in Batavia.[3]

De Britse passiviteit en Nederlandse afwezigheid gaven ruimte aan nationalistische strijdgroepen om met geweld een revolutie te ontketenen. Veel van deze strijdgroepen bestonden uit revolutionaire jongeren die *pemoeda's* werden genoemd. Zij groeiden uit tot aanjagers van de revolutie. In de voorgaande jaren waren veel van die groepen getraind door de Japanners, die de antiwesterse en nationalistische gevoelens bij de jongeren hadden aangewakkerd. Nu richtten de pemoeda's zich met geweld tegen iedereen die de Indonesische vrijheid in de weg stond, de oude kolonisator voorop. Op vele plekken op Java en Sumatra werd jacht gemaakt op de *andjing belanda*, de Nederlandse honden.

De wrok tegen de Nederlanders had een lange geschiedenis. Nederlands-Indië was eeuwenlang ingericht geweest volgens een sterk hiërarchisch systeem, gebaseerd op etniciteit, waarbij de Nederlanders de onbetwiste elite vormden. Indonesiërs, de 'inlanders' zoals de Nederlandse kolonisten ze noemden, hadden altijd onderaan de maatschappelijke ladder gestaan. Tussen die twee uitersten in stond de groep mensen met gemengd Europees-Aziatisch bloed: Indo-Europeanen of kortweg: Indo's. Onder Indo-Europeanen bestonden eveneens grote verschillen in aanzien, waarbij zoals in de hele kolonie gold: hoe lichter de huidskleur, hoe meer prestige.

De Japanse bezetting maakte een einde aan de klasse-indeling zoals men die in Nederlands-Indië zo lang had gekend. In 1942 draaiden de nieuwe Japanse machthebbers de bestaande sociale piramide om. Indonesiërs kregen prompt de hoogste status. Zij golden als belangrijke spelers in het Japanse plan van een 'Azië voor de Aziaten'. Voor de Europeanen gebeurde het omgekeerde; zij werden opgesloten in kampen en werden ineens tot onderkaste gedegradeerd. Japan probeerde elke Nederlandse invloed op de Indonesische maatschappij uit te wissen. Rood-wit-blauwe vlaggen, de Nederlandse taal en het Wilhelmus werden verboden.[4] Het grootste deel van de Indo-Europeanen bleef dankzij hun vaak donkere huidskleur weliswaar buiten de kampen, maar vanwege hun loyaliteit aan Nederland werd ook deze 'buitenkampers' het leven moeilijk gemaakt. Velen werden uit hun functies gezet en gezien als tweederangs burgers. Voor zowel de Nederlanders en Indo-Europeanen in gevangenschap als daarbuiten was de bezettingstijd er een van honger, vernedering en dood.

De Japanse capitulatie in 1945 bleek voor velen van hen echter geen reden tot vreugde. Nederlanders en Indo-Europeanen waren het voornaamste doelwit van de pemoeda's, maar ook alle andere groepen die enigszins met het oude koloniale gezag geassocieerd werden liepen gevaar. Ambonezen, Menadonezen en Timorezen hadden bijvoorbeeld afstand gehouden tot het nationalisme, omdat zij altijd sterk vertegenwoordigd waren geweest in het Koninklijk Nederlandsch-Indisch Leger (KNIL), het koloniale leger van Nederland in Indië.[5] De Chinese bevolking werd eveneens gewantrouwd omdat ze – volgens de pemoeda's – weigerden een duidelijke zijde te kiezen en lange tijd te gretig handel hadden gedreven met de Nederlanders. Ze werden gezien als profiteurs van het koloniale regime.[6]

Na de komst van Britse en Brits-Indische (afkomstig uit de kolonie Brits-Indië) militairen werd de revolutie in oktober 1945 alleen maar gewelddadiger. Mountbatten liet de meeste Nederlanders in de kampen vooralsnog niet naar hun huizen terugkeren, omdat ze daar hun leven niet zeker zouden zijn. Nu vormden niet de Japanners de bedreiging, maar de Indonesische pemoeda's. Bij gebrek aan mankracht gaf Mountbatten de nog aanwezige Japanse militairen de taak om de kampen te bewaken. Hierdoor ontstond de surrealistische situatie waarin de wrede bezetter van weleer opeens de rol van beschermer aannam.

Mountbatten wilde niet verstrikt raken in een bloedige koloniale oorlog. Daarom beperkte de Britse inzet zich tot het behoud van enkele grote steden zoals Batavia en Soerabaja, zogenaamde *key areas*.[7] Maar de geest was uit de fles, en de Britse terughoudendheid kon hem niet terugstoppen. Tal van ontvoeringen, verkrachtingen en moordpartijen vonden plaats tijdens een periode die later de bersiapperiode werd genoemd, naar de strijdkreet van de pemoeda's: *bersiap*, wees paraat.

In de Oost-Javaanse havenstad Soerabaja vond een van de meest beruchte incidenten uit die periode plaats: de overval op het Goebengtransport.[8] Jongens, vaak niet ouder dan vijftien, zestien jaar, liepen bewapend door de rood-wit gekleurde straten van Soerabaja, schreeuwend om vrijheid: *merdeka, merdeka!* In de wijk Goebeng, waar veel Nederlanders zaten, werd de situatie met de dag grimmiger. Op 28 oktober 1945 besloten de aanwezige Brits-Indische troepen daarom om de Nederlandse vrouwen en kinderen in een zestigtal vrachtwagens te evacueren naar een veiliger deel van de stad. Aan het eind van de middag vertrok het derde en laatste transport van twintig vrachtwagens, nadat de eerste twee zonder problemen waren aangekomen. Vrouwen en kinderen namen plaats in de laadbakken van de vrachtwagens, hun bagage van tassen en hutkoffers tussen hen in. Onder escorte van Britse jeeps reed het konvooi de Palmenlaan-Zuid in, een lange straat, ingeklemd tussen twee stadskampongs. Voor de kruising met de Tamarindelaan stuitten ze op een barricade. Een hinderlaag, zo bleek toen het vuur werd geopend. Vrachtwagen na vrachtwagen werd met kogels doorzeefd en in brand gestoken. Vanuit de kampongs doken mannen met kapmessen en bamboesperen op. De Brits-Indische militairen probeerden de vrouwen en kinderen zo goed mogelijk te beschermen, maar vielen zelf ook ten prooi aan de bloeddorstige menigte. Tientallen, waarschijnlijk meer dan honderd vrouwen en kinderen werden in de Palmenlaan-Zuid vermoord en ook de Britse eenheden leden grote verliezen.

Het Goebeng-incident stond niet op zichzelf. Overal gingen de pemoeda's tekeer. In de chaotische situatie die ontstond was van enige administratie amper sprake. Het aantal dodelijke slachtoffers in de bersiapperiode is daardoor nooit helemaal duidelijk geworden en nog altijd voer voor discussie. Historici variëren in hun schattingen van vijfendertighonderd tot dertigduizend slachtoffers.[9]

Aan boord sijpelden de berichten over het geweld op Java mondjesmaat door. Evert-Jan hoorde over opstandelingen die dorpjes plunderden en de bevolking opriepen tot een oorlog tegen de Hollandse onderdrukkers. De agressieve revolutie was onderwerp van gesprek op de Stirling Castle, maar de onderliggende vrijheidswens van de Indonesische Republikeinen werd nog altijd weggehoond. 'Terroristen' waren het volgens Evert-Jan. 'In een krant stond al dat Soekarno aan de zijde der Jappen stond.' Zo'n man kon echt niet de wil van het Indonesische volk vertegenwoordigen. De voorlichting vanuit de legerleiding had dezelfde toon; een Indonesië zonder Nederland was uit den boze. Elke soldaat kreeg het boekje *Land en Volk van Nederlandsch-Indië*, waarin hij over het groeiende vrijheidsstreven kon lezen: 'Deze handleiding is geen toeristengids, gebaseerd op de beschrijving van de genoegens van maannachten, tropische zeeën en liefelijke meisjes. [...] Verschillende politieke partijen zijn verrezen, vrijwel alle met een nationalistisch streven (enkelen gebaseerd op positieverbeteringen) naar grootere onafhankelijkheid, zelfs zijn er bij, die een gedeeltelijk of geheel los maken van Holland beoogen.'[10] In de ogen van de Nederlanders leefde die wens om onafhankelijkheid helemaal niet bij het Indonesische volk, maar werd het slechts gepropageerd door criminele pemoeda's en oproerkraaiers als Soekarno.

De spanningen op Java maakten Evert-Jan toch wat bevreesd. Voor het eerst schreef hij in zijn dagboek niet over de dagelijkse gebeurtenissen, maar richtte hij het woord aan thuis, wellicht ook ter eigen geruststelling en om zichzelf moed in te praten: 'Ik kan me indenken dat jullie [...] je zeker ongerust zullen maken over al deze gevechten. Moedig voorwaarts.' Tegelijkertijd bleef hij strijdbaar en verachtte hij de mensen die dat niet waren. 'Door dit alles is de toestand wel degelijk verscherpt. Laten ze ons maar gauw klaar maken. Naar het mij schijnt trachten sommigen nou een gemakkelijke taak te vinden bij een minder gevaarlijk onderdeel, want ze zien dat ze bij de gevechtsmannen verzeild geraakt zijn.'

In de vroege ochtend van 29 oktober 1945 zag Evert-Jan in de verte enkele rotspartijen, die zich al snel ontwikkelden tot een kustlijn, de Australische westkust. In de haven van Fremantle, een klein stadje aan de zuidgrens van Perth, zouden ze voor anker gaan. De rode vuurtoren op de pier van rotsblokken passerend voer de Stirling Castle de Swan River op, die de Indische Oceaan verbindt met de Australische binnenlanden. De kades van de haven stonden vol met families en vrienden van de Australische RAF-piloten en een muziekkorps zweepte het geheel op. Het feest gold echter niet voor de Nederlanders, want de scheepsomroeper maakte bekend dat de Nederlandse troepen in Fremantle niet van boord mochten. 'Er schijnt iets te zitten tussen Australië en Holland.' De precieze reden was onduidelijk. Terwijl het feest op de kades losbarstte, voelde Evert-Jan zich erg ver van zijn huis en familie in de Schans: 'Onwillekeurig moest je dan denken aan Holland.' Zelfs hun meerderen aan boord hadden geen idee wat hun volgende bestemming zou zijn. Toch begon het schip, honderden Australiërs lichter, de volgende dag weer te varen, over de zeeën ten zuiden van het land. Richting Oost-Australië, waar de Nederlanders hun opleiding zouden krijgen.

Ondanks alle onzekerheid genoot Evert-Jan van de wateren waar ze doorheen trokken. 'Vandaag kwamen we in de wereld van de walvissen die als machtige gevreesden hun recht onder de zeespiegel laten gelden.' Albatrossen omringden het schip, vliegend of rustend op een vlaggenmast, altijd loerend op voedsel. De sergeant vertelde over de Australische plekken die herinnerden aan Nederlandse zeevaarders: Dirk Hartog Island, Tasmanië, Geelvinck Channel. Via de zeestraat tussen Tasmanië en Melbourne kwam het schip aan de oostkust terecht. Langs mijlenlange kusten met witte stranden bereikten ze de woeste zandstenen kliffen van de South Head *peninsula*, de ingang van de natuurlijke haven van Sydney. Ook hier schoten vliegende visjes uit en in het water, en voorbij de heuvelachtige oevers, begroeid met eucalyptusbomen, ontvouwde zich de stad met dat onwrikbare icoon, de Sydney Harbour Bridge. 'Precies als die van Nijmegen,' vond Evert-Jan. De Stirling Castle meerde aan in Woolloomooloo Bay. Wederom een volle kade en een muziekkorps, maar wederom niet voor de Nederlanders. Al snel werd duidelijk dat de Nederlandse troepen ook in Sydney niet aan land mochten en dat ze verdere opleiding in Australië konden vergeten.

In de Tweede Wereldoorlog was Australië nog een belangrijke bondgenoot van Nederland geweest. Zo was de Nederlands-Indische regering tijdens de Japanse bezetting in ballingschap gegaan in de Australische stad Brisbane. Na de Japanse overgave en Soekarno's onafhankelijkheidsverklaring verschoof de Australische sympathie echter naar de nieuwe Republiek en groeide er een anti-Nederlandse stemming. Indonesiërs die in Australië woonden startten demonstraties in de grote steden. Met name de Indonesische scheepswerkers, die vaak voor de Nederlanders werkten, lieten van zich horen. Ze staakten hun werkzaamheden op alle Nederlandse schepen en werden daarbij gesteund door de Australische vakbewegingen. De

Seamen's Union of Australia riep havenwerkers en scheepsbemanning op tot een boycot van Nederlandse schepen, die niet zou stoppen voordat Nederland de Republik Indonesia zou erkennen. Ook de Australische Labourregering van premier Chifley keurde een terugkeer van de oude koloniale verhoudingen af en schaarde zich achter de publieke opinie.[11]

De Nederlandse manschappen op de Stirling Castle kregen direct met de gevolgen te maken: Chifley stond de soldaten geen opleiding op Australisch grondgebied toe, stakende havenarbeiders weigerden het schip te beladen met noodzakelijke goederen als water, kolen en olie, en om het conflict niet uit de hand te laten lopen moesten de Nederlanders op eigen bevel aan boord van het schip blijven. Evert-Jan zat zich te verbijten: 'We beleven heel wat narigheid eigenlijk, want nou hier weer een week onnodig verspillen in de haven van Sydney. Laat ze ons toch naar Indië sturen, want daar verlangen onze bondgenoten naar ons met bittere smart. Nou zitten ze in kampen bij de Indonesiërs en die zullen niet bepaald zachtzinnig zijn. Haat en nijd koesteren ze tegen de blanken.'

Een week oponthoud waarin het geen moment rustig werd. Elke dag bestookten demonstranten het schip. De dag na aankomst was het al raak. Vier mannen en een vrouw voeren in een roeiboot rondom de Stirling Castle en 'trachten de jongens op te ruien met communistische, revolutionaire berichten.' De soldaten lieten dat niet over hun kant gaan. Vanaf de reling overschreeuwden ze de actievoerders en gooiden ze met afval, lege flessen en stukken hout.[12] 'Flessen werden als projectielen gebruikt, om die kaffers naar de oren te slingeren.'

Twee dagen later verhardden de acties. De kade stroomde vol met honderden pro-Indonesiëdemonstranten. '*Go back to Hitler, you nazi boys*,' riepen ze.[13] Volgens de massa gedroeg Nederland zich in Indonesië als een bezetter, als de Duitsers. Ze hadden daar niets te zoeken. Vanaf het dek beantwoordden de Nederlanders de protesten: het Wilhelmus galmde door de haven van Sydney. Met brandslangen werden de demonstranten natgespoten, wat de agressie alleen maar verergerde. De politie kon de demonstratie met veel moeite beëindigen. De Nederlandse jongens zagen de protestacties met lichte spot aan, ze vonden de reuring eigenlijk wel vermakelijk. Tegelijkertijd waren ze fel gekant tegen de boodschap van de demonstranten. Hoe durfden de Indonesiërs hun vrijheid op te eisen, en wie dachten die 'smeerlappen van communisten' wel niet dat ze waren?

De dagenlange commotie trok de aandacht van zowel Australische als Nederlandse media. *DUTCH SING AS MOB JEERS*, kopte de *Sydney Morning Herald*.[14] *THE DUTCH DROWNED THE INDONESIAN VOICES BY ROARING PATRIOTIC SONGS, AND HURLED BOTTLES, TINS, AND OTHER RUBBISH AT THE LAUNCH*.[15] Het *Limburgsch Dagblad* schreef: 'De Nederlandsche soldaten antwoordden met hoerageroep en vaderlandsche liederen. De eerste flesch, die vanaf het schip geworpen werd en een der communisten trof, werd spoedig gevolgd door een lawine van flesschen en borden, waarna de Nederlandsche soldaten een brandslang op de menigte richtten.'[16]

Niet veel gebeurtenissen uit Evert-Jans diensttijd zijn terug te lezen in oude kranten, daarom zijn de verschillende artikelen die ik over de protestacties in Sydney vind erg welkom. Nog enthousiaster word ik wanneer ik stuit op bewegend beeld van een van de demonstraties. In korrelig zwart-wit zie ik zes personen op een kleine sloep de Stirling Castle naderen. Een Australische vlag wappert aan de mast van hun bootje, drie luidsprekers zijn vastgebonden bovenop de stuurhut. De mannen dragen plakkaten met *FREEDOM* en *350 YEARS DUTCH EXPLOITATION MUST END*. Een van hen spreekt de soldaten op de Stirling Castle toe: '*The war is over. Go back home. Australians support free Indonesia. You fought for your freedom, let the Indonesians have theirs.*' Omdat de camera inzoomt op het bootje lijkt de boodschap van de demonstranten te verstommen tegen de metershoge scheepswand, alsof ze letterlijk tegen een muur praten. Dan wordt ook de rest van het schip in beeld genomen, de camera beweegt langzaam van rechts naar links om de enormiteit ervan te tonen. Zowel het tussendek als het bovendek staat afgeladen met soldaten, niemand wil iets missen. Een boegeroep zwelt aan vanaf de dekken en de Nederlanders overstemmen de man met de luidspreker met gemak.

De scène komt uit de film *Indonesia Calling* en is van de hand van een van de bekendste Nederlandse filmmakers uit die tijd, Joris Ivens.[17] Met films als het poëtische *Regen* behoorde Ivens in 1929 tot de avantgarde van de filmwereld. Zijn latere werk was meer politiek geëngageerd. *The Spanish Earth* – over de Spaanse burgeroorlog, waarin hij samenwerkte met Ernest Hemingway en Orson Welles – had hem in 1937 internationale faam opgeleverd. In 1945 was Ivens naar het Nederlands-Indische bestuur in Australië gegaan, nadat de luitenant-gouverneur-generaal voor Nederlands-Indië, Huib van Mook, en zijn rechterhand Charles van der Plas hem hadden overgehaald om voor de Nederlands-Indische regering te komen werken. Ivens was verbaasd dat ze zo'n linkse cineast als hij vroegen, maar vond het een mooie opdracht om de Nederlanders en Indonesiërs te overtuigen van het feit 'dat zij in het toekomstige Indonesië kunnen en moeten samenwerken op basis van volledige gelijkheid, wederzijds respect en wederzijdse waardering'.[18] De meeste Nederlanders die in Australië in ballingschap leefden, zaten echter helemaal niet te wachten op een vrij en democratisch Indonesië, zo merkte Ivens na de Japanse capitulatie. Ze verlangden naar hun oude vooroorlogse posities. Ivens' interesse verplaatste zich daarop naar de Indonesische zaak. Toen de Australische vakbonden een boycot uitriepen over de Nederlandse schepen zag hij daar een verhaal in, wat uitmondde in de tweeëntwintig minuten durende film *Indonesia Calling* over de Indonesische vrijheidsstrijd in Australië.

De zwart-witfilm toont drie Indonesische mannen in een krap kantoor. Ze zijn van de Indonesian Seamen's Union en overleggen over de te boycotten Nederlandse schepen. Eén man vertelt welke schepen op de zwarte lijst moeten, een tweede noteert de namen op een typemachine. Met hun glanzend golvende haar en in hun double-breasted pakken zien ze er stijlvol uit, een contrast met de Australische havenwerkers door wie ze gesteund worden. Op de scheepswerven zitten de stakende arbeiders hun tijd te doden. Ontspannen leunen ze achterover, de mouwen van hun overhemd opgestroopt, de bovenste knoopjes los zodat het witte shirt eronder net zichtbaar is. Enkele van de ruwe koppen dragen een Australische *bush hat*. Na de scène met de Stirling Castle is het beeld dat Ivens wilde schetsen duidelijk: de Indonesiërs en Australiërs in de rol van sympathieke underdog, het immense schip met de Nederlanders als symbool voor de grote onderdrukker.

De eerste beelden van zijn film schoot Ivens in het geheim. Hij was tenslotte nog in dienst bij de Nederlanders. Al snel begreep hij dat zijn dienstverband geen stand kon houden, dus stapte hij in november 1945 op.[19] Met *Indonesia Calling* plaatste Ivens zichzelf recht tegenover zijn vaderland. Zijn beeld over de toekomst van Indonesië stond haaks op dat van de Nederlandse regering en het publiek. Bij het uitkomen van de film werd hij neergezet als landverrader, wat het begin zou zijn van een jarenlang conflict met de Nederlandse overheid.

Hoewel in Nederland uit de gratie, was Ivens met zijn pro-Indonesische mening in internationaal perspectief allesbehalve uitzonderlijk. Sterker nog, het was Nederland dat met zijn standpunt een geïsoleerde positie innam. Naast Australië hielden ook de nieuwe grootmachten, de Verenigde Staten en de Sovjet-Unie, er een sterk antikoloniale ideologie op na.[20] Beide landen vonden dat alle volken het recht hadden op een onafhankelijk bestaan. In de VS had Nederland nog altijd een bondgenoot, maar wel een die steeds minder behulpzaam werd. Zo was het bataljon van de Mariniersbrigade, waar Gerrit-Jan toe behoorde, de laatste groep die werd opgeleid in het Amerikaanse North Carolina. Na de capitulatie van Japan wilden de VS niet langer meewerken aan de Nederlandse training.

Groot-Brittannië hield meer rekening met de Nederlandse wensen, maar stuurde wel aan op een akkoord tussen Nederland en de Republiek. Volgens de Britten kon het conflict alleen worden opgelost als Nederland het overleg met Soekarno opende. Voor Nederland was dit geen optie. In een perscommuniqué verklaarde het kabinet-Schermerhorn-Drees: 'Soekarno heeft er zich toe geleend werktuig en marionet der Japanners te zijn. [...] Met deze figuur die zekere demagogische gave moge hebben, doch die bewezen heeft een ontstellend opportunist te zijn in de keuze zijner middelen, kunnen zich vertegenwoordigers van het wettig gezag niet om de tafel zetten.'[21] In tegenstelling tot de regering in Den Haag met haar onvermurwbare opstelling zag luitenant-gouverneur-generaal Van Mook wel de noodzaak van politiek overleg in. Vanuit Indië had hij meer oog voor de werkelijke situatie en begreep hij dat er in Indonesië steeds minder plek was voor de Hollanders.[22] Tegen de Haagse orders in sprak Van Mook op 31 oktober met een delegatie van de Republiek, waaronder Soekarno. Het Nederlandse kabinet schrok daar zo van dat het Van Mook uit zijn positie wilde ontheffen. Slechts ingrijpen van koningin Wilhelmina kon dit voorkomen. Ze vond het onverantwoord om in deze crisistijd de hoogste man in Indië te ontslaan. Wel werd Van Mook door het kabinet publiekelijk afgevallen.[23] Wederom werd benadrukt dat van overleg geen sprake kon zijn. Voor de Republikeinen was de boodschap helder: Nederland ging zijn kolonie onder geen beding afgeven.

Onder de Nederlandse troepen kon de Haagse lijn op instemming rekenen. De enige informatie die zij kregen was tenslotte van de eigen regering of legerleiding afkomstig, en die was vrij eenzijdig: 'Indië behoort aan Nederland; de nationalisten zijn rebellen,' zoals een soldaat het verwoordde.[24] Op de Stirling Castle dacht men daar net zo over. Dat nieuwe heersers op het wereldtoneel zich tegen het kolonialisme keerden ging aan de meeste jongens voorbij, laat staan dat ze ooit in aanraking kwamen met de Indonesiësympathieën van een linkse, avant-gardistische filmmaker. Evert-Jan en zijn collega's bleven strikt in het Nederlandse gelijk geloven. De protesten brachten de mannen niet aan het twijfelen.

'Nee, totaal niet, niemand,' zei Ed Bolte, die ook aan boord was van het schip, in een interview in 2008. 'Integendeel, die demonstranten op de kade gingen wij te lijf met het serviesgoed dat wij aan boord hadden. En de brandslang. Letterlijk, we gooiden al het servies op die lui, waarvan sommigen flink werden geraakt. We waren door het dolle heen. Die stemming was zo: je zult ons niet beletten om daarnaartoe te gaan.'[25] Ook de inmiddels negentigjarige Arend Ruijsink stond naast Evert-Jan te joelen op de boot. 'We waren allemaal zo fanatiek als wat,' vertelt hij me als ik hem opzoek in zijn huis in Goes. Nadat hij een oproep van mij in een veteranenblad had gezien, belde hij me op en nodigde mij bij hem thuis uit. Hij kon zich Evert-Jan nog wel herinneren. Had met hem in Engeland gezeten en dus ook op de Stirling Castle. 'Wat een evenement was dat. Al die communisten en havenarbeiders aan de kant. Wat een rapalje!' Niemand sprak over de redenen achter de protesten. Waarschijnlijk hielp de manier waarop de boodschap gebracht werd ook niet mee om tot de jongens door te dringen. De vergelijking met de nazi's werkte alleen maar averechts. Volgens een andere oorlogsvrijwilliger, Harrie van Steijn, bewezen de demonstranten daarmee vooral hun eigen gebrek aan kennis: 'Wat wisten zij nu van de concentratiekampen of van dwangarbeid? Of van Hitler?'[26]

De protestacties in Woolloomooloo Bay hielden tot de laatste dag aan, zonder dat beide partijen elkaar ook maar iets naderden. Na een week uitzicht op de Harbour Bridge dachten de Nederlandse soldaten de haven op 11 november eindelijk te kunnen verlaten. Het veel kleinere schip Moreton Bay zou de troepen richting Indië brengen. Vanaf de Stirling Castle liepen de mannen met hutkoffers en plunjezakken over de wal naar hun nieuwe schip – hun enige stappen op Australische grond. Ook deze dag stroomde de kade vol met actievoerders; maar liefst tweeduizend mannen en vrouwen volgens de Australische kranten. '*Take your dirty flag down*,' schreeuwden ze bij het hijsen van de Nederlandse driekleur op het schip. '*Get back to Germany. Why don't you put up the swastika?*'[27] Alle middelen werden ingezet om de Nederlanders te dwarsbomen. De bemanning van een sleepboot weigerde de Moreton Bay te helpen, zodat het schip de haven op eigen kracht zou moeten verlaten. Dat bleek niet te gaan. Bij het wegvaren draaide de scheepsschroef vast in een stalen net.[28] Pas de volgende dag kon een duiker het net in stukken branden en van de schroef af halen, zodat het Gezagsbataljon op 12 november dan eindelijk Woolloomooloo Bay achter zich kon laten.

> 'De goedgezinde Australiërs stonden te wuiven toen wij vertrokken. Prachtig is het gezicht van Sydney bij avond. Om half negen zijn we in volle zee. Vaarwel Sydney. Sydney blijft in ons geheugen. Nu naar Batavia, met frisse moed, we weten nu ook wel wat voor een vijand wij hebben. De inlanders steken de gevangenen de ogen uit en verder ontdoen ze het lichaam stukje voor stukje van hun ledematen, aldus een verslag van Engelsen in de krant van vanmorgen. Ze maken ons woedend.'

5

WAPENBROEDERS

Zondag, 25 november 1945

Beste broer,

Ik zet mij neder om u even een paar regels te schrijven, en kan dit doen in goede gezondheid, hetwelk wij allen in delen. Wij mochten ook in de voorbijgane week van u vernemen; dat was op maan-, dins- en woensdag, dus vlak achter elkaar en in het geheel 4 stuks, daar waren wij natuurlijk heel blij mee. Ja, je hebt het al een heel eindje gebracht, eerst bij de N.B.S. [Nederlandse Binnenlandse Strijdkrachten] in Ane, later naar Wijhe, daarna Harderwijk en Engeland niet te vergeten en 4 October toen werd het weer anders, toen ging de goeie jongen op de "Stirling Castle" naar ...? Misschien naar Australië, misschien naar Indië. Je hebt natuurlijk heel wat gezien onderweg, dat is te begrijpen. Hier vriest het 's nachts al en bij jou daar is het natuurlijk heerlijk warm. Kun je daar wel tegen Evert-Jan? Ja, Evert-Jan, vooral die ene brief, wat was dat een ding. Eventjes 9 vel, mooi zo, ga zo door dan zijn we heel tevreden. En Evert-Jan, weet je wat ik zo mooi vond uit die brief, dat je een beetje hocus pocus gehad hebt met die lelijke communisten. Ze zijn nog wel bang voor Hollanders, die gemene rakkers en wat zul jij gegooid hebben met die flessen op die Australiërs. Ja, het heeft ook wel in de krant gestaan dat er in Australië Nederlanders waren uitgejouwd en uitgescholden, zoals u dat ook al schreef. Dat ze het maar voelen die lafaards. En verder zal ik je eerst nog eens bedanken voor die mooie brieven, want anders zou je haast denken, nou ze zijn ook niet erg dankbaar hoor. [...] Het allerbeste toegewenst van ons allen en de hartelijke groeten van ons allen.

De hartelijke groeten van Frederik die het geschreven heeft. Daaag.

De familie Nijboer leefde vanuit de boerderij in de Schans mee met de twee gezinsleden die de wereld overvoeren. Om beurten schreven vader, moeder of een van de zes thuisgebleven kinderen brieven naar Evert-Jan en Gerrit-Jan. Ruim driehonderd brieven van familie of vrienden zijn uiteindelijk bewaard gebleven. Zoals te lezen in Frederiks brief stuurde Evert-Jan met regelmaat een antwoord terug. In zijn brieven aan Frederik ontfermde hij zich over zijn jongere broertje. Zo schreef hij hem: 'Je moet ook maar flink je best doen. *You are a good boy* hoor. [...] Zoals van het winter als je er zin aan hebt, volg een landbouwcursus of zo, je hebt er geen schade van. Leer Engels b.v. het is een taal waar je overal ter wereld mee terecht kunt.' Andersom hield Frederik Evert-Jan op de hoogte van de dagelijkse beslommeringen in Nederland. De vijftienjarige Frederik was, behalve meelevend met zijn broer, actief betrokken bij de jongerenvereniging van de kerk in Lutten. Avondenlang besteedde hij aan bijbellezen of sjoelen met de andere leden. Hij verhaalde uitvoerig over de ontwikkelingen in de kerk, bijvoorbeeld over de kerkscheuring waarbij een deel van de Gereformeerde Kerk zich afscheidde van de rest. Het hield heel gereformeerd Nederland bezig en Evert-Jan kreeg alle strubbelingen mee. Maar ook preken en het vertrek van een dominee werden breeduit besproken. Zo bleef Evert-Jan de gebeurtenissen in Overijssel volgen. Om de paar dagen zou hij in zijn dagboek schrijven over de brieven die hij verstuurde of ontving – 'Vandaag heb ik brieven van de reis gepost naar huis'.

Briefwisseling was de belangrijkste mogelijkheid tot contact met thuis. Dat ging zeker niet altijd goed. Men had geen enkel idee of en wanneer verstuurde post zou aankomen. Brieven die op verschillende dagen en verschillende plekken waren geschreven werden soms in één keer bezorgd. Toch begreep de legerleiding dat een goed verloop van de correspondentie positief zou kunnen werken op het moreel van de troepen, en ze probeerde dit zo veel mogelijk te ondersteunen. Zo stelde ze na verloop van tijd een onbeperkt aantal portvrije postbladen, een soort briefkaarten, voor de militairen beschikbaar.[1]

Niet alleen het gezin, ook vrienden en andere familieleden bekommerden zich om Evert-Jan. Hun brieven geven inzicht in hoe sommige Nederlanders tegen de missie aankeken, zoals Evert-Jans vriend en medelid van de Luttense jongerenvereniging, Piet Datema. Piet schreef Evert-Jan: 'Ik benijd je soms wel eens omdat je zo'n mooie keuze gemaakt hebt. Dat je je vaderland dient met al de ambitie die er in je hart leeft. Wat moeten wij ons dan schamen die hier achterbleven, en die niet willen of die niet mogen hun plicht vervullen. De grote zee ligt tussen ons, maar toch geve God dat wij voor elkander mogen bidden dat wij door deze woelige tijden doorgebracht mogen worden en in gezondheid elkanders aangezichten mogen weerzien.' Naast de serieuze toon was er ruimte voor spot: 'Ook op het gebied van verkering gaat het niet zoals het behoort te gaan, ik ben nog steeds zoekende. [...] Als daar nou meer kans van slagen is als hier. Kun je me dan niet aan een zwartje helpen, enfin dat hoor ik dan wel.'

Terwijl Frederik zich in de Schans boog over de brief aan zijn oudste broer dobberde de Moreton Bay ietwat doelloos door de Indische archipel. Via de koraalrijke wateren van het Great Barrier Reef en langs de noordkust van Australië was het schip in de Timorzee beland. Na zeven weken varen eindelijk de eerste Indische landschappen – 'we varen nu dus in de tropen' – maar nog voor ze de bosrijke kusten van West-Timor konden ontwaren kregen ze bericht dat hun reisdoel wederom was aangepast. 'Om 10 uur werd ons vanmorgen bekend gemaakt dat we niet naar Batavia gaan, maar naar Penang of Malakka, wat voor velen een teleurstelling was, daar ze graag naar Batavia wilden, maar als we toch getraind moeten worden zegt het niet zoveel, misschien is het voor de rust op Java ook beter. We zijn oorlogsvrijwilligers en met moed zullen we dit dan ook aanvaarden.'

De Britse opperbevelhebber Mountbatten liet Nederlandse troepen uit angst voor verdere escalatie nog altijd niet toe op Java. Het zou de agressie bij de pemoeda's verergeren, zo redeneerde hij.[2] Het moet wrang geweest zijn om al die eilanden te passeren waarvan ze de namen zo goed kenden uit hun schoolboekjes, maar waar ze nergens aan land mochten. 'We zijn Soemba, Soembawa, Lombok en Bali gepasseerd.' Toch zette Evert-Jan zich er makkelijk overheen, want 'ik geloof niet, dat één enkel ander Hollands transport een reis gemaakt heeft, waar het zo'n heen en weer varen was. Als we rechtstreeks naar onze bestemming waren gegaan, was de reis half zo kort geweest, maar hadden we ook niet zoveel van de wereld gezien.'

In plaats van Java aan te doen, voeren ze door. Nog eens bijna tweeduizend kilometer noordelijker. Voorbij Sumatra en Singapore, naar de staat Penang, onderdeel van het schiereiland Malakka, dat destijds tot het Britse rijk behoorde, maar tegenwoordig deel uitmaakt van Maleisië. 'Onder begunstiging van heerlijk weer konden we de hele dag genieten van de vele schilderachtige eilandjes. Tegen de avond kwamen we in de haven van Penang.' Vanuit de haven werden de jongens in open vrachtauto's naar een voormalig Japans kamp gebracht. Over dichtbegroeide bergweggetjes reden ze naar een veld met oude houten barakken. Terwijl de troepen aankwamen, waren er nog nieuwe in aanbouw, omdat pas twee dagen tevoren bekend was geworden dat het Gezagsbataljon Indië hier zou verblijven. Al snel bleek dat het slaapverblijf niet het enige onvoltooide was. Aan alles was een gebrek: gereedschap, wapens en zelfs legerleiding waren vrijwel afwezig. Voor de belangrijke staffuncties waren geen officieren.

Hoe de mannen met deze tegenslagen omgingen illustreert een gedenkboek van het leger uit 1947. De beschrijvingen waren door de legerstaf samengesteld om de daden van de Nederlandse soldaten te prijzen en zijn daardoor ietwat gekleurd, maar ze geven wel een beeld van de gebrekkige organisatie:

> 'Zij begonnen met letterlijk niets. Geen materiaal, geen gereedschappen, geen organisatie. Maar iedere Hollandsche jongen heeft twee handen aan het lijf en zit niet gauw bij de pakken neer. En met deze duizenden maal twee handen togen zij aan het werk, werden de kampen opgebouwd, tenten opgezet, barakken in elkaar getimmerd, afwateringsgoten gegraven, latrines gebouwd, cantines ingericht, enz.' [...] 'Veel Hollandsche handelsgeest en handigheid werd vereischt, om de hoogstnoodige accommodatie en een beetje comfort bij elkaar te scharrelen. Maar dat is een Hollandsche jongen best toevertrouwd.'[3]

De paar mannen met militaire ervaring begrepen dat de organisatie ronduit slecht was en maakten zich zorgen over hoe deze onvoorbereide troepen straks in Indië moesten opereren.[4] Historicus Loe de Jong schreef hierover: 'Zij [de Nederlandse soldaten] kwamen er in vervuilde, door de Japanners verlaten barakken en tentenkampen terecht en waren door de gehele gang van zaken bitter teleurgesteld.'[5] Toch was er bij Evert-Jan in die dagen geen spoor van teleurstelling te bekennen. Het deerde hem niet dat ze bij gebrek aan bedden op de grond moesten slapen. 'Ik heb werkelijk lekker geslapen hoor, na bijna twee maanden te hebben gevaren.' Verslagen van andere militairen laten hetzelfde beeld zien, bijvoorbeeld dat van de dan achttienjarige soldaat Harry Thevissen: 'Na 55 dagen in een hangmat gelegen te hebben is het een zaligheid om vaste bodem onder de voeten te krijgen, heerlijk douchen met zoet water en languit slapen. Weliswaar op de grond, maar toch beter dan met een kromme rug in de slappe hangmat.' Door de vele nieuwe indrukken vielen alle gebreken bij de gewone soldaat niet zo op. Het natuurschoon was voor Evert-Jan te overweldigend om zich bezig te houden met eventuele onvolkomenheden: 'Een prachtomgeving waar we overal langs kwamen. Mooie groenende bergen, de palmbomen, pisangs, alles werd nu ineens werkelijkheid. Toen ik dit alles zag, kreeg ik een indruk om de tropen nooit weer te verlaten.'

Enthousiast inspecteerde Evert-Jan de omgeving met een paar kameraden. Niet ver van hun kamp stuitten ze op een klein meertje met een waterval waar ze konden zwemmen. Het werd een populaire ontspanningsplek voor de mannen, ook voor Harry Thevissen: 'Een prachtige, wel tien meter hoge waterval, die zich met klaterend geluid in een diep idyllisch meertje stortte. Ondanks het geklater hing er een serene rust. De hoge boomtoppen lieten tussen de palmbladeren langgerekte gouden zonnestralen door, die de afgedwaalde waterspetters tot flonkerende kristallen omtoverden. Hier was het goed toeven.' De eerste dagen in Penang waren er amper verplichtingen. De soldaten kregen alle tijd om aan hun nieuwe omgeving te wennen. Ze hingen rond, ze zwommen wat. Met het natuurlijke dak van palmbladeren boven het kamp en het meertje in de buurt was er genoeg schaduw en water om de koelte op te zoeken in het tropische klimaat. 'We luieren hier tussen de inlanders die ons soms bewonderend, soms iets wantrouwend aankijken. De jongetjes lopen de hele dag om ons heen te springen.'

Het contact met de lokale bevolking was hartelijk. In de buurt van het verblijf was een kampong waar Evert-Jan graag doorheen wandelde. Spannender was het bezoek aan de grote stad George Town. Via een Chinese handelaar – Penang had een grote Chinese bevolking – regelde Evert-Jan met collega's een auto 'voor de prijs van 10 sigaretten en $ 1,-. Om één uur gingen we met een oude knalpot naar Penang'. Zoals Evert-Jan in het Britse Malvern Wells al enkele Engelse zinnen opschreef, gebruikte hij in Penang steeds meer Indonesische termen in zijn dagboek; *toean* voor meneer, *kali* voor rivier en ook *knalpot* is, weliswaar voortgekomen uit de Nederlandse tijd, typisch Indonesisch.

Met de 'knalpot' reden ze naar George Town. Kondigde Port Said het begin van de Oriënt aan, in George Town leken ze in het hart van het Verre Oosten beland. Ze reden langs moskeeën en Hindoestaanse tempels, rijkelijk versierd met houtsnijwerk. De straten waren volgepakt met toeterende auto's, riksja's glipten overal tussendoor, ossenwagens sleepten zich langzaam voort. In de Chinese toko's en de bazaars was alles te koop: schoenen, parfum, kauwgom, zaklampen, Amerikaanse sigaretten.[6] Hier en daar zat een opiumschuiver – een verslaafde opiumroker – op een matje, die zich, lurkend aan zijn pijp, met een wezenloze blik onttrok aan de drukte om hem heen.[7] De geuren waren veel indringender dan de Nederlandse mannen gewend waren. De lucht van verse bananen, mango's en allerlei vreemde fruitsoorten werd afgewisseld met de stank van open riolen. Evert-Jan keek zijn ogen uit: 'Het is werkelijk gezellig. Voor sigaretten ruilden we horloges en vulpennen, maar daar moet je geweldig bij handelen, anders betaal je 3 à 4 maal de prijs.' Bij een Chinese toko wilde hij zijn horloge laten repareren: 'De prijs was eerst 7 dollar. Na afdingen wilde Toean Chinees het maken voor 50 sigaretten.' Dat was blijkbaar een stuk goedkoper. 'Je moet dus wel oppassen.'

Op Malakka kwamen de oorlogsvrijwilligers in contact met hun collega-soldaten van het KNIL die in hun ogen alles hadden wat de jongens uit Nederland, behorende tot de Koninklijke Landmacht, misten: militaire ervaring en kennis over Indië. Hoewel de militairen van het KNIL numeriek in de minderheid waren, zou hun invloed in het leger, vanwege die ervaring en kennis, groot blijken te zijn.[8]

De krijgsmacht had met name tijdens de Atjeh-oorlog eind negentiende en begin twintigste eeuw geleerd hoe een guerrillategenstander te bevechten. Nadien had het KNIL zich ontwikkeld tot een politieleger, berekend op het neerslaan van onder meer nationalistische opstanden.[9] Die ervaring was nutteloos toen de Japanners Indië in 1942 met grote overmacht wisten te overrompelen. Tijdens de bezetting die volgde bleek hoe kwetsbaar de Nederlands-Indische samenleving en daarmee ook het KNIL was. De Japanse jaren legden de grote verschillen in loyaliteit aan de Nederlandse kolonisator bloot. 'Het interesseerde met name de jonge mensen en de nationalisten geen lor dat wij werden aangevallen [...] onze oorlog is het niet,' gaf een KNIL-militair toe.[10] Dat de loyaliteit onder de KNIL-manschappen zo uiteenliep was niet verwonderlijk. Het KNIL was net zo hiërarchisch georganiseerd als de rest van de Nederlands-Indische maatschappij. De Nederlandse mannen stonden aan de top, gevolgd door de Indische militairen, en helemaal onderaan bevonden zich de 'inheemse' troepen. Ook binnen de groepen bestonden grote statusverschillen, waarbij de indeling langs etnische en religieuze lijnen liep. Ambonezen werden vanwege hun christelijke geloof bijvoorbeeld betrouwbaarder geacht dan Javanen en kregen daarom hogere soldij. Tot 1908 werden aan de laagsten in rang zelfs geen schoenen verstrekt. Dat veel van de lage 'inheemse' soldaten vervolgens weinig verbondenheid voelden met de Nederlandse overheerser was een logisch gevolg, net als dat de christelijke KNIL'ers zich juist harder vastklampten aan de Nederlanders nu zij steeds vaker vijandig werden bejegend.

Veel van de Nederlandse en Indische KNIL-militairen kwamen tijdens de Japanse bezetting in krijgsgevangenschap terecht en werden als dwangarbeiders tewerkgesteld in Japan, Thailand, Birma en Singapore, waar hun situatie vaak zo erbarmelijk was dat tweeëntachtighonderd van de ruim tweeënveertigduizend geïnterneerden omkwamen. Ondanks alle malaria, dysenterie, honger en vernederingen die de soldaten hadden ondergaan werden ze na de Japanse capitulatie zo snel mogelijk weer ingezet. Hun verzwakking werd voor lief genomen. Gezien de kwetsbaarheid van het leger kon Nederland zich geen strenge keuring permitteren en mobiliseerde het op opportunistische wijze elke inzetbare man.[11]

Voor de overgebleven KNIL'ers was de oorlog veel persoonlijker dan voor de oorlogsvrijwilligers van de Koninklijke Landmacht. De Indonesische revolutie zette hun toekomst op het spel en bracht hun families in gevaar. Zij hadden veel meer te verliezen dan de mannen uit Nederland. 'Voor ons was dit oorlog, echt oorlog. Dit was broedermoord,' zei KNIL-soldaat Theo Kappers daarover. 'Het ging voor ons om ons thuisland [...]. En we wisten: als zij [de Republikeinen] de macht krijgen, gaan wij eruit.'[12]

Ondanks de grotere afstand die de jongens uit Nederland tot het conflict hadden, werden ze sterk beïnvloed door hun KNIL-collega's. Van KNIL-officieren kregen ze lessen over de taal en cultuur van Indonesië. Evert-Jan kreeg bijvoorbeeld lezingen 'over onze houding tegenover de Inlanders'. Een andere militair schreef over zo'n les: 'Ze vertelden dat de inlanders in het algemeen vriendelijke beleefde mensen waren, maar dat we ze toch nooit moesten vertrouwen. Wij, jonge knullen van 20, 21, 22 jaar, namen het zonder meer aan.'[13] Zo werd op Malakka het beeld van de vijand gevormd: 'extremisten' en 'terroristen' waren het. Dat zou, samen met de perspectieven die ze vanuit Nederland kregen voorgeschoteld, een bepalende rol spelen in hoe die 'jonge knullen' de komende jaren tegen het conflict aan zouden kijken.

Naast de theoretische vorming moesten de soldaten ook fysiek aan de slag. 'We beoefenden eerst de luipaardengang, apengang [sluipmethoden] en het rollen uit de vuurlinie, en het dekking zoeken. Vijf keer klauterden we de bergen op en neer, door dik struikgewas en mierennesten. Modder en water kon ons niet beletten de oefeningen goed uit te voeren. [...] De jongens vinden allen de dienst mooi. [...] We worden nu soldaat.' Lange marsen brachten hun conditie verder op peil. Beladen met een volle veldfles en een kei in hun rugzak als extra gewicht maakten ze urenlange tochten over de bergen, door het oerwoud. 'Eerst over een slootje, door struikgewas en toen op het strand, waar we wel drie uur van de ene rots op de andere sprongen. Af en toe een looppasje. En toen naar boven tegen de steile, dichtbegroeide rotsbergen op.' Na zulke marsen in de tropische hitte mochten de soldaten uitrusten en afkoelen op het witte zandstrand.

Zo wisselden de dagen elkaar af. Oefeningen, luieren en bezoekjes aan de stad. Kerst kwam dichterbij, waardoor de gedachten van de militairen onvermijdelijk af en toe naar huis afdwaalden. Een van Evert-Jans collega's, Harrie van Steijn, schreef in zijn dagboek: 'In de tropenzon buiten is het bloedheet, meer dan 30 graden en de palmbladen hangen onder een staalblauwe hemel roerloos. Om hier in de kerstsfeer te komen moet je de ogen heel stijf dicht doen, om zo in gedachten de brandende kaarsjes te zien die moeder dan aanstak bij het kerststalletje.'[14] Evert-Jan schreef niet expliciet over gevoelens van heimwee, alleen in bedekte termen refereerde hij aan huis. 'Op 6 december is de eerste sneeuw in Holland al gevallen. Het vriest 10 graden.'

December in een decor van palmbomen en omringd door tientallen kameraden in plaats van familie; het was nogal een verschil met wat de mannen van thuis gewend waren. Juist die ongewone ambiance zorgde voor een gedenkwaardige viering van kerstavond. 'De omgeving leende zich prachtig voor de Kerstfeestwijding. Electrisch licht was aangelegd. Het koor zong boven op de heuvel. Op de helling waren overal petroleumlampen aangebracht, waardoor het terrein scherp in het donker werd afgebakend. De ruisende palmen, met het daarboven alles overkoepelende firmament der sterren.' Zo beleefden de mannen van het G.B.I. hun eerste kerst in de tropen. Terwijl in Nederland de verzuiling nog hoogtij vierde, spraken in Penang de katholieke aalmoezenier en de protestantse veldprediker gebroederlijk de troepen toe. 'Om 12 uur klonk het Stille nacht, Heilige nacht. Prachtig klonk dit in het nachtelijk donker.' De dag werd nog mooier voor Evert-Jan toen hij hoorde dat tweeduizend Nederlandse mariniers vanuit Amerika waren aangekomen in de haven van Penang. Uit de brieven van Gerrit-Jan wist hij dat zijn broer vanuit Amerika naar Zuidoost-Azië was vertrokken. Zou hij dan toch nog familie zien met kerst?

Een dag later, op eerste kerstdag, begaf Evert-Jan zich naar de haven. Het lag er vol met schepen, waaronder de nodige Nederlandse. Duizenden jonge militairen mochten net als Evert-Jans Gezagsbataljon niet aan land in Nederlands-Indië. Alle troepen werden doorgestuurd naar Penang en vanuit daar verder over Malakka verspreid. De mariniers waren inderdaad aangekomen, met het schip de Noordam.

> 'Ik kwam op de kade waar wij een maand geleden aan wal gingen, en zag de "Noordam". Ik vroeg of ze ook een Nijboer kenden. "Ja," zei er een, "13e Compagnie, 3e Peloton". Ik ging een paar pas verder om te informeren. "Hé Evert-Jan," hoorde ik eensklaps en hoorde G.J.'s stem en zag zijn gezicht, vuurrood van verbazing, dat hij mij zo opeens zag.'

Gerrit-Jan had zijn broer hier niet verwacht, maar was dolblij om hem zo ver van huis aan te treffen. Een deel van de mariniers, waaronder Gerrit-Jan, zou de 27e december alweer richting Batavia vertrekken. Na lang aandringen van de marineleiding hadden de Britten toestemming gegeven voor de komst van één bataljon mariniers in Batavia. Daardoor konden de broers slechts de twee kerstdagen met elkaar doorbrengen, en dat lieten ze zich niet ontnemen. Twee dagen lang weken ze zo min mogelijk van elkaars zijde. Ze hadden elkaar zoveel te vertellen. Evert-Jan over de opleiding in Malvern Wells, de moderne tractoren van de Engelse boeren, het oponthoud in Sydney.

Ook Gerrit-Jan had inmiddels het nodige van de wereld gezien. In Schotland, vlak bij Glasgow, was hij zijn training begonnen. Al snel was hij met de Mariniersbrigade naar Amerika vertrokken. Met het grootste schip ter wereld, de Queen Elizabeth, staken ze de Atlantische Oceaan over naar New York, waar ze werden opgewacht door het voor iedereen zo bekende Vrijheidsbeeld. Vanuit New York reisde de brigade door naar North Carolina, naar Camp Lejeune, een opleidingskamp voor mariniers. De accommodatie en opleiding van de Mariniersbrigade waren, dankzij de Amerikanen, vele malen professioneler dan die van de andere legeronderdelen. Camp Lejeune was een van de modernste opleidingscomplexen. Vanwege de grootte van het terrein had Camp Lejeune eigen geasfalteerde wegen en busstations. Er waren bioscopen, winkels en postkantoren.[15] Daarnaast beschikten de Amerikanen over gevechtservaring in de Pacific. Ze hadden gestreden tegen de Japanners en alle gruwelijkheden van de oorlog al meegemaakt.[16] Zo kregen de Nederlandse mariniers een realistischer beeld van wat hen te wachten stond dan Evert-Jan had gekregen via de lezingen over de inboorlingen van Venezuela. Gerrit-Jans opleiding bestond uit droppings in de moerassige omgeving en het leren vechten in man-tegen-mansituaties met het geweer met bajonet. Na maanden van zware training vertrok Gerrit-Jan in november met de Noordam richting Azië.[17] Aangekomen in Penang, hadden de mariniers te doen met de andere, veel slechter uitgeruste troepen. Zoals een van hen verwoordde: 'Wij hadden tenminste een uniform. Wij hadden tenminste de man een wapen – om van de rest maar niet te spreken. Wij gingen tenminste eindelijk eens naar Batavia. Groot, groot was het medeleven, dat we met die knapen hadden.'[18]

Uit Gerrit-Jans brieven naar Evert-Jan voor en na hun ontmoeting valt op te maken wat de broers bezighield. Ze moeten veel herkend hebben van elkaars bootreis, die grotendeels door dezelfde wateren was gegaan: de Middellandse Zee, het Suezkanaal, de Indische Oceaan. 'Ik was niet zeeziek geweest en jij dan?' 'Een mooie reis, maar het wassen dat was hopeloos met het zoute water. Schoon werd je nooit, want bij dat zoute water had je aparte zeep nodig, en dat was er niet.' Over het doel van hun missie was Gerrit-Jan even stellig als zijn broer: 'Ik hoop dat het zo verder gaat met de mariniers, om straks Indië vrij te maken van de extremisten, want dat schorem schijnt niets te maken te hebben met vrijheidsstrijders, maar is meer een roversbende en moordenaarsgroep.' Maar net als Evert-Jan werd Gerrit-Jan niet uitsluitend gemotiveerd door plichtsbesef, ook het avontuur speelde een rol: 'Wat zien die boerenknechten wat van de wereld, nooit zoiets gedacht.'

Op 27 december, twee dagen na hun ontmoeting, vertrok Gerrit-Jan alweer. De broers hadden geen idee wanneer ze elkaar weer zouden zien, maar hier konden ze even op teren. Terwijl de Mariniersbrigade koers zette richting Batavia, ontving Evert-Jan een brief die Gerrit-Jan weken daarvoor verstuurd had. 'Gerrit-Jan schreef mij dat hij een brief had gekregen van Moeder en van Gerrit van 29 nov. Er stond in dat het mooi zou zijn als we elkaar in Indië nog eens mochten ontmoeten. En nu hebben we elkaar net hier in Penang gesproken.'

6

WACHTEN, WACHTEN, WACHTEN OP MALAKKA

Februari 1946. Tussen de rubberbomen en gifgroene varens marcheerden de drie compagnieën van oorlogsvrijwilligers over het zandpad. De korporaal ging hen voor, vergezeld door twee soldaten die op hun zwarte trommels de maat aangaven. Acht mannen droegen het in doeken gewikkelde slachtoffer op hun schouders. De lijkstoet naderde een open plek. Langs de zijlijn van een geïmproviseerd voetbalveldje was een gat gegraven. De menigte stelde zich op in een grote cirkel rondom het graf. Na een korte toespraak van de luitenant volgde het commando voor een salvo. 'Vuur!' Terwijl het lawaai van de schoten de serene tropenrust verstoorde, lieten de lijkdragers het stoffelijk overschot in de kuil zakken.

IN MEMORIAM
Heden kregen we na 5 maanden van kwellende onzekerheid het droevige bericht, dat op 1 September 1945 ten gevolge van een Ministerieel Besluit is overleden:

HET GEZAGSBATALJON INDIË

De andere militairen stonden wat lacherig om het schouwspel heen. Het Gezagsbataljon Indië was opgeheven, zo was hun een paar dagen eerder verteld. Die boodschap kwam vijf maanden te laat door, want het G.B.I. bleek officieel al sinds september 1945 niet meer te bestaan. Het oorspronkelijke doel, het verdrijven van de Japanners, was namelijk achterhaald.

Na twee maanden wachten in Penang op berichten over de volgende stap bleken de oorlogsvrijwilligers plotseling nergens meer toe te behoren. In plaats van dat ze dichter bij Indië kwamen, nam de onzekerheid over hun missie alleen maar toe. Op ludieke wijze probeerden de soldaten er het beste van te maken. Het G.B.I. werd tijdens een plechtige ceremonie begraven met militaire eer. De luitenant hield een jolige toespraak – 'we lachten ons bijna kapot' – en legde een krans met de tekst 'Laat maar rotten' op de geüniformde pop van stro.

'Dat is het droeve einde van ons G.B.I. Wij zijn weeskinderen in deze. Maar gaan moedig verder,' zo besloot Evert-Jan de dag. Al ruim een halfjaar was hij inmiddels van huis, en nog altijd was Java niet in zicht. Het deed het moreel weinig goed. 'De troepen worden rumoerig, waarop ze dan ook gewezen werden op de plichten van een soldaat.'

De onzekerheid onder de troepen was te wijten aan de wispelturige ontwikkelingen op politiek niveau. De Nederlandse en Indonesische regeringen draaiden, als katten voor een gevecht, afwachtend om elkaar heen. Uitdagen en aftasten, zonder een stap verder te komen. Maandenlang had de Nederlandse regering overleg met de Indonesiërs onverbiddelijk afgewezen. Den Haag beschouwde Soekarno als collaborateur en bleef weigeren om met hem te onderhandelen. De komst van een nieuw Republikeins kabinet met een gematigdere premier, Soetan Sjahrir, veranderde die houding. Soekarno bleef weliswaar aan als president – Sjahrir en zijn kabinet hadden verantwoording aan hem af te leggen – maar via Sjahrir kon Nederland gesprekken met Soekarno omzeilen. Sjahrir had zich altijd afgezet tegen samenwerking met de Japanners en was daarom voor Nederland een acceptabelere onderhandelingspartner. Zelf stond Sjahrir ook open voor diplomatieke besprekingen. Hij begreep dat *diplomasi* de enige manier was om een vorm van erkenning te verkrijgen. Maar Sjahrir zat in een lastige spagaat. De revolutionaire beweging, met de pemoeda's als motor, wilde geen compromissen, die wilde doorvechten. *100% merdeka.* Historicus J.J.P. de Jong beschreef in *De terugtocht* hoe er in die periode feitelijk twee Republieken ontstonden: 'een Republikeinse regering zonder veel macht en invloed, uit op toenadering tot de geallieerden, en een Republiek met een enorm revolutionair potentieel, maar volstrekt anarchistisch en uit op het met geweld verdrijven van Britten en Nederlanders.'[1]

Het Nederlandse kabinet-Schermerhorn-Drees deed Sjahrir in februari 1946 een aanbod. Een zelfbesturend 'Gemenebest Indonesië' zou onderdeel worden van het Koninkrijk der Nederlanden. Na een nog te bepalen periode kon de Indonesische bevolking vrijwillig kiezen tussen het voortzetten van deze constructie of volledige onafhankelijkheid. De lengte van die periode zou in overleg worden vastgesteld, maar van Nederlandse zijde was duidelijk dat dit keuzemoment de komende jaren nog niet zou plaatsvinden. Met de druk van de pemoeda's in het achterhoofd was het voorstel voor Sjahrir volstrekt onaanvaardbaar. Te vaag geformuleerd en geen enkel perspectief op onafhankelijkheid op korte termijn. Het overleg strandde voor het goed en wel van de grond was gekomen.[2]

Een groot deel van de krijgsmacht toonde weinig interesse in de politieke ontwikkelingen.[3] Uit het verslag van een anonieme militair: 'De meeste jongens zijn van eenvoudige afkomst en politiek is iets te ver van mijn bed.' Een andere soldaat zei: 'We wisten niet wat er gaande was. Het enige wat ons verteld werd, was dat we orde en vrede moesten gaan brengen. We zouden politie-agentje gaan spelen. Over de politieke situatie werd niets gezegd. We werden dom gehouden.'

Evert-Jan bleef wel graag op de hoogte en hield de gebeurtenissen nauwkeurig bij. 'Schermerhorn (minister-president) heeft in een overzicht gezegd dat de nieuwste samenwerking tussen Indië en Nederland gezocht moet worden.' Niet toevallig liepen zijn opvattingen parallel aan dat van het Nederlandse kabinet. Net als Den Haag bleef Evert-Jan maandenlang onvermurwbaar ten opzichte van de Republiek. Rond dezelfde periode dat de regering een minieme opening tot overleg met Sjahrir zocht, bediscussieerde Evert-Jan de situatie met zijn collega's: 'Na de middag gingen we een eindje wandelen. Ruijsink, Bijenhof en ik. [...] Een hevig debat volgde over Sjahrir en de zelfstandigheid van Indië. Sommigen zeggen: we vechten niet. Sjahrir is voor de vrijheid en dat is een rechtvaardige zaak. Maar er zijn nog zoveel extremisten. Wie moet dat behandelen of afwerken? Kan er zo onderhandeld worden in zo'n toestand?'

In Australië had Evert-Jan nog geen oog gehad voor de ideeën van de demonstranten die hen belaagden, maar tijdens de wandeling met zijn kameraden sprak hij in ieder geval over het perspectief van de Indonesiërs. Hij was zich inmiddels bewust van een Indonesisch verlangen naar vrijheid, althans bij een deel van de bevolking. Tegelijkertijd was het de enige keer in die periode dat hij het Indonesische standpunt behandelde. Uiteindelijk bleek hij net zo onbuigzaam als de Haagse regering. Eerst moesten de gewelddadige pemoeda's worden bevochten. Het onafhankelijkheidsstreven diende te worden ingedamd: 'We hebben ze veel teveel vrijheid gegeven. Want het is met de inlander zo, als je hem één vinger geeft, neemt hij er tien.'

Die starheid was ook te zien in de publieke opinie in Nederland. Zeker het gereformeerde deel van de bevolking verzette zich fel tegen de revolutie. Die geloofde in het 'wettige gezag' van Nederland over Indonesië en zag de onafhankelijkheidsstrijd als het onrechtmatige verzet van een kleine minderheid van 'extremisten'. Die beeldvorming werd sterk beïnvloed door de moordpartijen in de bersiapperiode. Soekarno werd neergezet als een 'Indische Mussert'. Het overgrote deel van de 'inlanders' zou snakken naar de terugkeer van de Nederlanders.[4] Voor afwijkende denkbeelden was weinig ruimte, daarvoor waren kranten en politiek te nauw met elkaar verstrengeld. Binnen de gereformeerde zuil kon de hoofdredacteur van *Trouw*, Sieuwert Bruins Slot, tegelijkertijd Kamerlid zijn voor de Anti-Revolutionaire Partij. De krant was een ideaal middel om de standpunten van zijn partij te verdedigen en tegenstanders te bekritiseren. Bruins Slot bestreed jarenlang elke diplomatieke oplossing. Luitenant-gouverneur-generaal Van Mook was een van zijn belangrijkste doelwitten vanwege diens onderhandelingspogingen met de Republiek: 'Van Mook was zulk een staatsman niet. Hij boog voor den Engelschen wind en leverde Java uit aan een Japansch creatuur,' zo luidde een van de commentaren van Bruins Slot.[5]

In andere zuilen was het patroon hetzelfde; de kranten verkondigden de mening van de politieke partijen waar ze aan verbonden waren. De kleine kritische stroming die ontstond, bestaande uit onder meer *Het Parool*, *De Groene Amsterdammer* en *Vrij Nederland*, bereikte het grote publiek niet.[6] Daarvoor zaten de meeste mensen te veel in hun eigen ideologische cocon. Evert-Jans ouders schreven hem over de dominee die had gesproken over het verliezen van 'ons Indië': 'de regering had van begin af aan veel te slap opgetreden tegenover Engeland. Die moest gezegd hebben: "ons Indië dat moeten wij vrij maken."' Nu had Engeland de touwtjes in handen en 'dat kwam omdat de regering eigenlijk niet deugde, daarom wilden ze ook maar zo gauw mogelijk verkiezingen hebben. [...] Het is maar te hopen dat er dan maar gauw een andere regering zit die rekent met God en zijn gebod.' Net als zijn ouders volgde Evert-Jan de lijn van de ARP en *Trouw*. 'Met smart heb ik een stuk in Trouw gelezen van J. Schouten. Zulke kerels moeten we hebben en moeten ons de doorslag geven.' Aan zijn broertje Frederik schreef Evert-Jan dat het voor de Nederlandse soldaten tijd was om in te grijpen: 'Niet dat we moorden willen, neen, we willen orde en rust brengen, en dan zal er wel eens een nikkertje om 't hoekje gaan. Dat verwacht ik wel, en ook van ons wel. Maar zo kan en mag het niet blijven, dat kan iedereen op de vingers natellen.'

Na het uiteenvallen van het G.B.I. werden de soldaten ingedeeld bij nieuwe onderdelen. Evert-Jans nieuwe eenheid heette de W-Brigade, en de Militaire Politie (MP) was de dienst waarvoor hij zou gaan werken. Behalve militaire taken – toezicht houden op het gedrag van andere soldaten en het transporteren en ondervragen van krijgsgevangenen – fungeerde de MP ook als burgerpolitie. Verkeer regelen, controle van de bevolking en het onderzoeken van misdaden behoorden tot het nieuwe takenpakket van Evert-Jan. 'Verder kregen we onze MP-banden [voor om de bovenarm], en werden we uitgerust met Stens [stenguns, kleine pistoolmitrailleurs].' Ze leerden handgranaatwerpen en bajonetvechten en kregen urenlang Maleise les. 'Hé vriend, doe de deur eens open, ik wil inlichtingen hebben. *Hai Teman, boeka doeloe pintoe, saja maoe mentjari keterangan.*' In de 'Handleiding voor de Maleische taal' vonden ze 'Enkele zinnen voor militairen' die in Indië van pas moesten komen. 'Als je steelt, word je door de politie gearresteerd. *Kalau tjoeri nanti ditangkap oléh polisi.*'[7]

Met de plaatsing bij de MP was de eerste onzekerheid weggenomen. Nu was het wachten op Britse toestemming om Indië te betreden. Ook die zou volgen. De Britten hadden Den Haag al eerder laten weten zich terug te willen trekken uit het inferno dat Java voor hen geworden was. Nu ze zagen dat de Nederlanders in ieder geval de onderhandelingen met de Republikeinen hadden geopend, zouden ze vanaf maart 1946 geleidelijk Nederlandse troepen toelaten.[8] Na maandenlang afwachten konden de duizenden soldaten eindelijk aan de slag. Het nieuwe doel was 'het herstellen van orde en rust'. Een voor een vertrokken de brigades richting Java. Op 24 maart was ook die van Evert-Jan aan de beurt. In de kletterende regen – de moesson overspoelde de Maleise landen regelmatig met korte, intense buien – ging de W-Brigade aan boord van weer een nieuw schip, de Nevassa. 'Lang niet een schip als de Stirling Castle, alles was bekrompen, 's nachts moesten we ons tevreden stellen met een ligplaats op de vloer, onder de tafel.' Evert-Jan had het er, twee vaardagen verwijderd van Batavia, graag voor over. 'Om half 9 kwam de sleepboot om het schip op te trekken, na eerst nog weer geankerd te hebben, vertrokken we dan om half 12.' Indië was eindelijk in zicht.

7

DE EERSTE INDRUKKEN VAN BATAVIA

Op de Javazee manoeuvreerde de Nevassa tussen de scheepswrakken door, restanten van de dramatisch geleden nederlaag tegen de Japanners vier jaar eerder. Evert-Jan zag Java liggen, de vulkaantoppen van de Salak en de Gedeh staken boven de rest van het land uit. Het schip voer de haven van Batavia binnen, Tandjong Priok. 'Onze eerste indruk was een doodse stad te zien, vernield en door de Jappen verwaarloosd.' Dit keer geen muziekkorps op de kade, geen mensenmassa die hen toejuichte of uitjoelde, slechts enkele KNIL-militairen stonden hen op te wachten. Maar toch, 'Ons Indië' was bereikt. 'Om 2.20 uur zetten we voet op eigen bodem.' De aanblik van het land bevestigde Evert-Jans eerste indruk. In vrachtwagens reden de soldaten door de stoffige haven, langs blokken beton waarvan de herkomst niet meer te achterhalen was. De *goedangs*, pakhuizen, die nog overeind stonden waren leeg en beschadigd. Kilometers trokken ze door de verwoeste stad. De bestemming: de wijk Meester Cornelis, in het zuidoosten van Batavia. Huizen waren vervallen, erven met onkruid overwoekerd.[1] De kanalen waren smerig bruin en hadden een groezelige geur die Evert-Jan niet direct thuis kon brengen. Op muren en treinen waren leuzen gekalkt: *THIS IS OUR COUNTRY* en *EVEN THE ATOMIC BOMB CANNOT DESTROY OUR RIGHTS*. Een enkele Indonesiër vertoonde zich op straat, weinig acht slaande op de voorbijgaande troepen. Juist op het onthaal van het volk hadden de soldaten zo lang gewacht. Ze herinnerden zich allemaal hoe de Canadese helden door hun straten waren gereden. Hun geallieerde voorbeelden imiterend, wuifden de Nederlandse troepen naar de bevolking en strooiden ze met sigaretten.[2] Het was een verwarrend tafereel voor de soldaten, zoals oorlogsvrijwilliger Jan Mulder opmerkte: 'Op weg naar het kampement passeren we groepjes bruine mensen, die ons met ondoorgrondelijke gezichten na staan te kijken. Zijn dat nu de extremisten of misschien terroristen?'[3]

In Meester Cornelis kwam Evert-Jans groep in een huis van de voormalige geweermakersschool terecht. Het was kaal, meubilair ontbrak. Hier zouden ze de komende nacht verblijven. De oorlog liet niet op zich wachten. De komst van de Nederlandse bataljons deed de pemoeda's besluiten om deze direct te belagen.[4] ''s Nachts werd er geschoten. Dat ging de hele nacht zo door. [...] De kogels floten door ons kamp, want het was geen kilometer van ons verwijderd.'

Ze bleven niet in Meester Cornelis. Om de paar dagen verhuisden ze naar een nieuw onderkomen. Waar plek was werden de soldaten ondergebracht, van een oude gevangenis waar ze sliepen in cellen tot een luxe villa die van een Hollandse onderwijzer was geweest. De pemoeda's beperkten hun aanvallen tot de nacht, dus bij licht konden de soldaten zich in relatieve rust van de ene naar de andere plek begeven. 'Overdag is het altijd in Batavia wel rustig, maar zo gauw het donker wordt komen de extremisten in actie.' Vier nachten na aankomst kwam Evert-Jan in het kampement Tanah Tinggi terecht. Afwisselende wachtposten bewaakten het met prikkeldraadversperringen afgezette terrein. Bij het vallen van de avond laaide het vuurgeweld op, omdat een van de posten iets verdachts gezien meende te hebben. Hij begon te schieten, al kon hij niet achterhalen wat het precies was. Dit schouwspel herhaalde zich in de loop van de nacht verschillende keren. Het rapport van de wachtcommandant stond de volgende dag vol met aantekeningen: 'Gevuurd op een verdachte beweging in het gras.'

'Gevuurd op een verdacht lichtverschijnsel.' Het waren echter geen Republikeinse strijders die waren gespot; de soldaten hadden geschoten op vuurvliegjes, rondsluipende wilde katten, kikkers die ritselden in het gras, tjitjaks en krekels. De Javaanse nacht was met zijn vreemde geluiden geheimzinnig en spannend voor de Hollandse jongens, en het duurde een paar dagen voordat ze echt gevaar van dierengeluiden konden onderscheiden.

Tijdens de dagelijkse patrouilles ontdekte Evert-Jan een ander, rauwer Batavia dan hij kende van de prenten van school. Balancerend op kleine dijkjes verkende zijn brigade de sawa's, 'modderig als in de Schans', maar hier zoemden muskieten rond zijn hoofd en kropen bloedzuigers in zijn laarzen. Urenlang lagen de soldaten aan de rand van een sloot in afwachting van een vijand, meestal tevergeefs. In de kampongs probeerden ze de 'orde en rust' te herstellen, zoals dat officieel heette. Ze ondervroegen bewoners en doorzochten huizen op zoek naar vrijheidsstrijders. Maar wie een vijand was en wie een gewone burger, was vaak moeilijk te bepalen.

Evert-Jan schrok van de toestand van de mensen.

> 'Als je hier zo aan de straat staat, dan zie je de arme inlanders, die zoveel geleden hebben tijdens de Jappen. Er stond een moeder, zelf had ze haast geen kleren aan om zich het naakte lichaam te bedekken, en dan had ze een klein kind van een paar jaar op de armen, die meer dood dan levend was. En dan staan ze medelijdend te vragen om eten. De jongens geven alles weg wat ze missen kunnen. Het is te begrijpen dat de woede tegen de Jappen en extremisten al groter wordt. Ze zullen niet meer gespaard worden. In Holland is het erg geweest, maar hier is het dunkt me nog erger. Want in Holland zag je toch niemand naakt lopen. Wat zouden die armen zich gelukkig voelen met

een afgedankt kledingstuk. Graag zou ik de lompenzak thuis nakijken, want ik weet dat ik ze hier er dolblij mee kan maken.'

Overal in het straatbeeld waren de gevolgen van de Japanse jaren en de daaropvolgende bersiapmaanden zichtbaar. Ondervoede mensen zwierven door de straten en verweesde kinderen verkochten hun lichaam in ruil voor een hap rijst.[5] De indringende geur van het vuile, bruine Antjolkanaal was afkomstig van de dode lichamen die er maandenlang in waren gedumpt. In zijn studie *Bersiap! Opstand in het paradijs* beschreef historicus Herman Bussemaker hoe slachtoffers, vaak Indo-Europese vrouwen en kinderen, zwaar verminkt of zelfs in stukken gehakt werden teruggevonden, 'drijvend in de Tjiliwoeng, de Molenvliet, het Antjolkanaal en in waterputten en sloten.'[6] Vooral meisjes en jonge vrouwen werden bruut toegetakeld voor zij uiteindelijk vermoord werden. Ook soldaat Jan Mulder, die rond dezelfde periode als Evert-Jan aankwam in Batavia, zag de slachtoffers in een van de stadsgrachten drijven: 'Het voorwerp blijkt een ruw kruis van dikke planken te zijn, waarop het lichaam van een jonge vrouw is vastgenageld. Armen en benen gespreid, afgesneden borsten en een opengereten buik. Als we vol walging hiernaar staan te kijken, zegt één van die mannen tegen ons: "Ja toean, zulke dingen gebeuren hier dagelijks."'[7]

Via officiële legerverslagen ontdekte Evert-Jan wat de bersiapperiode voor delen van de bevolking had betekend.

'Verder las ik eens een rapport door. Ik zal hier één weergeven. Opgemaakt door de Engelse Sergeant Beckt., 20 dec. 1945. Hierin werd beschreven hoe hij een leider der boeven ophaalde en verhoorde. Deze man bekende met 38 anderen schuldig te zijn aan het mishandelen en vermoorden van een Ambonese familie en twee Hollandse dames Van Lints en Van Orthel. Ze werden eerst per trein vervoerd. Daarna werden zij op een open plaats uitgekleed, alleen een schaamdoekje mochten ze omhouden. Vervolgens werden de dames L. en v. O. in een kamer gebracht, waar zij twee uur lang op dierlijke wijze werden verkracht. Toen werden ze geheel naakt naar buiten gebracht en op last van een leider door allen bezichtigd. Verder werd het hoofd, dat al kaal geschoren was, met benzine afgebrand. Daarna werden de tepels en borsten verbrand, waarna ze afgesneden werden. Linker- en rechterarm werden afgekapt. Heus afgesneden. Toen werd hun een brandend hout en gloeiend ijzer in de vagina gedrukt. Bij dit alles smeekten en schreeuwden ze om hulp en ontferming, waarop ze nog beestachtiger handelden. Rechterschouder en linkerdij werden opengesneden, en ten laatste werd de vagina opengesneden. Onder dit alles waren de slachtoffers bewusteloos, en werd hun de strot afgesneden.'

Vol ongeloof lees ik Evert-Jans verslag. Wat moet ik hiermee? Hoe betrouwbaar is het? Het is wat Evert-Jan heeft opgeschreven, maar in welke archieven ik ook zoek, het rapport van die sergeant 'Beckt.' is nergens te vinden. In een oude uitgave van de Bataviase krant *Het Dagblad* van 7 januari 1946, bijna drie weken na het rapport dat Evert-Jan in handen had, lees ik een oproep: 'Centr. Inform. bureau v.h. Ned. Ind. Roode Kruis, [...] verzoekt inlichtingen omtrent de familiebetrekkingen van de dames Van Lints; Van Orthel.'[8] Hoewel dat hun vermissing bevestigt, zou ik toch graag het rapport in handen willen hebben om Evert-Jans verhaal te verifiëren. Als ik mijn zoektocht na talloze pogingen al bijna heb opgegeven stuit ik op een artikel op de website van het *Historisch Nieuwsblad* van Remco Raben, hoogleraar koloniale en postkoloniale literatuur- en cultuurgeschiedenis. Hij schrijft over de publieke marteling van twee vrouwen in Batavia. Gezien de vele slachtoffers in die periode lijkt het me onwaarschijnlijk dat het om dezelfde vrouwen gaat, maar ik stuur hem toch een e-mail.

'Dat zijn de vrouwen. Ik herinner me de namen,' antwoordt hij me. Hij heeft het oorspronkelijke rapport ooit gevonden in het Nationaal Archief van Jakarta en heeft de 'meest huiveringwekkende' passage geheel overgeschreven. 'Ik deed dat omdat ik nergens eerder zo'n gedetailleerde beschrijving had gevonden van de martelingen en de houding van omstanders.' Sergeant Beckx blijkt de opsteller van het rapport te zijn, dat een getuigenverslag is van een van de toeschouwers. Evert-Jans beschrijving van de mishandeling is inderdaad vrijwel letterlijk overgenomen uit dit rapport. Ik voel dezelfde afschuw als tijdens het lezen van Evert-Jans verslag. Wat voor uitwerking heeft dit soort verslagen op hem gehad? En op de rest van de soldaten? Hoe hard ik ook mijn best doe, ik kan me moeilijk écht voorstellen hoe ik hier zelf op zou reageren. Met woede, verdriet, walging, onbegrip?

Die eerste bersiapmaanden waren bepalend voor hoe de Nederlandse soldaten de rest van hun tijd in Indië naar het conflict zouden kijken. 'Deze dramatische aanzet zou het politieke voorstellingsvermogen van de Nederlandse groep beslissend beïnvloeden,' legden veteranen Van Doorn en Hendrix uit in hun sociologische studie *Ontsporing van geweld*. 'De guerrilla en de revolutie zouden blijvend geïnterpreteerd worden als een complex van misdadige ontsporingen.' Alleen 'een sterke legale macht', oftewel het Nederlandse leger, kon daar iets tegen doen.[9]

Als eerste reactie zag Evert-Jan boosheid onder zijn kameraden: 'Wat moet men met zulke mensen doen? Geen wonder dat de jongens allen razend worden van woede en niks meer sparen.' Tijdens hun opleiding waren ze volgestopt met instructieboekjes; *Indonesië, Land- en Volkenkunde* en *Voorschrift Hygiënische en andere Wenken voor den soldaat* met vraagstukken als 'Hoe waak ik tegen vijandelijke hinderlagen?' Maar al die theorie kon hen onmogelijk hebben voorbereid op de realiteit van de praktijk.

8

OPERATIE DUCK

Zondag 5 mei 1946
'Mijn verjaardag. Dag om de bevrijding te herdenken. Zo'n verjaardag heb ik trouwens niet eerder meegemaakt. [...] Tweedaagse actie.'

Tegelijk met Evert-Jans drieëntwintigste verjaardag vierde Nederland zijn eerste bevrijdingsdag. In het Amsterdamse Olympisch Stadion keken duizenden mensen toe hoe acteurs het einde van de oorlog naspeelden, terwijl Evert-Jan zich in Nederlands-Indië voorbereidde op zijn eerste meerdaagse actie. Hij zou een compagnie ondersteunen bij de 'zuivering' van negen kampongs, oftewel de kampongs ontdoen van 'kwaadwilligen'. Evert-Jan en zijn kameraden klommen in een van de trucks die hen om halftwee 's nachts naar de haven Tandjong Priok bracht. De nog overeind staande opslagplaatsen in de haven waren regelmatig het doelwit van Indonesische roofbendes. Ze stalen voedsel, kleding of wapens uit de pakhuizen. 'Terrorisatie van [...] Tg. Priok' heette het officieel.[1] De bendeleden, die door de Nederlandse soldaten *rampokkers* of *peloppers* werden genoemd, hielden zich op in kampongs ten oosten van Tandjong Priok en moesten worden opgespoord.

Hoe een kampong te zuiveren hadden de soldaten gelezen in het instructieboekje *Kennis van het V.P.T.L. – Een kwestie van leven en dood!* VPTL stond voor *Voorschrift voor de uitoefening van de Politiek Politionele Taak van het Leger*. De lessen in het boekje waren gebaseerd op de ervaringen van het KNIL in de jarenlange guerrillaoorlog in Atjeh. Zaken die de soldaten in de dagelijkse praktijk zouden tegenkomen kwamen uitgebreid aan bod – huizen omsingelen, wapens zoeken, gevangenen vastbinden – en zodat echt iedereen het kon begrijpen, was elk onderdeel in het Nederlands en het Maleis beschreven en met illustraties verduidelijkt.

Uit het hoofdstuk 'Hoe doorzoek ik een kamponghuis?': 'Een tegenstander, die in een huis wegschuilt, voelt gewoonlijk niet erg veel voor zijn arrestatie. Dus kruipt onze held weg, bij voorkeur op vlierinkjes, onder bale-balés (rustbanken) of in andere rare hoeken. (Let eens goed op die stapel matten en rommel!).' Op de bijgevoegde tekening is te zien hoe de soldaat het aan moest pakken. Met de loop van zijn geweer prikt hij in de vliering waarop een wat eng, scherp getekend mannetje onder een baal hooi ligt. 'Een gesmoorde gil na Uw prik zal U waarschuwen, dat daarboven nog "iets" verscholen zit.' Bij eventuele tegenstand mochten de soldaten niet te wild tekeergaan: 'En maak er in 's hemelsnaam geen Chinees Nieuwjaar van! [...] Enkele goed gerichte schoten moeten voldoende zijn.'[2]

Met die kennis scheepten de militairen in op een van de drie landingsvaartuigen. Ze zouden de kampongbewoners vanaf zee verrassen. 'Operatie Duck' was begonnen, zo genoemd vanwege de aanval vanaf het water. Evert-Jan stond in het open, rechthoekige schip te wachten tot ze het oostelijke gebied bereikten. '[Om] ongeveer 6 uur zagen we de kust van het te zuiveren gebied.' Door de vlakke bodem kon het landingsvaartuig normaal gesproken gemakkelijk het strand op glijden, maar het lage tij dwong het al eerder te stoppen. De klep aan de voorkant van het schip ging neer en de troepen sprongen in het water. Nat tot aan zijn middel, maakte Evert-Jan zijn riem los en hield die boven zijn hoofd om de handgranaten en munitie die eraan zaten droog te houden. De soldaten bereikten een kali aan de westelijke zijde van een van de kampongs. Met aan de oever van de kali gelegen prauwen voeren ze naar de overkant en slopen ze de kampong binnen. Ze waren beducht op de nodige tegenstand, maar ontdekten een verlaten kampong. Blijkbaar waren de bewoners voorbereid geweest op hun komst. 'Wat handgranaten en Japanse patronen werden gevonden, wat deels vernietigd en deels meegenomen werd.'

De soldaten overnachtten in de kampong. Bij het vallen van de avond bleken de 'peloppers' niet zo ver weg te zitten. Vanaf de overkant van de kali klonken schoten. 'Heel duidelijk konden we een Japans mitrailleur onderscheiden, waar een goed schutter achter lag.' Maar de Nederlanders beschikten over veel meer mitrailleurs en mortieren. Zonder problemen sloegen ze de aanval af.

De volgende ochtend vertrok Evert-Jans groep naar een naburige kampong. Ook hier was bijna iedereen verdwenen, schreef Evert-Jan: 'De mannelijke bevolking was zogenaamd allemaal naar de pasar [de markt], misschien uit angst.'

Bij het doorzoeken van de kampong waren de militairen aan bepaalde gedragsregels gebonden. Een van Evert-Jans belangrijkste taken als lid van de Militaire Politie was het controleren van collega-militairen. 'De M.P. is ingedeeld om toe te zien op het optreden van de troep.' Aan zijn ouders schreef hij: 'Wij gaan altijd mee om de vernielzucht en hebzucht van verkeerde soldaten tegen te gaan. Ons werk is nog niet zo gek.' Toen enkele soldaten een achtergebleven zieke man wilden meenemen voor verhoor, grepen de MP'ers bijvoorbeeld in. Deze man was te verzwakt voor een arrestatie.

'Verboden werd om op vluchtelingen te schieten,' schreef Evert-Jan. Wat hij niet opschreef, is dat niet iedereen zich daaraan hield. Soldaat Cor Rekelhof nam deel aan dezelfde actie, zo lees ik in zijn memoires: 'Er wordt vuur uitgebracht op een paar vluchtende inlanders die de kali proberen over te zwemmen. Ze verdwijnen onder water en worden door de stroom meegevoerd.' Rekelhof beschreef ook hoe de mannen rondhingen in de kampong. 'De hele dag doen we het rustig aan. Er is rijst, dus maken we een vuurtje en stomen het gaar. Vlees is er genoeg. We vinden pannen met kippen en hanen en zelfs een hele geit aan het spit. Ik kluif aan een stuk haan.' Het was verboden om andere spullen dan wapens in beslag te nemen, maar dat gebeurde wel: 'het huis is net verlaten, want de hangklok loopt nog en is strak opgewonden. De klok nemen we mee naar het kamp.' De top van het leger ageerde fel tegen dit soort 'souveneering'. De hoogste legercommandant, generaal Simon Spoor, zou zijn manschappen later meermaals instrueren dat dit 'onder geen enkele omstandigheid' was toegestaan. Met het meenemen van eigendommen van de bevolking zouden de Nederlandse soldaten ook hun steun verliezen.[3]

Evert-Jan en zijn collega-MP'ers hebben niet alles wat er gebeurde meegekregen, want het was een uitgebreide actie, verspreid over negen kampongs. Toch kan ik me niet aan de indruk onttrekken dat Evert-Jan hier niet het achterste van zijn tong liet zien, want daarvoor verschillen zijn verslag en dat van Rekelhof te zeer. Volgens Evert-Jan nam het peloton zijn taak uiterst serieus, terwijl Rekelhof een veel losbandigere stemming beschreef: 'Binnen een half uur is de zaak bekeken en nemen we het ervan. We installeren ons in de huizen en zoeken alles na om te zien of er nog iets van onze gading is.' Het schieten op vluchtelingen benoemde Evert-Jan ook niet, alleen de strafbaarheid ervan. Zou hij het bewust hebben weggelaten? Evert-Jans broer Gerrit-Jan liet immers in een van zijn brieven merken dat niet alles verteld hoefde te worden: 'Maar wat ik jou hier geschreven heb laat dat s.v.p. niet over het water waaien dat ze het bij ons thuis gewaarworden, want je snapt toch wel dat ik het daar zo niet naar toe schrijf als naar jou. [...] En nu wil ik ook gaarne hebben dat jij het ook niet doet. Dat is afgesproken hè?' Gerrit-Jan herhaalde de afspraak nog maar eens in een volgende brief: 'Maar naar huis schrijf jij ook niets, nou dat is maar goed. Het wordt door ons beide goedgekeurd, dus het zal ook wel goed zijn.' De broers pasten dus beiden de nodige zelfcensuur toe, in ieder geval in de brieven naar het thuisfront. Daarom vermoed ik dat het dagboek niet het hele verhaal vertelt, waardoor andere bronnen, zoals de memoires van iemand als Cor Rekelhof, cruciaal zijn om niet verblind te raken door de eenzijdigheid van Evert-Jans perspectief.

De officiële militaire verslagen van 5 en 6 mei zorgen in ieder geval niet voor de verheldering waar ik op hoopte. Een luitenant vermeldde nog wel: 'Tijdens de bezetting van de kampongs bleek dat men het niet te nauw nam met de eigendommen van anderen, zo werden o.a. een geit en kippen geslacht.'[4] Verder tonen de verslagen slechts de militaire suprematie van de Nederlanders: 'Eigen verliezen: 1 gewonde. Vijandelijke verliezen: 26 dooden, 10 lichtgewonden, 2 zwaargewonden, 43 gevangenen.'[5]

Hoewel daarbij minder slachtoffers vielen, kreeg ook het Nederlandse leger te maken met tegenslagen. 18 mei: 'Bij een patrouille in Pesing werden vanavond 6 man van ons vermist, aldus een telefonisch bericht van onze M.P.' Vooralsnog hadden de geallieerden alleen grote steden op Java in handen, de buitengebieden waren Republikeins territorium. De Nederlanders vonden het tijd om hun grondgebied uit te breiden. Enkele dagen na de kampongzuiveringen rondom Batavia namen soldaten hun intrek in het verlaten dorpje Pesing, iets ten westen van de stad. Vanuit daar voerde het leger verkenningspatrouilles uit om controle op de omgeving te krijgen.

Zo ook op 18 mei. Een van de betrokkenen was soldaat Joop de Lange, die zijn ervaringen noteerde in zijn memoires. Hij zat met een collega in zijn wachtpost; een oude bunker, overgebleven uit de Japanse bezetting. In het open stenen huisje zaten ze onder een geïmproviseerd afdakje, omhooggehouden door vier palen. Met drie mitrailleurs en wat handgranaten hadden ze zichzelf bewapend tegen de vele nationalisten die zich ophielden in de bossen. In een echt donkere nacht hadden ze amper buiten hun bunker kunnen kijken, maar op deze avond verlichtte een bijna volle maan de bamboebomen in de omgeving, wat iets van de nervositeit van de bewakers wegnam. Soldaat De Lange: 'Via de radio worden we gewaarschuwd dat er een nachtelijke patrouille aankomt. Dat is altijd uitkijken. Je zou anders je makkers voor hun raap schieten.'[6] Een patrouille van tien man was vanuit Pesing vertrokken om het gebied ten zuiden van het dorp te verkennen, een tweede peloton was noordwaarts gegaan. Dankzij de waarschuwing lieten Joop de Lange en zijn collega de patrouille zonder problemen passeren.

Twee uur later klonk het geluid van mitrailleurs. Zware mitrailleurs, die de Nederlandse patrouille niet bij zich had. 'Ze zijn dus op tegenstand gestoten.' Via de radio werden beide pelotons onmiddellijk opgeroepen om zich terug te trekken. De noordelijke groep keerde al snel terug, maar de tien mannen van de andere groep waren er na een uur nog niet. In de loop van de nacht druppelden vier soldaten binnen. Een voor een, drijfnat en zonder wapens. Verward vertelden ze hoe ze in een hinderlaag waren beland en hoe tegenstanders hen hadden omsingeld. Ze hadden tot hun laatste kogel gevochten. Zonder munitie hadden ze geen schijn van kans gehad, en van de commandant moesten ze proberen te ontkomen. Het was ieder voor zich geworden. Tijdens hun vlucht demonteerden ze hun wapens en gooiden die in stukken weg, onbruikbaar gemaakt voor de vijand. Een van de mannen hield zich de hele nacht schuil in een natte sawa. Hij zag de tegenstander langskomen met fakkels en zaklantaarns en verstopte zich onder water, gecamoufleerd met een moerasblad. Alleen zijn mond en neus staken boven het water uit. Hij zag nog net dat vier van zijn collega's gevangen werden genomen.[7]

Bij het eerste licht van de volgende ochtend vertrok een nieuwe patrouille om de vermiste mannen op te sporen. De hele dag werd er gezocht, maar zonder resultaat. Pas een dag later stuitte de groep op een Indonesische vrouw die ze vertelde hoe vier Nederlandse militairen door pemoeda's zouden zijn vermoord en met touwen weggesleept. De hoop op overlevenden leek toen al voorbij, zeker toen ze 's middags de plek van de hinderlaag vonden: 'Er werden sporen van het wegslepen der lijken gevonden, benevens een lege stenhouder en een verbandtaschje met bloed.'[8] Joop de Lange beschreef hoe hij en zijn collega's de vermiste soldaten terugvonden: 'Na uren lopen roken we een vreselijke lijklucht en vonden we even later onze makkers. Dood, de penis afgehakt en in de mond gestoken, de ogen eruit. Dat werd een heel zware terugtocht. Woedend waren we. [...] Het liefst zouden we met z'n allen die rotzakken achterna zijn gegaan om onze makkers te wreken.'[9]

Tijdens hun zoektocht naar de daders belandden de Nederlandse soldaten in een vuurgevecht met 'extremistische' troepen die zich ophielden in een landhuis. De militaire verslagen van deze actie waren een stuk gedetailleerder dan die tijdens 'Operatie Duck': 'Er werden gevangenen gemaakt, die ervan verdacht werden meer van de moord op de vermiste militairen af te weten. Een van hen werd bij ontvluchtingspoging neergeschoten. Te Pesing werden nog 2 anderen bij een poging tot ontvluchten neergeschoten.'[10]

Nog gelegen in Batavia kreeg Evert-Jan het bericht over Pesing ook door: 'De vermisten zijn vandaag teruggevonden. Ze waren verminkt, zodat ze niet te herkennen waren. [...] Overal om Batavia is het rumoerig.' De Nederlanders stonden op het punt een grootschalige actie uit te voeren om 'definitief een einde te maken aan de terreur van de TRI [Tentara Republik Indonesia; het Republikeinse leger]'.[11] Evert-Jan kreeg nog een paar vrije avonden voordat zijn brigade richting de binnenlanden trok.

9

EEN LIEF MEISJE THUIS

Engelsen, Schotten, Indiase sikhs, Nepalese Gurkha's – allen in Britse dienst – Indonesiërs en Surinamers van het KNIL en duizenden net aangekomen Nederlandse oorlogsvrijwilligers. Een potpourri aan nationaliteiten bevolkte Batavia tijdens Evert-Jans eerste maanden. Al die troepen belandden in een stad waar honger en dood tot de dagelijkse praktijk behoorden. In de vrije uurtjes die ze hadden wilden ze de ellende vergeten en zochten ze naar afleiding.

Voor een deel vonden ze die in de vele bars, restaurants en nachtclubs die Batavia nog altijd rijk was. Voorheen waren de betere uitgaansgelegenheden het domein van de Hollandse bovenklasse. Die at in Hotels des Indes, keek films in bioscoop Globe en bezocht opvoeringen in de Bataviaasche Toneelsociëteit. De Japanse bezetting had het uitgaansleven abrupt beëindigd, maar de komst van de geallieerde militairen zorgde voor een opleving. De gewone soldaat dronk en danste in sociëteit de Harmonie, waar eerder hoge ambtenaren en officieren de dienst uitmaakten. De Harmonie was een van de vele karakteristiek koloniale gebouwen in Batavia; een wit vierkant pand met rode dakpannen, gelegen aan een wijde laan. Groene houten luiken bedekten de hoge ramen aan iedere zijde van het gebouw. Op de voorgevel prijkte de naam Harmonie in blokletters op een driehoekig fronton, rustend op drie pilaren. Binnen, in de balzaal, organiseerde ooit de beau monde van Batavia zijn dansavonden. Vrouwen in avondjurken en mannen in rokkostuums walsten onder de kroonluchters en langs de sierlijk gepleisterde zuilen. Hun plaats werd in 1946 ingenomen door militairen die er ontspanning zochten in de vorm van muziek, alcohol en meisjes. Overdag in de kazernes waren de mannen op elkaar aangewezen, dus de sporadische omgang met vrouwen was een welkome afwisseling. 'Ook was er dansen in het K.P.M. gebouw,' schreef Evert-Jan. 'Weer een verleiding en vooral een pijniging als je al die knappe Hollandse meisjes ziet, en je hebt een nog veel liever meisje, maar niet in je armen..., pech hè!'

Want Evert-Jan had inderdaad een 'veel liever meisje'. Al vier jaar was Aaltje Schuurman zijn vriendin. In de oorlog hadden ze elkaar ontmoet tijdens de lessen catechisatie, waarin ze samen met de dominee en andere jongeren het geloof bespraken. Evert-Jans onderduiken maakte een einde aan die momenten, maar ze deden er alles aan om elkaar te blijven zien. Evert-Jans broertje Henk werkte op de boerderij waar Evert-Jan zat ondergedoken. Omdat Evert-Jan de boerderij niet kon verlaten nam Henk Aaltje regelmatig achterop de fiets mee, van en naar haar huis, iets onder Hardenberg.

Na de bevrijding had Evert-Jan vol overtuiging voor Indië gekozen, maar het daarmee gepaarde afscheid was hen beiden zwaar gevallen. Ze hadden erover gepraat, en de reis gerechtvaardigd door die te zien als een roeping van de Heer. Het maakte het niet minder moeilijk. Evert-Jans nichtje, dat bevriend was met Aaltje, schreef hem over de gesprekken die de meisjes over zijn besluit voerden. 'Ja Evert-Jan, toen je hier nog was, toen zeiden wij wel waarom ga je toch weg? Ik heb er van de week ook met Aaltje over gesproken, die vond het zo vervelend. Ik zei, "dat neem ik direct aan. Maar Evert-Jan was niet gegaan, als het zijn roeping niet was geweest." De Here riep u daar. En als de Here roept dan moeten wij klaar staan. "Ja," zei Aaltje, "dat is ook wel zo. Maar ik vind het zo erg dat ik Evert-Jan in twee jaar niet spreken kan."'

Aaltje vormde in die eerste maanden dan ook een constant terugkerend onderwerp in Evert-Jans dagboek. In Engeland moest hij in eerste instantie even wachten op haar eerste brief – 'Ik voel me wel iets teleurgesteld want ik heb nog geen brief van mijn meisje. En de anderen ontvangen iedere keer' – maar toen die eerste brief er eenmaal was, schreef hij vaak over de post die hij van haar ontving. 'Thuiskomende vond ik een paar lekkere brieven van mijn schat' en 'Vandaag een brief van Ali [zoals hij Aaltje vaak noemde], waar ik heel blij mee was.' Ook op andere momenten keerde ze terug in het dagboek. 'Mijn gedachten gaan steeds uit naar jou mijn schat.' Zijn ouders schreven hem onder de indruk te zijn van het 'fijne' gedicht dat hij Aaltje gestuurd had – ze hadden het blijkbaar ook onder ogen gekregen. Zo hielden Evert-Jan en Aaltje, ondanks de afstand, dus veelvuldig contact. Ze had hem beloofd om in de onzekere jaren die voor hen lagen op hem te wachten.

Om het gemis van Aaltje en zijn familie te compenseren zocht Evert-Jan, zoals meer militairen, contact met Indische meisjes en hun families. Samen met zijn collega's Jan Bruls en Johan Kettelarij verkende hij de villawijk Menteng, waar veel Indische gezinnen woonden. Ze liepen over de Djocjaweg, langs de Europese huizen, waarvan de meeste verborgen gingen achter de stenen omheiningen. Witgeverfde huizen met rode dakpannen, de Japanse bezetting relatief ongeschonden doorgekomen. Bij nummer 89 stond een meisje aan het hek, uitkijkend over de straat. '[We] kwamen aan de praat met een Indisch meisje, een zekere Bob Samson, waar wij gezellig een beetje mee kletsten.' Bobby Samson, zo stelde ze zich voor. De karamelkleurige tint van haar huidskleur stak af bij het lichte jurkje dat ze droeg. Een lichte slag in haar glanzend donkere haar. Ze vertelde de soldaten over haar saaie bestaan, over hoe weinig ze mocht van haar ouders. Ze wilde eropuit, net zoals andere meisjes de dancings van Batavia verkennen. Evert-Jan vertelde haar over Nederland, over Aaltje en zijn familie op de Schans. De soldaten waren blij met de aanspraak – wat een verschil met het ruwe soldatenjargon dat ze gewend waren – en besloten de Djocjaweg vaker te bezoeken. Bobby stelde hen voor aan haar twee nichtjes, Conny en Puck. Ze waren alle drie een jaar of zestien en altijd bij elkaar. Bobby en Conny deelden zelfs een slaapkamer. Conny's familie, het gezin Van der Horst, woonde bij de familie Samson in huis, nadat hun eigen huis door de Japanners was ingenomen.

'Aan gezelligheid hebben we gebrek en daarom vind ik het juist aardig als ik er ook een paar lachende meisjes vind.' Wel verbaasde Evert-Jan zich over de beleefdheid van de meisjes: 'Maar hun mentaliteit ten opzichte van ons verschilt wel. [...] Ze zijn halfbloeden, maar denken o zo Indisch en niet Hollands. Nooit vergeten ze het akelige "meneer" dit en dat, wat voor ons O.V.W.-ers [oorlogsvrijwilligers] met een begrip voor Indië ons zo vreemd in de oren klinkt, daarom zeggen we ook altijd als ze meneer zeggen: Wat blieft u?' In de weken die volgden bleven de drie soldaten Bobby, Conny en Puck bezoeken. Het strikte uitgaansverbod bleek toch rekbaar, want de jongens namen de meisjes geregeld mee naar het centrum van Batavia, waar ze Amerikaanse films bekeken in bioscoop Deca Park. 'Daarna even een koele drank in Yen Pin en dan terug lopend naar de Djocjaweg. We praten over alles. Heel gezellige meisjes, eerlijk en open. [...] In een avond zijn ze werkelijk de beste vriendinnen van ons geworden.'

Zeventig jaar later krijg ik Bobby aan de telefoon. Ze heeft tot ver na de oorlog contact met mijn opa onderhouden, want tussen alle brieven vind ik er ook een paar van haar. Daarop staat haar eigenlijke naam, Agnes Barnes, en haar adres in Californië waar ze uiteindelijk is gaan wonen. Met dat adres en die naam stuit ik via een obscure online versie van de Amerikaanse Gouden Gids op een telefoonnummer. Het werkt. Agnes neemt zelf op en ze staat me graag te woord. Barnes was de achternaam van haar inmiddels overleden man. Over haar voornaam zegt ze: 'ik wou mijn echte naam niet zeggen, want toen vond ik Agnes een hele buitenissige naam. Niemand die ik ken heette Agnes.' En dus noemde ze zichzelf Bobby.

Met plezier kijkt Agnes terug op haar omgang met Evert-Jan: 'O, we plaagden altijd, we konden haast niet meer gewoon praten, *we always told jokes you know, sometimes you don't even know whether it was a joke or not,* tenminste niet voor buitenstaanders.' Af en toe vlecht ze Amerikaanse zinnen door haar verder perfect gearticuleerde Nederlands. In de briefwisseling was me de plagerige toon al opgevallen: 'Dag Evert(zwijn)!' en 'Plaag jij mij maar hoor, daarvoor ben je van de M.P. (meidenpester)'. Over acties of politiek werd niet gesproken. 'Anders ben je zo ernstig en dat hadden we echt niet nodig na de oorlog.' Want het contact met Evert-Jan mag dan een prettige herinnering zijn, de tijd waarin het plaatsvond heeft ze verdrongen. 'Dingen die niet zo gezellig zijn ban ik liever uit mijn geheugen. Dat kan ik niet mee op mijn rug nemen, *garbage you know.* Dat sjouw je allemaal maar mee en dat wil ik niet. Dat gedeelte is uit mijn geheugen weggevaagd, daar denk ik gewoon niet meer aan. Het is als een droom; je weet het, je denkt eraan, maar je voelt er niks meer voor. Ik praat erover alsof ik over een droom praat. Maar het zegt me niks meer.'

Na een paar ontmoetingen nodigden de ouders van de meisjes Evert-Jan bij hen thuis uit, al ging dat de eerste keer niet van harte. 'Ze hadden geloof ik de gedachte dat ik om hun dochter Bobby kwam. Maar toen ik me eerlijk aan de familie Samson en Van der Horst had voorgesteld, was het wantrouwen, wat bij de burgers ten opzichte van de militairen bestaat, weggenomen en vonden ze het helemaal niet vreselijk om hun dochter en nicht vrij te geven voor een wandeling.'

Nadat Evert-Jan eenmaal het vertrouwen had gewonnen kwam hij graag naar het royale huis. Die ruimte was ook nodig, zeker nadat de familie Samson – vader Frederik, moeder Johanna, Bobby en haar twee zusjes en twee broertjes – gezelschap had gekregen van de vier gezinsleden Van der Horst. Daar tussendoor liepen de bedienden, die hun handen vol hadden aan het drukke huishouden. De tuinman begoot twee keer per dag de struiken om ze voor uitdroging te behoeden. De baboe had een dagtaak aan het wassen van de kleren, die in het warme klimaat snel bezweet raakten. Twee keer per dag legde ze een schoon stel voor hen klaar. En dan was er nog de kokkie, die de beide gezinnen twee keer per dag een warme maaltijd voorschotelde. De rijst met saté ajam, rendang of gado gado werd gegeten aan de eettafel in de woonkamer. Als Evert-Jan en zijn kameraden op bezoek waren, mochten ze ook plaatsnemen op een van de zware, djatihouten stoelen. Het Indische eten viel niet direct in de smaak bij de Hollandse jongens. Agnes vertelt me: 'In het begin zei mijn moeder: "Hoe had je je rijst gehad willen hebben?" "Nou, als je hebt melk en suiker," antwoordden de jongens.' Ze begint hard te lachen bij de herinnering. 'Melk en suiker! *It sounds like* pap, weet je wel.' Inderdaad, waarschijnlijk was rijstepap de enige rijstmaaltijd die ze kenden. '*Not over night, but slowly but surely* wilden ze niet meer rijst met krenten en melk hebben. "Wil je rijst hebben met melk en suiker of niet," vroeg mijn moeder dan. "O nee, geef maar gewoon Indisch eten."'

Evert-Jan ging zich snel thuis voelen bij de familie Samson. 'O ja, *no doubt about that.* Evert-Jan was erg spraakzaam. Hij was vaak het middelpunt van het gesprek,' vertelt Agnes. 'Hij kwam binnenstappen alsof hij er al jaren kwam. "Hallo, dit en dat."'

Via de familiebezoekjes konden de soldaten ontsnappen aan het hectische krijgsleven en voor even weer een huiselijk gevoel ervaren. De Indische gezinnen voelden zich verwant met de militairen die voor hun veiligheid vochten. De legerleiding moedigde de mannen dan ook aan om contact te maken, want zo bleef de bevolking betrokken bij het Nederlandse leger. In het boek *Liefde in tijden van oorlog* vertelde korporaal Date Jansonius over het door hem bezochte gezin: 'het werd eigenlijk een thuis voor mij. Jongens die niet op zo'n adres konden terugvallen, liepen algauw met hun ziel onder de arm.'[1] Voor Evert-Jan gold eenzelfde thuisgevoel. 'Tijdens m'n verlof heb ik hier bij de familie Samson een gezellige tijd gehad. Het huiselijke deed je eens weer goed.'

Van de romantische intenties waar de familie Samson bang voor was geweest, was volgens Evert-Jan geen sprake. In zijn dagboek richtte hij zich tot Aaltje: 'Nooit zal ik jou vergeten, verraden. Je hebt mijn woord van eer, en dat rooft niemand.' Hij wilde juist een stap verder gaan met Aaltje. Hij overwoog om met haar te trouwen en haar over te laten komen naar Java. Direct na aankomst in Indië was hij onder de indruk geraakt van het land, van de schoonheid van de natuur. 'Mijn hart klopt en is opengegaan voor Indië,' schreef hij naar huis. Zijn moeder schreef hem over de gesprekken die ze er in Nederland over hadden: 'En we hebben het ook nog over de trouwplannen gehad. We hebben Aaltje nog aangespoord om het maar gauw te doen, [...] om naar Indië te gaan.' Waar de huwelijksvoornemens bij Aaltjes ouders nog op instemming konden rekenen, bestond er twijfel over de emigratieplannen. 'Ja, haar Vader was ook voor om het te doen, zeiden ze, maar wou Aaltje niet weg hebben naar Indië.' Al te lang kon Evert-Jan er in die eerste maanden niet bij stilstaan, want de volgende actie wachtte alweer: de rust herstellen in het gebied ten westen van Batavia.

10

ALS CANADEZEN

Met Evert-Jan in de gelederen trok de W-Brigade de westelijke buitengebieden van Batavia in. Het doel was de verovering van de regio Tangerang. De Indonesische revolutionairen – sommigen alleen gewapend met traditionele bamboesperen – waren geen partij voor de met revolvers en mitrailleurs uitgeruste Nederlandse soldaten. Ze trokken zich terug en moesten Tangerang prijsgeven. De fanatieke groepen pemoeda's lieten het er niet zomaar bij zitten. Omdat ze de strijd van de Nederlanders onmogelijk konden winnen, botvierden ze hun woede op een kwetsbaardere groep: de Chinese bewoners van Tangerang. Die verdachten ze van samenwerking met de Nederlandse kolonisator. Pemoeda's plunderden Chinese huizen en landerijen en staken deze in brand. Honderden Chinezen kwamen om.

JAVA MASSACRE OF CHINESE REPORTED. Voor even lag Tangerang onder het vergrootglas van de wereldpers. Van de *Chicago Tribune* tot de *Sydney Morning Herald* en het Singaporese *The Straits Times*, allemaal berichtten ze in juni 1946 over de massale vervolging van Chinezen in West-Java.[1] Overlevenden vluchtten met duizenden tegelijk richting Batavia, in de hoop op een veilig onderkomen.

De positie van Chinezen in Nederlands-Indië was al eeuwenlang fragiel. Bij economische en sociale spanningen waren zij vaak de zondebok, niet zelden leidend tot vervolging en moordpartijen. Soms waren ze het doelwit van Indonesiërs, dan weer van Nederlanders. Dat laatste was bijvoorbeeld het geval geweest bij de Chinezenmoord van 1740. Halverwege de achttiende eeuw was de macht van de voc tanende, de gloriedagen van de Gouden Eeuw waren verleden tijd. Op Java liep de export van suiker sterk terug en de vele Chinezen die voor hun inkomen afhankelijk waren van de suikerplantages verloren hun werk. Tegelijk met de werkloosheid groeide de maatschappelijke onrust. Bang als ze waren voor een Chinese opstand, zetten de Hollandse kolonisten in Batavia de bevolking op tegen de Chinezen. De voornamelijk Europese soldaten en groepen burgers begonnen een pogrom. Resultaat: tienduizend vermoorde Chinese mannen, vrouwen en kinderen in een tijdsbestek van twee dagen.[2]

Dit patroon herhaalde zich na 1740 regelmatig: boze mensenmassa's die zich tegen de Chinese bevolking keerden. Dat lot was voor een belangrijk deel het gevolg van de positie van Chinezen in de Nederlands-Indische samenleving. Tijdens het koloniale bewind bestond de elite uit Europeanen. Zij woonden in de Hollandse villa's in de grote steden en bekleedden de hoogste functies, binnen de overheid en bij de grote handelsbedrijven. De Indonesische bevolking leefde veelal op het platteland, waarbij de meerderheid zijn geld verdiende als kleine boer.[3] Net als de Indo-Europeanen laveerden de Chinezen tussen die twee groepen in. Van oudsher was de tussenhandel hun terrein. Chinezen werkten als koopman of waren eigenaar van een klein bedrijf, waardoor hun typische middenpositie ontstond, tussen de welgestelde Europeanen en armere Indonesiërs.

Die relatief goede economische positie van de Chinezen zorgde voor afgunst bij de minder rijke delen van de bevolking. De interactie tussen deze bevolkingslagen bleef, onder meer door de sterke eigen cultuur van de Chinezen, beperkt tot de handel. De afwijkende religie – Indonesië is het grootste moslimland ter wereld – versterkte het onderscheid, en tussen de groepen was daardoor te weinig contact om de wrevel weg te nemen.

Het Nederlands-Indische bestuur deed niets om de ontstane kloof te dichten. Integendeel, het vergrootte die door de verschillen te institutionaliseren. De drie bevolkingsgroepen waren zelfs vastgelegd in de Nederlands-Indische wet: Europeanen, Inlanders en Vreemde Oosterlingen. De Chinezen waren ingedeeld bij de Vreemde Oosterlingen. De Vreemde Oosterlingen en Inlanders hadden een eigen rechtssysteem met minder rechten en meer plichten dan de Europeanen. Ze hadden minder of geen toegang tot de voorzieningen van Europeanen, zoals het Europese onderwijs.[4] 'De Europese, Indonesische en Chinese maatschappijen waren werelden op zichzelf. Van werkelijk sociaal contact was nauwelijks sprake,' schreef jurist en socioloog Wim F. Wertheim. 'Er waren tal van sociëteiten, zwembaden, hotels, die Indonesiërs en Chinezen de toegang weigerden.'[5]

Natuurlijk was de Chinese bevolking in de praktijk veel gevarieerder dan de juridische indeling deed voorkomen. Er waren nieuwkomers uit alle delen van China, die hun talloze dialecten meebrachten, maar er waren net zo goed mensen die al generaties in Indonesië woonden en vaker Maleis of Javaans spraken dan Chinees. De koloniale overheid was echter blind voor die culturele verschillen. De Chinezen waren één groep, en een term als 'Chinese Indonesiër' bestond niet. Het systeem bevestigde het beeld van de Chinees als de ander, als een buitenstaander.

Japan had de maatschappelijke verhoudingen in Nederlands-Indië voorgoed veranderd. Net als voor de Nederlanders en Indo-Europeanen had de Japanse bezetting ook voor de Chinezen geen verbetering betekend. China en Japan waren aartsvijanden, waardoor de Chinezen extra hard werden aangepakt. Bovendien werd de Chinezen in Indonesië verweten dat ze wel erg ijverig handel hadden gedreven met de Nederlandse kolonisator. De Japanners discrimineerden de Chinezen en riepen hen op terug te gaan naar China, ook de in Indonesië geboren Chinezen.[6] De zonderlinge positie van de Chinese minderheid hield stand, zowel onder Nederlands als Japans gezag. Soekarno's revolutie zou daar weinig aan veranderen.

Want in 1946 belandden de Chinezen wederom in de rol van zondebok. Ook de Indonesische revolutionairen zagen de Chinezen als onderdeel van het oude koloniale systeem. De nieuwe Republiek wilde de vooroorlogse verhoudingen definitief wegvagen en dat moest eveneens het einde van de Chinese invloed betekenen. Ook in haar solidariteit met de koloniale overheerser was de Chinese gemeenschap veel diverser dan verondersteld werd. Er was helemaal geen sprake van onvoorwaardelijke steun voor Nederland. Veel Chinezen sympathiseerden met het antikolonialisme en sommige schaarden zich zelfs achter de Republiek.[7] Maar in de beeldvorming van de fanatieke revolutionairen was geen ruimte voor diversiteit. De vooroordelen waren te sterk, de rancune was te groot.

Ook in Tangerang groeiden de anti-Chinese sentimenten tijdens de revolutie, hoewel de maatschappelijke verhoudingen er juist in dat gebied weinig aanleiding toe gaven. Tienduizenden Chinezen woonden al generaties lang in deze agrarische regio, zo'n vijfentwintig kilometer ten westen van Batavia. In taal en uiterlijk waren ze nauwelijks te onderscheiden van de inlandse bevolking.[8] Op hun gepachte sawa's verbouwden ze hun rijst, in ogenschijnlijke harmonie met de Indonesische boeren.

Tussen de rijstboeren en de landeigenaren, vaak ook van Chinese afkomst, bestond van oudsher een stroevere relatie. De boeren, zowel de Indonesische als de Chinese, vonden dat ze werden uitgebuit. De Japanners rekenden af met de onderdrukkers uit het koloniale verleden en dus ook met de Chinese landheren, van wie ze de grond afnamen om die aan het volk te geven.[9]

In het antikoloniale klimaat van de Japanse tijd was alle ruimte voor de opkomst van nieuwe machten ontstaan. Het officiële Indonesische leger, de TRI, was er daar slechts één van. Maar de revolutionaire beweging kenmerkte zich door een grote spreiding van irreguliere gevechtsgroepen die volledig autonoom van de TRI opereerden.[10] De pemoeda's maakten veelal deel uit van deze nationalistische en soms ook islamitische milities. Na Soekarno's onafhankelijkheidsverklaring groeide de aanhang van de milities. Met hun radicalere standpunt – voor een door geweld afgedwongen onafhankelijkheid – waren ze bij het volk vaak veel populairder dan de diplomatiekere Republikeinse regering die openstond voor onderhandelingen met de Nederlanders. Laskar Rakjat was zo'n militie die veel invloed verwierf in Tangerang. Soekarno en de zijnen hadden al moeite met het controleren van de eigen TRI, maar op autonome strijdgroepen hadden ze geen enkele grip, waardoor het gebied uitgroeide tot een staat in een staat.[11]

Vanaf eind 1945 verslechterde de economische situatie in Tangerang. Rijst werd onbetaalbaar voor de plattelandsbevolking en de daaropvolgende honger en armoede zetten de sociale spanningen in de al zo chaotische oorlogsperiode op scherp. De aversie tegen de vroegere Chinese landheren was nog altijd levend, maar keerde zich nu tegen de hele Chinese bevolking. Er werden geruchten verspreid dat veel Chinezen zich als spionnen bij het Nederlandse leger hadden aangesloten, wat aanleiding werd voor een haatcampagne van zowel de TRI als de losse pemoeda-milities. Het begon in april 1946 met een verbod voor Chinezen om Tangerang te verlaten, maar al snel liep het uit de hand en werden ze gevangengezet, gemarteld en vermoord.[12]

Inmiddels hadden de Nederlandse troepen hun territorium rond de grote steden op Java uitgebreid. Op 15 mei werd het gebied Tangerang het volgende doel, met de gelijknamige stad als belangrijkste speerpunt – meer uit eigenbelang dan om de Chinezen te helpen. Tangerang lag namelijk op een strategische locatie tussen Batavia en de West-Javaanse havenstad Bantam. Bovendien stond het bekend als 'broeinest van gruwelen, extremisten en Jappen'.[13] 'Orde en rust' moesten ook daar hersteld worden.

Recht door Tangerang liep een rivier, de Tjisadane, die het gebied scheidde in een westelijk en een oostelijk deel. De Nederlanders wilden alleen het oostelijke deel, het gebied tussen de rivier en Batavia, bezetten. Het westelijke deel was vooralsnog te ver van Batavia om onder controle te kunnen houden en zou met rust worden gelaten. De omgeving rond de rivier werd een niemandsland, een neutrale zone tussen de frontlinies.[14] Het militaire overwicht van de Nederlanders was zo overtuigend dat de TRI besloot om de strijd niet aan te gaan. De Republikeinse troepen trokken zich terug uit het oosten, in de hoop hun positie verder in de binnenlanden te kunnen behouden. De milities van Laskar Rakjat volgden eenzelfde strategie. Zoals vaker vermeden ze militaire confrontaties met de Nederlandse troepen, omdat deze in open gevechten superieur waren. In plaats daarvan probeerden ze het leven van de Nederlandse soldaten via guerrillamethoden zo moeilijk mogelijk te maken.[15] Ook in dit geval wilden ze het oostelijke deel van de rivier niet zomaar cadeau doen. Ze legden de wegen vol met mijnen en maakten valkuilen en wegversperringen van aarden wallen en boomstammen, wat de Nederlandse opmars aanzienlijk vertraagde. Permanenter was hun tactiek van de verschroeide aarde: landbouwgronden, belangrijke gebouwen en in sommige gevallen hele dorpjes werden in brand gestoken, zodat die voor de Nederlanders geen waarde meer zouden hebben.

'Om twee uur moesten we [...] naar Tangerang, naar de frontlinie. Allen maakten zich natuurlijk met plezier klaar,' schreef Evert-Jan op 28 mei in zijn dagboek. Eindelijk gingen ze de 'extremisten' terugdringen. Een ander bataljon was dagenlang bezig geweest om de wegen berijdbaar te maken, zodat Evert-Jans groep de actie richting Tangerang, de gelijknamige stad, kon aanvangen.

In een colonne van trucks reed de brigade over de gerepareerde weg die nog modderig was van de nachtelijke regen. Evert-Jan zat met een paar man in een open laadbak. De adrenaline liep langzaam op, onzeker als ze waren over wat ze in de stad zouden aantreffen. Afgebrande dorpen trokken aan hen voorbij, net als de respectabele landhuizen van weleer, nu met kogelgaten, gesneuvelde ramen en ingestorte daken.

Zonder tegenstand te ontmoeten reden ze 's middags Tangerang binnen. De meeste gebouwen in de onverharde hoofdstraat waren nog intact, wat vooral te danken was aan het natte weer. 'De extremisten hadden het plan gehad om de 27ste mei de stad te verbranden, maar door de geweldige stortbui was hun plan mislukt.' Laskar Rakjat had alvast liters kerosine klaargezet om Tangerang net als de omliggende dorpen plat te branden.[16] 'En vandaag waren wij hen voor.' Maar ondanks het feit dat een totale verwoesting was voorkomen, hadden de Indonesische troepen een vervallen stad achtergelaten. In groepjes verkenden de mannen de Tangerangse straten. De TRI-kazerne bleek verlaten, vijandelijke soldaten waren vertrokken. Van sommige huizen stonden alleen de muren nog overeind. Ramen en deuren ontbraken, daken waren vernield. Enkele wel afgebrande gebouwen smeulden nog na. Stappend over het puin onderzochten de soldaten huis voor huis op eventueel gevaar. Nederlandse teksten op de muren moesten hen schrik aanjagen: HALLO POLDERMANNEN. ZIJN JULLIE WEL VOORBEREID OP EEN TEGENSTAND VAN 70.000.000 INDONESIËRS? en HALLO JANUS, HEB JE JE TESTAMENT AL OPGEMAAKT VOOR JE VERTROK? WEET JE WEL DAT JE [...] IN EEN RIVIER WORDT GEKEILT (sic) ERGENS IN INDONESIA?[17]

De achtergebleven bevolking, voornamelijk Chinezen, reageerde een stuk warmer. 'De Chinezen waren dolblij. We werden als Canadezen ontvangen. [...] De Chinezen waren allen doodsbang dat we weer teruggingen: "Blijven jullie, blijven jullie?" "Ja hoor!"' Er hing een spandoek met de Maleise tekst: *SELAMAT DATANG TENTARA KERADJAAN BELANDA*: 'Welkom koninklijk Nederlands leger.' De mensen verzamelden zich om de militairen heen. Hun vreugde was niet verwonderlijk, want 'men vertelt ons dat honderden mensen levend zijn verbrand. Ze werden opgesloten in grote pakhuizen, die vervolgens in brand werden gestoken,' schreef soldaat Joop de Lange.[18]

Het oostelijk deel van Tangerang was in handen van de Nederlanders. Vanaf de Tjisadane-rivier tot aan Batavia waren alle vijandelijke troepen verjaagd. De militairen installeerden zich. Ze betrokken hun wachtposten en patrouilleerden door de straten om de veiligheid te bewaren. 'Nu zijn we in onze schik, zulk werk moeten we hebben. [...] Als we nu maar verder mochten van de Engelsen.'

Voorlopig hadden de Britten nog altijd het opperbevel over het grootste deel van Indonesië. Zij bepaalden hoe ver de geallieerde acties zouden reiken, en de Nederlanders hadden vooralsnog aan hen te gehoorzamen. De Britten stelden de Tjisadane als grens van de frontlinie. Maar de Nederlanders waren op dreef en wilden graag verder trekken. Volgens de Britten die de brug over de rivier bewaakten, ontbrak het de Nederlanders echter aan geallieerde mankracht om een groter gebied onder controle te houden.[19] De leden van Laskar Rakjat hadden zich teruggetrokken in het gebied ten westen van de Tjisadane, waardoor de weerloze Chinese burgers daar een prooi voor de fanatieke pemoeda's bleven. In de dorpen en kampongs zonder Nederlandse soldaten ging Laskar Rakjat Chinezen te lijf met bamboesperen, geweren en Japanse zwaarden. Bewoners werden levend verbrand in hun geplunderde huizen. Degenen die konden ontkomen vluchtten de frontlijn over, waar de Nederlanders hen opvingen in het veilige Tangerang. De Chinezen ten westen van de rivier stonden er vooralsnog alleen voor.[20]

De Nederlandse jongens konden en mochten niets doen, ook al hoorden ze de pemoeda's in de nabije kampongs tekeergaan. Ze waren gebonden aan hun instructie om aan de oostkant van de rivier te blijven. 'Het gevolg was, dat onze troepen knarsetandend moesten toezien, hoe iederen nacht aan den overkant van de Tjisadane weer kampongs in brand werden gestoken, Chineezen ontvoerd en vermoord,' beschreef het kroniekboek *Eén jaar W-Brigade*.[21] Evert-Jan schreef: ''s Avonds werden onder de strijdkreten Merdeka en Bersiap enige kampongs in brand gestoken, en wij kunnen er niets aan doen, wij hebben het commando zelf niet.'

De Chinese gemeenschap reageerde verontwaardigd. De Chinese minister van Buitenlandse Zaken eiste van de Republikeinen dat het bloedvergieten in Tangerang onmiddellijk zou stoppen en dat de daders streng gestraft zouden worden. *Sin Po*, de belangrijkste Chinese krant op Java, had eerder nog gesympathiseerd met de Indonesische onafhankelijkheidsbeweging. De krant had gehoopt dat de Nederlanders naar de Indonesische eisen zouden luisteren. De gebeurtenissen in Tangerang deden de sympathie voor de Republiek snel verdampen. 'De Indonesische natie moet haar ware gezicht tonen aan de Chinese natie: zijn ze beschaafd of barbaars, zijn ze een georganiseerde beweging strijdend voor onafhankelijkheid of zijn ze simpelweg een wrede bende?'[22]

Dat was precies waar Sjahrir en Soekarno bang voor waren: dat de Republiek zou overkomen als een stel boeven, niet in staat om de orde en rust in de eigen gebieden te handhaven. Die argumentatie hadden de Nederlanders gebruikt na de moorden op Indo-Europeanen in het begin van de bersiapperiode, en dat was een belangrijke aanleiding geweest om de vrijheidswens van de Republiek weg te wuiven. De leiders van de Republiek reageerden daarom direct met excuses. Volgens

Moeder Berendina en vader Hendrik Nijboer.

Affiche voor de oproep van oorlogsvrijwilligers, 1945.

Evert-Jan Nijboer in uniform.

Mars van het Gezagsbataljon Indië in de omgeving van Malvern Wells, 1945.

Soekarno roept in Batavia de onafhankelijkheid van Indonesië uit, rechts van hem (eveneens in het wit) staat Mohammad Hatta, 17 augustus 1945.

De Stirling Castle, het schip waarmee Evert-Jan naar Australië voer.

LATE FINAL EXTRA

For Fine Flavor CORNWELL'S PURE MALT VINEGAR

THE SUN

fortuna cloth

No. 11,168 SYDNEY: WEDNESDAY, NOVEMBER 7, 1945 (Tel. B0333) PRICE 2d

DUTCH AND REDS IN WHARF RIOT

Demonstrators: Shouting protests against the presence of Dutch troops on the British ship Stirling Castle, a crowd of about 200 Communists today invaded the Woolloomooloo wharf to which the vessel was berthed.

Hosed: The Dutch replied by playing a hose on the assemblage, who expressed their fury by belligerent shouting.

Bottles Thrown At Crowd; 2 Injured

In a wild riot which lasted nearly half an hour at Woolloomooloo today, Dutch, police, waterside workers, and men and women members of the Communist party clashed and two people were taken to hospital for treatment.

In a dozen separate brawls, fists were used and in the general melee hoses were turned on the rioters, bottles, plates and loaves of bread were thrown.

The demonstration was started, according to police, when 200 members of the Communist Party marched on a wharf at Woolloomooloo, where the Stirling Castle, carrying Dutch troops, is berthed.

Anger: This demonstrator is furious at the action of those aboard the Stirling Castle who have turned a hose on him.

Casualty: This man, being assisted from the wharf by a companion, was hurt during the demonstration.

De Australische krant *The Sun* over de demonstraties in Sydney tegen de Nederlandse militairen, 7 november 1945.

'Mooie groenende bergen, de palmbomen, pisangs. Toen ik dit alles zag, kreeg ik een indruk om de tropen nooit weer te verlaten.'

Evert-Jan in Malakka, 1945.

De familie Samson met uiterst rechts Bobby.

De Willemskerk aan het Koningsplein te Batavia.

Bioscoop de Rex te Batavia.

Nederlandse militairen lopen door de straten van Tangerang, 28 mei 1946.

Verwoeste woning in Tangerang, 28 mei 1946.

Door Republikeinse strijders geschreven tekst om de Nederlandse soldaten schrik aan te jagen, 28 mei 1946.

Een Nederlandse soldaat benadert een uitgebrande woning in Tangerang, 28 mei 1946.

Gerrit-Jan Nijboer, 1946.

Mariniers gaan aan boord van de Noordam, 1945.

De Noordam in Port Said, omsingeld door bootjes met verkopers, 1945.

Evert-Jan schrijvend.

Sjahrir waren de daders 'gangsters met slechts een bloeddorstig motief'.[23] Hij zei dat het Indonesische leger door de Nederlandse bezetting gedwongen was geweest om Tangerang te verlaten. Daardoor was communicatie met de troepen ten westen van de Tjisadane onmogelijk geworden en konden zij er niets aan doen dat het zo uit de hand liep.[24]

Voor de Nederlandse media was het een nieuwe bevestiging dat de Indonesiërs nog niet klaar waren voor onafhankelijkheid. *Het Nieuwsblad van het Zuiden* schreef: 'Hieruit blijkt weer eens, dat Sjahrir over zijn Indonesiërs al heel weinig te zeggen heeft en dat de Nederlandsche regeering zich toch wel ernstig moet bedenken, voordat het eischen van Indonesiërs inwilligt. [...] Sjahrir kan bovendien in naam der Republiek geen eischen stellen zoolang hij zijn menschen niet in z'n macht heeft, zoolang hij niet de officieel erkende vertegenwoordiger van de Indonesische republiek is.'[25]

De Chinezen hadden weinig aan alle politieke verklaringen. Chinese vluchtelingen overspoelden Tangerang en vertelden de Nederlanders over de toestand ten westen van de stad.

> 6 juni
> 'Ook kregen we bericht dat vele Chinezen in Sepatan, Kosambi en Maoek vastgezet werden en gedood en mishandeld.'

Evert-Jans eenheid stond onder leiding van luitenant Piet van Dijk, die zich net zo zat te verbijten als Evert-Jan. Na de nieuwste inlichtingen wilde Van Dijk niet meer passief toekijken hoe de Chinezen vervolgd werden. Hij vond dat er geen tijd was om orders of toestemming af te wachten en besloot tot actie over te gaan. Hij vroeg de jongens van de Militaire Politie wie hem wilde vergezellen, een aantal kilometer het vijandelijk gebied in om de Chinezen te bevrijden. Omdat het geen officiële actie was, benadrukte hij tegen de jongens dat het een vrijwillige keuze zou zijn. Evert-Jan en zijn kameraden twijfelden geen moment en stemden in met de missie. Ze hadden veel vertrouwen in hun luitenant. 'Hij is overtuigd leider, die eerst wil zien of het kan en gaat zelf voorop. Voor zo'n man heb je alles over.'

Al sinds zijn tijd in Engeland diende Evert-Jan onder luitenant Van Dijk. Met diens kleine postuur en lange gezicht met hoog voorhoofd wekte Van Dijk niet direct de indruk van een imposant legerleider, maar wie onder hem werkte vergat dat al snel. 'Een klein ventje met lef in z'n ribbekast,' schreef Evert-Jan. Wars van autoriteit behandelde hij zijn jongens als zijn gelijken. Tijdens de Tweede Wereldoorlog had hij als officier in het Nederlandse leger gediend, tot de Duitsers hem arresteerden. In een Pools krijgsgevangenenkamp deed zijn gebrek aan volgzaamheid hem tot drie keer toe ontsnappen. Net zo vaak pakten de nazi's hem weer op. Toch overleefde hij zijn gevangenschap, en negen dagen na de bevrijding van Nederland keerde hij terug bij zijn vrouw en twee dochters in het Brabantse Bergen op Zoom. Piet bleef niet lang thuis. Als gevangene had hij jaren stilgezeten, en hij vond dat hij iets goed moest maken. Bovendien, het avontuur lonkte. Vier maanden na zijn thuiskomst marcheerde luitenant Van Dijk zij aan zij met Evert-Jan over de Britse landweggetjes, oefenend voor de acties waar ze nu middenin zaten.[26]

'Om 12 uur 's middags ondernamen we een patrouille met 20 MP-ers naar Sepatan en Kosambi, bewapend met drie Brens en gewone wapens,' begon Evert-Jan het verslag van de actie. 'Voordat we de kali passeerden troffen we de eerste post der extremisten.' Onderweg ondervonden ze tegenstand, maar telkens konden ze de pemoeda's met behulp van hun Brenmitrailleurs verjagen. 'Drie keer zetten we drie Brens in stelling, wat zo'n indruk gaf dat ze op een behoorlijke afstand van ons bleven. Op het kruispunt Sepatan weer de drie Brens vuren. [...] Toen met een prauw de kali over, om de zeven kilometer te voet te gaan. Bij het eerste bruggetje brandde nog een huis en lag een vrouw met afgesneden hals.' De soldaten hadden geen tijd om zich te bekommeren om de gevallen slachtoffers. Ze moesten door, vaart maken en waakzaam blijven tegelijk, op zoek naar nog levende Chinezen. Na zeven kilometer kwamen ze in een kampong terecht. Bij het doorzoeken van de kampong stuitten ze op een gebouw 'waar tweehonderdvijftig vrouwen en kinderen zaten opgesloten, die in vijf dagen geen eten hadden gehad'. De pemoeda's die de kampong normaal gesproken bewaakten waren door het optreden van de Nederlanders onderweg op de vlucht geslagen.[27] 'De vrouwen en kinderen voelden zich overgelukkig en huilden van blijdschap. Ze vlogen onze jongens om de hals van vreugde.' Met zeven collega's begeleidde Evert-Jan de tweehonderdvijftig mensen terug naar de rivier. 'Ondertussen ging de patrouille verder naar Kosambi', en daar konden nog eens vierhonderd Chinese vrouwen en kinderen bevrijd worden. Bij de kali werden de mensen overgezet met een prauw, 'telkens twintig man. Om 10 uur waren we thuis'.

De vrouwen waren opgelucht over hun vrijheid, maar angstig over het lot van hun families die nog in gevaar verkeerden. 'Een moeder was zo blij dat ze haar dochter ten huwelijk aanbood aan een MP'er als hij zorgde dat haar man vrij kwam die in Maoek zat.'

Het aantal Chinezen in gevangenschap in Maoek scheen een veelvoud te zijn van de al bevrijde mensen. Vier dagen na de eerste actie nam luitenant Van Dijk het heft wederom in eigen hand en riep hij zijn mannen op om richting het kustplaatsje Maoek te trekken. Evert-Jan was een van de vijfentwintig MP'ers die meeging. Ze kregen hulp van twintig Chinese mannen die hen de snelste weg naar de goede kampong konden wijzen en die graag mee wilden om achtergebleven familieleden te vinden.

'Om 12 uur 's nachts stonden we kant en klaar om naar Maoek te gaan, eenentwintig kilometer van Tangerang.' Was de eerste operatie al niet zonder gevaar geweest, deze was drie keer zo ver het vijandelijk gebied in, een gebied dat bovendien berucht was vanwege de vele milities. Onzeker over de kracht van de tegenstander verzamelden de soldaten voldoende voedsel en extra munitie voor een lange expeditie. Met karabijnen, revolvers, sten- en brenmitrailleurs vertrok het gezelschap richting Maoek. Ze staken de Tjisadane over en patrouilleerden door de vlakke sawa's verder westwaarts. Overal was terreur zichtbaar. Joop de Lange schreef: 'Bij de kampong Karangserang Laoet komt uit veel verbrande huizen een verschrikkelijk vieze lucht. Tijd om te kijken is er niet, maar dit is de lucht van verbrande lijken.'[28] Na een aantal kilometer van dorp naar dorp sluipen trof de groep de eerste vrijheidsstrijder. Een jonge Indonesiër, gewapend met een *klewang*, een traditioneel Indonesisch zwaard. Van Dijk nam de eenzame pemoeda niet serieus. In zijn verslag achteraf schreef hij: 'Op het gezegde dat de klewang veel te gevaarlijk was voor hem en zijn bevestiging dat hij lid van de Laskar Rajat was, plaste hij in zijn broek en na een oorvijg kwam een angstgekleurde subsistantie (sic).'[29] Van Dijk liet hem ontsnappen, net als het groepje Indonesiërs dat iets verderop wegstoof. Voor gevangenen was geen ruimte.

De ontsnapte Indonesiërs keerden terug naar Maoek en waarschuwden hun medestrijders. Die sloegen het alarm en verzamelden zich op straat, in afwachting van de Nederlandse vijand. Van Dijk wist dat hij de slecht georganiseerde pemoeda's met de nodige overtuigingskracht kon overrompelen: 'Speren als uit vergeten tijden, het massale verzamelen op de kampongweg, de reactie op onze bevelen, alles versterkt onze indruk: hier kan men niet van "vijand" spreken, hier mankeert alleen een straffe hand voor de enkele belhamels die vluchten.'[30] En inderdaad, bij het naderen van de Nederlanders, met luitenant Van Dijk voorop, schoten de leden van Laskar Rakjat weg.

De Nederlandse soldaten bleken geen seconde te vroeg gekomen te zijn. Ze posteerden zich op het belangrijkste kruispunt en gingen naar een gebouw waar de grootste groep Chinezen gevangenzat. Een Chinese ooggetuige vertelde aan de Chinees-Indonesische krant *Star Weekly* hoe hij de actie als gevangene had beleefd:

> 'Vanaf 07.00 klonk onophoudelijk het noodalarm in Tangerang. Met tussenpozen hoorden we de mensen schreeuwen Siap! Siap! (Maak je klaar!). Leden van Laskar Rakjat verzamelden zich op straat met getrokken wapens. Ze bleven schreeuwen en zagen er erg verward uit. Het verwarde ons ook en we werden doodsbang. Misschien kwamen er nieuwe rellen en zouden wij weer het slachtoffer worden. Deze vertwijfeling duurde bijna twee uur. Om ongeveer 09.00 hoorden we gevuur. In eerste instantie hoorden we het geluid van ver, maar het kwam dichter- en dichterbij. Opeens werd onze deur ingetrapt. We zagen een groep gewapende soldaten met 4-5 Chinezen binnenkomen. Ze waren naar Maoek gekomen om de gevangen Chinese mensen te bevrijden van de extremisten.'[31]

In het gebouw zaten twaalfhonderd Chinese burgers opeengepakt. Mannen, vrouwen en kinderen. In de omliggende huizen zaten nog eens honderden vrouwen en kinderen. 'Hier kwamen van alle kanten de Chinezen, die met ons mee wilden en gingen,' schreef Evert-Jan. De volgende uitdaging was om iedereen naar de veilige stad Tangerang te krijgen. Per radio werd gevraagd om voertuigen om de mensen mee te vervoeren. Daar waren er veel te weinig van, waarop besloten werd om de vrouwen en kinderen mee te laten rijden in trucks. De mannen moesten lopen, de dagenlange honger nog even negerend. Met bijna drieduizend mensen ving de tocht richting Tangerang aan. Een lange sliert vluchtelingen met slechts vijfentwintig MP'ers en een aantal Chinese vrijwilligers om hun veiligheid te waarborgen. 'Toen alle mensen bij elkaar waren gingen we de weg over [...] terug naar Tangerang. Dood- en doodmoe kwamen we om 7 uur ['s avonds] in Tangerang terug.'

In de dagen die volgden vluchtten in totaal duizenden Chinezen in de richting van Batavia. Door het heersende anarchisme en de botsende belangen was het juiste slachtofferaantal nauwelijks vast te stellen. Volgens de Indonesische krant *Merdeka* vielen er honderdtweeëndertig doden, terwijl de Chinese gemeenschap berichtte over meer dan duizend doden.[32] Zeker is dat de Chinese bevolking in Tangerang het slachtoffer was van een gerichte uitbarsting van etnisch geweld. En dat zou niet de laatste keer zijn. De kwetsbaarheid van Chinezen in de Indonesische samenleving zou in de naoorlogse decennia nog meermaals blijken.

Luitenant Van Dijk had de aantallen van zijn acties wel geregistreerd. Volgens de gevechtsverslagen van 6 en 10 juni brachten Evert-Jan en zijn collega's ruim zesendertighonderd mensen in veiligheid. 'Het heeft ons geen druppel bloed gekost, het was een hele snelle slimme actie waarbij we heel goede Chinese gidsen hadden. Er zijn weinig schoten gelost. Totaal overrompeld.'

'We voelen ons gelukkig, want we hebben iets gedaan voor de bevolking.' Niet voor niets schreef Evert-Jan over een onthaal in Tangerang 'als Canadezen'. Dit was zijn beeld van Indië toen hij ruim een jaar eerder de geallieerde bevrijders door Hardenberg had zien rijden. Dit was waarom hij zich had ingeschreven als oorlogsvrijwilliger. 'Eerst eten, baden en dan slapen tot de volgende morgen, want we zijn voor vannacht vrij van dienst.'

Dinsdag 11 juni. 'Om een uur of 8 werd ik vanmorgen wakker, lekker uitgerust en opgefrist.' De post werd rondgebracht. Drie brieven voor Evert-Jan, waarvan zelfs een persoonlijke brief van dominee Kleine, een zeldzaamheid. Het was dan ook niet zonder reden dat de dominee hem schreef. Zijn bericht overschaduwde het voldane gevoel van de afgelopen weken volledig.

11

THUIS IS VER WEG

Lutten, 31 mei 1946

Beste Evert-Jan,

Mijn plan was allang je weer eens te schrijven, maar door overloopende drukte is het er steeds niet van gekomen. Thans wil ik je ondanks de vele bezigheden toch eerst even schrijven, want Evert-Jan, ik heb voor jou geen goede boodschap. Je moet niet schrikken, maar sterk wezen!

Er is namelijk thuis iets gebeurd. Je weet, dat Vader de laatste jaren met een kwaal te worstelen had, wat wel eens ernstig kon worden. Je vader zelf hield daarmee ook terdege rekening.

Wat hij zelf wel eens vreesde, en nabij vermoedde, dat is heden geschied. De Heere heeft Vader, naar wij hopen, tot Zich genomen in Zijn heerlijkheid. Geheel onverwacht is het vanmorgen geschied.

Vader was gewoon op tijd opgestaan om de jongens te roepen, maar omdat hij de laatste dagen nogal moe was, is hij daarna weer op bed gegaan. Tegen kwart voor acht riep je moeder hem om te eten, maar zij kreeg geen antwoord en kwam tot de ontstellende ontdekking dat je vader was overleden.

[...]

Met hartelijke groet,
Predikant J. Kleine

'Toen wij 31 mei in Tangerang op patrouille waren en onze dienst deden en aan geen bijzonders dachten, was er in de Schans droefheid, want VADER was niet meer. Toen ik het las kon ik niet nalaten even te schreien,' zo noteerde Evert-Jan in zijn dagboek. Zijn moeder kon zich er niet toe zetten haar beide zonen het slechte nieuws te schrijven en had dominee Kleine gevraagd om die taak op zich te nemen. Enkele dagen later kreeg Evert-Jan alsnog de toelichting van zijn moeder:

> 'Vrijdagmorgen heeft Vader de kachel eerst nog aangemaakt, en koffie gezet, de jongens Henk en Frederik geroepen en toen naar bed gegaan, zoals Vader vaak deed. Toen heb ik het eten klaar gemaakt, en riep ik Vader, maar kreeg geen antwoord. Ik ging naar de kamer, en zag tot mijn grote ontsteltenis (ja, ik kon het eerst niet geloven) dat Vader overleden was. Gauw de anderen geroepen. Maar wij konden geen leven meer bespeuren. [...] We hadden zo gehoopt en Vader bidde zo vaak, ja elke dag, dat we elkander eens weer in gezondheid mochten terug zien, en nu is Vader van ons heengegaan. Ja, daar komen nu eerst zo veel vragen bij ons op, waarom dit en waarom dat?'

Vader Hendrik kwakkelde al langer met zijn gezondheid. In september 1945, Evert-Jan was net een maand van huis, schreef Gerrit: 'Wij zijn vandaag allemaal naar de kerk geweest, behalve vader, die was nogal erg vermoeid, het gaat anders met vader de laatste tijd nogal redelijk wel.' In februari 1946 kreeg Evert-Jan zelfs het volgende bericht: 'Ik zal het je nog even schrijven Evert-Jan, dat Vader je geen brief kan schrijven, hij kan er geen klaar krijgen, dat komt door de beroerte, ik wil het maar even schrijven, want anders zou je denken, hoe zit het dat Vader helemaal niet schrijft.' Toch bleef Hendrik Nijboer, ondanks zijn vijfenzestig jaar en zwakke gestel, doorwerken op het land. De brieven die Evert-Jan in het voorjaar van 1946 ontving beschreven het poten van de aardappelen, de nieuwe dieren op de boerderij en het spitten van de akker. 'Vader en Frederik zijn nu daags met die grond aan het werk. [...] Het zonnetje schijnt daags prachtig, maar de natuur is anders nog koud, het zou wel mooi zijn, dat het wat gunstiger werd. [...] Aardappels hebben we er nog niet in, maar dat zal op zijn tijd wel klaar komen.' In de week voor zijn overlijden nam Hendriks vermoeidheid toe. Zondags sloeg hij een kerkdienst over, doorgaans geen licht genomen beslissing. Ook op Hemelvaart, een dag voor zijn overlijden, liet hij de kerk aan zich voorbijgaan. 'Hemelvaartsdag is Vader bijna de hele dag op bed geweest, 's namiddags om een uur of 5 opgestaan, koffie gedronken samen. [...] Toen hebben we samen gemolken, Vader en ik, want de jongens waren naar Ommen,' schreef Evert-Jans moeder.

Achteraf schuilde er iets meer achter die vermoeidheid, zo legt Evert-Jans broertje Henk mij zeventig jaar later uit. 'Om de paar weken ging hij naar de dokter, waar zijn bloedlichaampjes onderzocht werden. We zijn er nooit achter gekomen wat hij nou precies heeft gehad. Het was vermoedelijk iets als leukemie, maar dat kenden we in die tijd nog helemaal niet.'

Aaltje kwam de hele week langs om moeder te steunen. 'Het is altijd zo gezellig als Aaltje er is, en dat hebben wij nu samen ook zo nodig.' De meeste troost putte de familie echter uit het geloof. 'Als Vader nu bij

Jezus is dan is hij verlost van al het aardse leed. Want het was voor Vader hier op aarde toch altijd blijdschap, den Heere te dienen. Laat dat ook onze troost zijn,' schreef moeder. Evert-Jans antwoord was van gelijke strekking: 'Laat het sterven voor Vader een ontheffing van het lijden zijn, en misgunnen wij het Vader dan? Ik weet heel zeker dat U het in dit geloof zult dragen.'

Behalve dat hij niet kon 'nalaten even te schreien', liet Evert-Jan weinig los over zijn gevoelens op dat moment. Er was, wreed genoeg, ook amper tijd om te rouwen in het gejaagde soldatenbestaan waarin hij leefde van actie tot actie. In de spaarzame vrije momenten kon hij terecht bij de familie Samson. 'Toen ik tot een uur of 4 zo had rondgesjouwd ben ik maar eens op weg gegaan naar de Djocjaweg 89, naar de familie Samson, die zo gastvrij waren om me binnen te roepen.' Daarna ging het wachtlopen en patrouilleren weer gewoon door.

Naast het emotionele verlies ontstonden er voor de familie in Nederland ook praktische problemen. Hoe moesten ze de boerderij draaiende houden met de twee oudste zonen aan de andere kant van de wereld? Een soldaat en zijn familie hadden er maar mee om te gaan, want veel regelingen waren er niet voor dit soort gevallen. Moeder wilde dat beide zonen terugkeerden naar de Schans. Dominee Kleine gaf een aanzet: 'Zij is erg verlangend naar jullie. Zou één van jullie niet thuis kunnen komen?' Evert-Jan begreep het probleem. 'Vanmorgen ben ik naar Batavia gegaan per jeep om trachten verlof te krijgen, wat me niet gelukt is. Een kostwinnersvergoeding zal mogelijk zijn.' En dat was het dan. Ze moesten het maar zien te rooien. Moeder legde zich er met moeite bij neer: 'maar ik had wel graag dat je nu ook hier was Evert-Jan, en Gerrit-Jan ook. Er is hier nu sprake dat de Vrijwilligers met October terug komen met verlof, want dan moeten de dienstplichtigen er naar toe, maar officieel is het niet bekend, dus of het waar is weet ik niet. Heb je er ook wat van gehoord Evert-Jan? Gerrit-Jan had er daar ook iets van gehoord. Was het maar waar!' In Nederland was men inmiddels inderdaad tienduizenden dienstplichtigen aan het voorbereiden voor Indië, maar deze zouden de KNIL'ers en oorlogsvrijwilligers juist komen ondersteunen en vooralsnog niet vervangen.

De wanhoopskreet van zijn moeder had dan ook niet het gewenste effect. Integendeel, Evert-Jan kwam plots met een wel erg drastische beslissing: 'Wat betreft het terugkomen op de boerderij. Ik ben naar de Staf geweest en naar het Departement van Oorlog, maar het kan niet, ook geen tijdelijk verlof. [...] En nu dit niet kan, heb ik er mijn besluit meteen bij genomen om hier te blijven. Als oudste zie ik van de boerderij af, en geef het graag over aan Gerrit. En ik geef ook het aanbod van Schuurman [Aaltjes familie] om daar bij in te trouwen over' – wat hij blijkbaar had gekregen – 'daar moet maar een ander op afstormen.'

Evert-Jan had zijn zinnen op een langer verblijf gezet. Was het verstandig om zo'n grote beslissing te nemen in zo'n emotionele periode? Ik vraag het me af. Over zijn vader schreef hij die weken niet meer, het ging alleen nog over zijn besluit waar hij, eenmaal genomen, geen enkele twijfel meer over had. Alsof hij met zijn stelligheid de nare gevoelens kon overschreeuwen. Het was een hard gelag voor zijn moeder. De hoop op een snelle thuiskomst van haar zoon veranderde in onzekerheid of ze hem überhaupt ooit terug zou zien. Hij had zijn moeder al eerder over de schoonheid van het landschap geschreven. In zijn brieven aan Gerrit-Jan bleek er echter nog een reden te zijn waarom hij zich in Indië zo goed voelde. 'De dienst is vrij zwaar, maar patrouille vind ik prachtig, door de sawah's en door kali's en over bergen. [...] De geest onder de jongens is reusachtig en wordt met de dag beter. Ze zijn net allemaal broers. Ik heb nooit geweten dat je zoveel kameraadschap van elkaar kon verwachten.' Vooral de moord op de soldaten bij Pesing maakte diepe indruk op Evert-Jan. 'Dan hebben we emoties. Kameraadschap bestaat echt als je het leven samen onder ogen ziet en de dood in de ogen hebt gekeken.'

Naast het teleurstellen van zijn moeder zette hij ook Aaltje voor het blok. 'Daarom hoop ik ook dat Aaltje zeggen zal: kijk eens ik houd veel van mijn ouders, maar dat is toch niet alles, ik ga straks naar Indië omdat Evert-Jan het graag wil. [...] Wijs Aaltje op de plicht die ze heeft, maar laat haar helemaal vrij, want dwingen wil ik haar niet, dat kan en mag ik niet, want dan wordt het voor beiden een ongeluk in plaats van een geluk.' Wat Aaltjes besluit ook zou zijn, dat van hem stond vast. 'Als m'n toekomst er ligt wil ik hier blijven en ook in het leger. Maar dan kan ik niet gescheiden blijven van haar, dat is niks. Ik weet dat ze wel van me houdt, en dat er geen enkele reden is om het uit te maken, nooit zou ik een meisje kunnen vinden, waar ik mij met zoveel liefde aan gegeven heb als haar, en zij denkt er precies eender over.'

12

'DENK NIET DAT IK EEN ONBEZONNEN DAAD DOE'

Tien dagen na het onheilsbericht over zijn vader schreef Evert-Jan de volgende twee zinnen in zijn dagboek:

> Vrijdag 21 juni 1946
> 'De verkering met Ali af! Geen bijzonderheden.'

Voor een motief geeft het dagboek geen enkele aanwijzing. Een zakelijke mededeling, meer niet, terwijl hij Aaltje een aantal dagen eerder nog probeerde over te halen om naar Indië te komen. Hoewel het uitroepteken in zijn notitie nog doet vermoeden dat het niet slechts een losse flirt betrof, wordt dat direct tenietgedaan door de toevoeging 'Geen bijzonderheden'. Alsof alle eerdere trouwplannen nooit hebben bestaan. Ik zoek verder naar een verklaring in de rest van Evert-Jans materiaal. Van alles heeft hij bewaard: honderden brieven, tientallen exemplaren van soldatentijdschriften en oude krantenknipsels, maar zijn briefwisseling met Aaltje is verdwenen. Met het verbreken van de liefde leek hij elke herinnering aan Aaltje uit te willen wissen.

Pas in brieven van en naar anderen vind ik antwoorden. Het dagboek en de brieven vervulden blijkbaar verschillende functies voor Evert-Jan. In zijn dagboek schreef hij de acties van zich af, veel gedetailleerder dan in de brieven naar de Schans. Hij had met Gerrit-Jan afgesproken om het thuisfront niet onnodig ongerust te maken. Voor emoties was in zijn dagboek weinig plaats, alsof het tonen daarvan zijn professionaliteit als soldaat aan zou tasten. Het voor anderen vaak intieme karakter van dagboeken bewaarde hij voor de brieven naar huis. Die brengen dan ook opheldering over het plotselinge einde van de relatie met Aaltje. 'Ik moet je een paar letters schrijven, Moeder. Schrik maar niet, maar wees blij dat ik zo eerlijk ben dat ik het je schrijf. Ik heb namelijk Ali afgeschreven. [...] Zij heeft als eerlijk meisje niet verdiend wat ik haar schrijf, maar ik wil in Indië blijven en Ali kan niet met haar volle hart die stap doen, dus zal het ook nooit goed gaan. Als zij niet kan gaan, mag ik haar niet dwingen, ook niet met mijn liefde.'

Het tweede radicale besluit binnen een paar dagen. Hoe weloverwogen kon dat zijn? Volgens hemzelf was het doordacht genoeg. 'Denk niet dat ik een onbezonnen daad doe.' Nog geen drie maanden op Java was Evert-Jan vastbesloten er te blijven, 'omdat ik van Indië houd, meer als van Holland zelf, en omdat ik weet dat Ali niet zou komen, of anders met tegenzin, heb ik het maar uitgemaakt. [...] Ze is een eerlijk trouw meisje en heeft me ook altijd zo behandeld. Zij is het geweest die mij bewaarde voor verleiding. Ik heb het er moeilijk mee gehad, maar kon voor God niet verantwoorden haar langer aan 't lijntje te houden.'

Hij was niet de enige bij wie de verkering niet standhield, maar in tegenstelling tot Evert-Jans situatie, waren het meestal de vriendinnetjes in Nederland die de knoop doorhakten. In een brief naar huis schreef soldaat Alex Roelofs hoe het eraan toeging bij zijn compagnie: 'We liggen hier met 32 jongens waarvan 28 jongens verkering hadden of verloofd waren. Nu, precies één jaar later, hebben nog 3 jongens verkering. En allemaal uitgemaakt door de dames, wel leuk hè?'[1]

De vrijgezellengolf verontrustte niet alleen de soldaten, ook bij de families in Holland, de veldpredikers en aalmoezeniers werden de verbroken relaties een thema. Die maakten zich zorgen over het moreel van de jongens. Straks gingen die hun heil nog bij Indonesische vrouwen zoeken.[2] In zijn eerste maanden in de Oost had Evert-Jans moeder hem al eens over de toenemende bezorgdheid verteld. Ze schreef over dominee Koningsberger die zijn onvrede uitte in *Trouw*. 'Dat ging over de ontrouwe meisjes. [...] Dominee, had een jongen gezegd, je schrikt tegenwoordig als je een brief van je meisje krijgt, maar, schrijft Ds. aan de meisjes uit Nederland, jullie moeten trotsch zijn op deze flinke kerels. Als hij [Koningsberger] 's avonds al die jongens zag zitten met de dagsluiting was hij er ook trotsch op, omdat dit onze jongens waren, en nu moeten de meisjes deze jongens in de steek laten, die hun vaderland dienen en hulpelozen willen gaan bevrijden. Omdat zij een paar jaar geduld moeten hebben.' Ook Evert-Jans vriend Gerrit van der Poll sprak zijn ongenoegen uit: 'Want ik heb al vernomen dat ergens in den lande de eerste meisjes hun verloofden al ontrouw zijn geworden. Dat ze hun verloving hebben verbroken, en met andere jongens uit zijn gegaan, want het wachten op hun verloofden duurde hun te lang. Diep beklaag ik zulke jongens in den vreemde als ze zulke berichten krijgen van meisjes aan wie ze hun hart gegeven hebben dat deze dat gaan verbreken, dat als 't ware een menschenleven wordt geknakt.'

Maar Aaltje wilde op Evert-Jan wachten. Zijn beslissing kon bij haar alleen rekenen op verdriet. Een enkele brief van Aaltje aan moeder Nijboer heeft Evert-Jans vernietigingsdrift overleefd. Daarin schreef Aaltje: ''t Was net of ik een slag in mijn gezicht kreeg, en hij verlangde de foto's weer terug aan zijn adres. Ik heb hem vanmiddag terug geschreven met de foto's, de tranen rolden me over de wangen.'

Als ik verder lees in Evert-Jans brieven, blijkt Indië niet het enige argument geweest te zijn. 'Ik hield meer van een ander dan van haar, en ik kan niet twee echt liefhebben.' De bezoekjes aan de Djocjaweg waren toch niet helemaal zonder bijbedoelingen geweest. Misschien was het niet zijn intentie, maar nadat Bobby haar nichtje Puck aan hem had voorgesteld, was Evert-Jan verkocht. Hij had Aaltje al bijna een jaar moeten missen en voorlopig zou dat niet veranderen, terwijl hij in Batavia de aandacht genoot van die drie vrolijke, grappige meisjes, waarvan hij Puck de aardigste vond.

Naar thuis liet hij al te bloemrijke beschrijvingen over haar achterwege, begrijpend hoe gevoelig dat zou liggen. Hij wilde hen geruststellen dat hij zich zeker niet ophield 'met slechte vrouwen'. 'Ze is een echt Christelijk meisje, met een lief zacht karakter.' Of Puck zijn gevoelens positief zou beantwoorden wist hij eigenlijk nog niet. 'Ik voel nou voor mijn vriendinnetje. Of zij voor mij vecht weet ik niet, dat moet nog uitgemaakt worden.' Hij overviel Puck er nogal mee, want van een 'vriendinnetje' was nog helemaal geen sprake. Ze kenden elkaar net – hun ontmoetingen waren letterlijk op één hand te tellen – en nu kwam die soldaat uit Holland al met een liefdesverklaring.

Daar kwam bij dat Puck met haar moeder en zus – haar vader was overleden – naar Nederland zou vertrekken, nog geen week nadat Evert-Jan Aaltje had 'afgeschreven'. Ze behoorden tot de tienduizenden 'repatrianten' die in 1946 'terugkeerden' naar het vaderland, hoewel velen van hen er nooit geweest waren. Het was mede aan haar zus Willy te danken dat ze het grimmige Batavia mochten verlaten voor het veilige Holland.[3] 'Haar zuster heeft voor de zending gewerkt en de zending heeft ook bewerkt dat ze naar Holland kon gaan.' Pucks naderende vertrek maakte Evert-Jans gedrag des te merkwaardiger. Hij wilde toch een meisje dat voor hem én Indië koos? Ook met Puck zou dat niet gebeuren. Het leek erop dat de emotie het won van de ratio. Was de liefde in korte tijd dan zo hevig geworden?

In de brieven naar huis bleef hij over Puck schrijven en vertelde hij dat ze onderweg was naar Nederland. Of ze haar dan eens konden ontvangen, vroeg hij brutaal. 'Als straks mijn Indisch vriendinnetje in Holland komt, zal ze hoogstwaarschijnlijk wel naar de Schans komen, want ze vond het fijn haar vacantie op een boerderij door te brengen.' Het was een goed en betrouwbaar meisje, zo benadrukte hij. 'Wees niet bang dat ik me te buiten ben gegaan aan de een of andere meid van minder kaliber.' Haar Indische achtergrond vormde voor hem geen probleem, maar met zijn uitleg illustreerde hij de nog altijd aanwezige raciale ongelijkheid in de Nederlandse en Nederlands-Indische samenleving. 'Zij is van Indisch bloed, maar het kan mij niet schelen, ik zie haar als Christen, één met alle anderen. [...] Ik voel me helemaal niet hoger als een Indische. Versta wel, een Indische, geen zwarte inlander.'

Voor de familie Nijboer kwam Evert-Jans nieuws als een grote schok. Aaltje was kind aan huis geworden. Ook met Evert-Jan in Indonesië kwam ze regelmatig langs, en de familie was aan haar gehecht geraakt. Frederik schreef hem: 'En morgen wou Aaltje nog eens komen praten, die is ook altijd even opgeruimd, maar ze zal nu wel niet zo vaak meer komen, daar er een jongen in Indië verkering mee had, maar daar hij zo graag in Indië wil blijven, maakt hij het maar uit. Nou jij moet het zelf maar weten, ik behoef het niet te verantwoorden, en verder zal ik er niet over schrijven. Ik wil de schuldige niet zijn, dat ik je zou aandringen en dat het later een mislukt huwelijk zou zijn. Maar nu heb je daar al weer één op gezocht, en die stuur je maar naar de familie Nijboer. Laten die er zich maar mee redden, nou wij zullen wel zien wat voor een zwarte als dat is, dat moet je niet tegen haar zeggen hoor dat ik dat zo maar schrijf, en dan zal ik het hier weer bij laten, hopend ook spoedig iets van u te vernemen.'

Evert-Jan negeerde de ergernis van zijn broertje. 'Troost Ali en moedig haar aan om gerust een ander te nemen.' Hij ging voor Puck en verklaarde haar zijn liefde. Op de dag dat ze afscheid namen, vlak voor haar vertrek naar Nederland, kreeg hij haar antwoord.

22 juni 1946

Beste Evert,

[…] Jouw brief heb ik gelezen, maar je hebt me werkelijk de doodstuip op m'n lijf gejaagd. Neen werkelijk Evert, dat kan ik met geen mogelijkheid van je aannemen. Je mag 't maar niet zo met Ali afmaken, omdat je van mij houdt. Dat wil ik niet! Ik wil graag jou als mijn vriend hebben en natuurlijk zal ik vaak schrijven; maar heus aan zulke gewichtigheden wil ik nog niet denken. Laat me eerst nog vrij, ik ben pas 16 en wil nog vrij en ongedwongen van 't leven genieten. […] Dus als vriend mag ik je heel erg graag maar nog niet zoals jij denkt. […] Schrijf alsjeblieft aan Ali dat jij 't weer in orde maakt. Ik voel me er beroerd onder, als je 't niet doet. Ik hoop dat ze meekomt. Dat is juist mooi in haar dat ze zoveel van haar moeder houdt. Dat doe ik niet eens Evert, doe 't, schrijf Ali en zeg dat je 't weer aan maakt. Dan doe je mij een groot plezier.

Enfin per brief dan maar. Dus nu neem ik afscheid van jou Evert als vriend!! Sorry dat dit zo'n lastige brief is. Vergeef me als ik je gegriefd heb hiermee. Nogmaals bedankt voor al je attenties. Tot ziens Evert!! En schrijf me maar zoals je er nu over denkt. Jullie ook goede reis. En vecht voor 't vaderland. Denk niet teveel aan mij. Dag Evert.

Hartelijke groeten en een stevige poot,

Je Puck

Evert-Jan had het risico genomen en verloren. In zijn dagboek schreef hij er wederom niet over, en richting zijn moeder uitte hij zich voorzichtig. 'Maar de liefdeshemel is momenteel bewolkt hoor moesje.' Naar zijn ware gevoelens is het gissen. Als ik de data erop nakijk, blijf ik me verbazen over de snelheid waarmee alles gebeurde. In een tijdsbestek van nog geen twee weken was zijn leven op zijn kop komen te staan – deels door zijn eigen toedoen – midden in een periode van militaire acties die elkaar bleven opvolgen. Hoe hield hij dat vol? Bobby en Puck maakten zich in 1946 al zorgen. Bobby schreef hem: 'Puck zegt "Als ik 'nee' zeg dan vergooit hij zich straks aan een baboe". Maar dat doe je toch niet Evert??? Daarvoor ben je toch immers veel te Christelijk. Haal nu s.v.p. geen stomme streken uit!!!'

Vrees voor zijn psychische welzijn was niet onterecht, want er waren genoeg militairen met psychische problemen. Ze hadden de 'tropenkolder', werd er dan gezegd. De geestelijke en fysieke belasting voor de soldaten was immers enorm.[4] Geestelijk, vanwege de onophoudelijke onzekerheid – over hun eigen leven en dat van hun kameraden, over wel of geen goede afloop van een actie. Overal kon de vijand opduiken, iedere boer in de sawa's kon een vermomde vrijheidsstrijder zijn. De mannen moesten altijd op hun hoede zijn. Daarnaast vormden de acties een uitputtingsslag voor de soldatenlichamen. Ze leden aan slaaptekort, of in ieder geval aan een verstoord slaapritme vanwege de wisselende wachtdiensten en het gebrek aan hygiëne en voedsel aan de frontlinie. 'Vandaag stond ik me daar weer met zo'n grote Amerikaanse helm en een paar witte mouwen: verkeerregelen. De nacht ervoor rijdende patrouille. De dokter beweerde dat als het zo doorging met de M.P., we allen naar zijn ouwe moer gingen. We moesten ten minste een drie dagen verplichte rust hebben, zei de sergeant-verpleger. Maar het is niet mogelijk. En straks gaat het weer verder en dan zit de M.P. weer als stoottroep met de neus voorop.'

Tropenkolder had Evert-Jan niet, maar hij onderging wel dezelfde belasting als zijn collega's en daar kwam de dood van zijn vader bovenop. Hij kreeg geen moment de tijd om die op zich in te laten werken. De dag na het afscheid van Puck vertrok hij alweer naar de frontlinie, richting Bandoeng, zo'n honderdvijftig kilometer zuidoostelijk van Batavia. Maar ondanks alle gebeurtenissen bleef de liefde voor Indië overeind: 'De weg slingert zich voort door de bergen, rechts zie je de Slamet, met haar top in de dampkring, en haar rokende krater. [...] Ook het bevloeiingssysteem trekt je bewondering, die de sawah's allemaal trapsgewijs van boven van de bergen tot in het dal bevloeien (sic).'

13

DE SLAG OM TJIANDJOER

‘Om half 5 werden we gewekt en om 6 uur werden we naar de grote weg gebracht, waar een transport van 160 wagens stond opgesteld.’ Op de vroege zondagochtend van 23 juni 1946 verzamelden de militairen zich in het centrum van Batavia. De brede lanen rondom het Kramatplein raakten dichtgeslibd door de legertrucks en de menigte inwoners die op de uittocht afkwam. Er waren gelukkig toch mensen die hen een warm hart toedroegen, moeten de soldaten hebben gedacht. Ze klommen in de wagens, zochten een plekje en na een uur vertrokken ze. ‘Het was geweldig zo we toegejuicht en nagewuifd werden. De meisjes waren wel het dolst. Van Batavia tot Meester Cornelis en Polonia stonden de toeschouwers, dat je soldatenhart goed doet. Je weet dan dat de mensen begrijpen waarvoor we strijden.’

Het konvooi trok richting Bandoeng, na Batavia de belangrijkste stad van West-Java. Omdat de weg waarop ze reden de enige was die beide steden met elkaar verbond, was de route cruciaal voor de verplaatsing van soldaten en materieel. Maar Bandoeng was geïsoleerd komen te liggen, omdat Nederlandse en Britse konvooien van en naar de stad regelmatig door Republikeinse troepen werden aangevallen. Het werd te gevaarlijk om de weg nog te gebruiken. De beveiliging van de weg was tot dan toe in handen van het Britse leger, en dat spande zich weinig in om de Republikeinen terug te dringen. De Britten beperkten zich tot de bewaking van belangrijke bruggen en wegen. Verder verschuilden ze zich in hun afgerasterde bivaks, waardoor de Republikeinen de gebieden buiten de Britse kampementen beheersten.[1]

Eind juni kreeg de W-Brigade opdracht om de beveiliging over te nemen, wat, anders dan in Tangerang, in goed overleg ging met de Britten, die hun rol langzamerhand verkleinden. De Nederlanders zouden de beveiliging grondiger aanpakken en het gebied 'pacificeren'. Dat betekende: het bezetten van belangrijke steden op de route, en actieve patrouilles in het gebied rondom de weg. Op die manier, was het plan, zou Nederland een 'veilige zone' tussen Batavia en Bandoeng creëren.

De weg tussen beide steden was onderdeel van de duizend kilometer lange Grote Postweg, die zich uitstrekte van West- naar Oost-Java. De Jalan Raya Pos, zoals de Indonesiërs hem noemden, was in 1808 aangelegd in opdracht van de gouverneur-generaal van Nederlands-Indië, Herman Willem Daendels. In die tijd domineerde Groot-Brittannië de Aziatische wateren, wat de verplaatsing van Nederlandse militairen over zee bemoeilijkte. Daarom wilde Daendels zijn troepen sneller over land kunnen vervoeren. Het idee voor de Grote Postweg was geboren. Het resultaat was meer dan een militaire weg. Hij verbond belangrijke steden zoals Batavia en Bandoeng met elkaar waardoor een groot gebied van Java makkelijker bereikbaar werd, en zo vormde de weg een belangrijke stap in de modernisering van het eiland.

De totstandkoming van de weg had zijn prijs. Daendels had een lege schatkist en weinig geduld. Hij wilde het project snel voltooien tegen lage kosten. Dat lukte – binnen een jaar was de weg klaar – maar wel ten koste van duizenden Javaanse levens. Daendels beval de bevolking mee te werken als 'herendienst'; het leveren van onbetaalde arbeid als een soort belasting aan de kolonisator. Vele arbeiders stierven aan besmettelijke ziekten als gevolg van de erbarmelijke hygiëne, anderen gingen ten onder aan het wrede arbeidsregime. Aan de bomen langs de weg hingen de dode lichamen van arbeiders die het hun toegewezen traject niet op tijd af hadden gekregen.[2]

Anderhalve eeuw later reed Evert-Jan op de Grote Postweg. De weg diende weer zijn oorspronkelijke doel: het vervoer van militairen. De trucks denderden over het gehavende wegdek vol kuilen en langs verzakte bermen. Waar de karavaan voorbijtrok, dwarrelde het stof door de lucht. Met moeite kon Evert-Jan de trucks voor en achter hem onderscheiden.[3] Nadat de wegen iets beter werden en de ergste stofwolken wegtrokken, kregen de troepen zicht op de naderende Poentjakpas, onderdeel van de Preanger; de West-Javaanse hooglanden waar Nederland al honderden jaren haar koffie-, thee-, en rubberplantages exploiteerde.

Slingerend door de haarspeldbochten beklommen ze de hellingen, terwijl ze uitkeken over de dalen vol theevelden en sawa's. Altijd groen en met de steile bergkammen op de achtergrond. Evert-Jan schreef: 'Langs een schone, bergachtige natuuromgeving werd de 120 kilometer lange weg afgelegd. Met heilige liefde was ik vervuld om het schoon hier te zien. Te veel om op papier weer te geven, maar genoeg om de oost niet weer te verlaten.' Evert-Jan benadrukte nog eens dat een terugkeer naar Nederland voorlopig geen optie was. En hij was niet de enige. Soldaat Cor Groot schreef in zijn dagboek: 'Toen waren wij door de pas en ontrolde zich aan onze ogen het ene sprookjeslandschap na het andere. Hier pas zagen wij Java in volle schoonheid. Niet één van ons verlangde nog naar Holland. Ieder zou hier willen blijven.'[4]

De Nederlandse militairen werden in groepen over het traject Batavia-Bandoeng verspreid. Evert-Jan belandde bij Tjiandjoer, zestig kilometer voor Bandoeng, en een van de steden in handen van de Republikeinse troepen. De Nederlanders namen het Britse kampement ten noorden van de stad over. Het klimaat in de Preanger was aangenamer dan de beklemmende hitte van Batavia. 's Avonds koelde het zo af dat de mannen voor het eerst met een deken sliepen. Maar rustig was de nacht allerminst. In de omgeving krioelde het van de Republikeinse strijders, die het kamp voortdurend belaagden. '"s Nachts knallen die rakkers altijd, zodat ze je de rust ontnemen. [...] We hopen dat we er gauw op afgaan, want we moeten het rotzooitje zien weg te krijgen, want er moet schoon land komen.' Toch moesten ze voorlopig wachten. Volgens inlichtingen bevolkten zo'n duizend TRI-militairen de stad, terwijl de Nederlandse groep uit nog geen honderd man bestond. Op 29 juni zou versterking arriveren, waarmee de Nederlanders genoeg mankracht zouden hebben om Tjiandjoer in te nemen.[5]

De Republikeinen hadden het konvooi natuurlijk opgemerkt, en ze keken niet bepaald uit naar de aflossing van de Britten door de veel actievere Nederlanders. Op 27 juni hoorde de TRI het gerucht dat de Nederlanders Tjiandjoer die ochtend zouden binnenvallen. Om dat te voorkomen, bezetten hun troepen het centrum. Door belangrijke gebouwen in brand te steken – ook hier de tactiek van de verschroeide aarde – wilden ze de Nederlanders zo veel mogelijk tegenwerken.[6]

In het centrum woonden de meeste Chinese bewoners van Tjiandjoer, en net als in Tangerang waren ze weinig geliefd bij de vrijheidsstrijders.[7] De Chinezen dreigde eenzelfde lot als de groep in Tangerang. De Nederlandse soldaten zagen rookkolommen boven de stad opstijgen en ontvingen berichten dat de stad in vlammen op dreigde te gaan.[8] Evert-Jan stond op dat moment op wacht 'aan de voorste post in de voorste linie. Om een uur of 5 werden we beschoten, vanaf een 300-500 meter. De extremisten begonnen de huizen in brand te steken.' Luitenant-kolonel Van der Meer had als commandant de leiding over de groep ter plaatse, bestaande uit een deel van het zogenoemde Kennemerbataljon en achtentwintig MP'ers. Hij zette een streep door het oorspronkelijke plan om de stad pas de 29e te bezetten – de situatie werd te nijpend – en besloot Tjiandjoer nu al te veroveren om de Chinezen in veiligheid te brengen. Twee groepen werden gevormd. Eén groep zou proberen door te dringen tot de Chinese wijk en luitenant Van Dijk zou met de tweede groep – de MP'ers – proberen om belangrijke gebouwen onbeschadigd in handen te krijgen.

Het vallen van de avond werkte voor de Nederlanders als een sluier die de ware grootte van hun groep verhulde. 'In de schemering trokken we de eerste straat zonder tegenstand binnen, tot ongeveer midden in de stad, waar de frontlinie werd gemaakt.' Als de TRI-troepen hadden geweten met hoe weinig mannen de Nederlanders Tjiandjoer binnentraden, waren ze waarschijnlijk een massale aanval gestart. In hun ondertal waren de kansen voor de Nederlanders miniem geweest. Maar ook een iets afwachtendere TRI bood genoeg tegenstand. Sluipschutters namen beide Nederlandse groepen vanachter huizen en vanuit bomen onder vuur. Toch rukte de eerste groep langzaam op en slaagde erin de Chinese wijk te ontzetten. Ze nam een linie in waarachter de Chinezen veilig waren en begon deze te verdedigen.

Verderop in de stad trokken de MP'ers onder leiding van Van Dijk naar de woning van de regent van Tjiandjoer. Ook zij creëerden een linie, dwars door de tuin van het huis, en probeerden stand te houden.[9] 'De hele nacht werd er door snipers en onze brens gevuurd. Ook schoten de extremisten nog een paar rookgranaten af. Geen slaap, strenge wacht.' Iedereen moest wakker blijven, want met achtentwintig man was elke soldaat onmisbaar. In de loop van de nacht kregen ze een Republikeinse kapitein te pakken. 'Een kapitein der TRI was zo fanatiek dat hij zei: "ik sterf liever op de straat dan jullie de waarheid te vertellen." Toen wij hem teruggebracht hadden naar de wacht, schoot hij twee van ons door de benen.' Hadden de Nederlandse soldaten hem niet ontwapend? In ieder geval reageerden ze snel. 'Zelf stierf hij als een flink TRI-man aan 28 stenschoten. Juist!' De adrenaline en drift leken het te winnen van de slaap.

De volgende dag hielden de gevechten aan. 'Om 9 uur werden er weer huizen in de fik gestoken.' De tegenstand nam toe. 'Het vuur werd steeds heviger. Omstreeks 10 uur kregen we opdracht: Terugtrekken.' Noodgedwongen verlieten ze de woning. Iets verderop probeerden ze een nieuwe linie te verdedigen. Nadat de andere groep Nederlanders eerder al de Chinezen aan de andere kant van de stad in veiligheid had gebracht, was nu de beurt aan de MP'ers. 'Na de middag werden de Chinese woningen vlak voor ons in brand gestoken en de bevolking beschoten. Order van de kapitein: 15 man van de M.P. voor, om de straat tot aan het punt der brand in te nemen. Dit gelukte!' Tot dat moment hadden de MP'ers nog maar weinig Chinese bewoners gezien, maar met het veiligstellen van de straat vluchtten ook hier overal Chinezen richting het Nederlandse gebied. 'De hele Chinese bevolking evacueerde zich achter onze frontlinie.'

De tweede nacht van de actie brachten ze door op straat. 'We waren behalve van achteren, geheel ingesloten.' Een aantal mannen probeerde wat slaap te pakken op het koude trottoir. In de vroege ochtend van 29 juni bezetten ze de regentswoning opnieuw 'om die ook niet meer te verlaten'. De hele ochtend werden ze bestookt door mitrailleurvuur van de TRI. 'Onze Brens hielden hen op een afstand van 40-50 meter.' Rond het middaguur arriveerden dan de extra troepen. Die kwamen met zo'n overmacht dat de stad al snel in Nederlandse handen was.[10] Eindelijk rust voor de mannen van het eerste uur. Soldaten vielen op straat in slaap en Evert-Jan 'had een baard zo groot als Robinson Crusoe, toen hij op een eiland verbannen zat, en de zeep thuis had gelaten. Nou dat is achter de rug. De bevrijding van Tjiandjoer heeft 3 dagen harde strijd gekost. We moesten de Vrijheid betalen met 2 doden en 15 gewonden.' De Republikeinen hadden kans gezien om een sociëteit, gevangenis en schoolgebouw af te branden, maar vele Chinese levens waren gespaard. 'Twee dagen hebben we vrij om uit te rusten. De hele M.P. zal medisch onderzocht worden op hun vermoeidheid, of ze ook overspannen zijn, want een week lang zijn ze dag en nacht in touw geweest, met de minste rust.' Het deerde Evert-Jan nog altijd niet: 'Nou beginnen we ons lekker te voelen, we doen iets voor het vaderland.'

Zo voortvarend als de militaire successen zich voor Evert-Jan aaneenregen, zo stroperig liepen de politieke onderhandelingen. In het voorjaar hadden Nederlandse en Indonesische kabinetsleden voor het eerst met elkaar om tafel gezeten. Na positieve voorbesprekingen in Indië tussen de Republikeinse premier Soetan Sjahrir en luitenant-gouverneur-generaal Huib van Mook waren twee Republikeinse ministers in het gezelschap van Van Mook naar de Hoge Veluwe afgereisd voor de onderhandelingen. Ondanks de zware delegatie – bestaande uit minister-president Schermerhorn en drie van zijn ministers – was het Nederlandse kabinet niet van plan grote stappen te zetten. Het was een maand voor de eerste naoorlogse verkiezingen, wat echte besluiten onmogelijk maakte. Bovendien bleef Nederland bij zijn standpunt over Soekarno: met hem kon niet worden samengewerkt. De Hoge Veluwe-conferentie leek uit te draaien op een mislukking. Van Mook en de Republikeinse ministers hadden gehoopt een akkoord te kunnen sluiten, maar daarvoor zaten de partijen veel te ver uiteen.

Toch ontstond er een minimale doorbraak. In hun verklaring na afloop was de Nederlandse regering 'bereid te erkennen, dat de "republiek Indonesia" de facto gezag uitoefent'. Hoewel dat gezag zich volgens Nederland tot slechts enkele delen van Java beperkte, was het de eerste keer dat Nederland de Republiek zag als 'de vertolking van het diepe verlangen naar nationale zelf-expressie en zelfstandigheid' en daarmee de vrijheidswens van de Republiek dus niet volledig negeerde.[11]

De Nederlandse visie was voor de Indonesiërs echter nog altijd onacceptabel. Soekarno, het symbool van de revolutie, zouden ze nooit aan de kant schuiven. Daarnaast was de beperkte erkenning verre van de *100% merdeka* waar ze naar streefden. Hoewel de Indonesische onderhandelaars wisten dat een directe en totale onafhankelijkheid voorlopig een utopie was, konden ze dat onmogelijk aan hun strijdvaardige achterban verkopen. Die bleef zich roeren en keerde zich steeds meer tegen Sjahrirs strategie van *diplomasi*.

Desondanks behield Sjahrir zijn geloof in een diplomatieke oplossing. Wetende dat Van Mook op dezelfde lijn zat, schreef Sjahrir hem in het geheim een brief waarin hij alsnog een overeenkomst tussen Nederland en de Republiek voorstelde. Nederland zou het gezag van de Republiek over Java en Sumatra moeten erkennen en Nederlands-Indië zou opgaan in een Indonesische Vrije Staat. De brief lekte uit, en de radicale vleugel van de Republikeinse beweging was woedend dat Sjahrir alsnog het compromis had gezocht. Hoge militairen en pemoeda-groepen beschuldigden hem van verraad. Daarop werd een complot beraamd waarbij Sjahrir ontvoerd werd en een aantal hoge militairen en politici een staatsgreep voorbereidde. Soekarno kon de coup voorkomen, en in een vlammende radiotoespraak eiste hij Sjahrirs vrijlating. Met resultaat, want de ontvoerders lieten Sjahrir gaan, maar de affaire benadrukte de immense tweedeling in het Republikeinse kamp.[12]

Nederland was al even gespleten over wat inmiddels de 'Indonesische kwestie' was gaan heten. De verkiezingen van mei 1946 hadden een oplossing niet dichterbij gebracht. Integendeel, de uitslag was illustratief voor de tegenstellingen die er leefden. De Katholieke Volkspartij (KVP), die pertinent tegen besprekingen met de Republiek was, werd de grootste, nipt gevolgd door de Partij van de Arbeid (PvdA) die overleg juist onontkoombaar vond. Desondanks vormden de partijen toch een kabinet, met KVP'er Louis Beel als minister-president.

Op binnenlands beleid zagen ze namelijk veel overeenkomsten, maar op het thema Indië had de tegenstelling niet groter kunnen zijn.[13]

Zo ontstond een situatie waarin enkele bestuurders, Van Mook en Sjahrir voorop, begrepen dat ze zonder onderhandelingen nergens zouden komen, maar in eigen land werden gegijzeld door een grote achterban die een compromis zag als verraad. De impasse was compleet.

'De slappe houding staat ons vele al lang tegen,' schreef Evert-Jan naar huis. 'Onze jongens zitten vol vuur om zich in te zetten voor de goede zaak. De revolutie hier moet bedwongen worden. Indië krijgt wel meer vrijheid, maar in deze toestand is het niet mogelijk. We hopen dat onze wapens tot heil zijn voor het Koninkrijk der Nederlanden. Met hartelijke groeten uit de Oost.' Hij had weinig begrip voor de weifelende Nederlandse regering. Zelf waren ze zo daadkrachtig bezig. De legerleiding deelde die mening. Generaal Simon Spoor wilde doordrukken en grotere gebieden veroveren om de rust en orde terug te brengen. Pas als de extremisten waren uitgeschakeld, kon Nederland eventueel nadenken over overleg. Niet met Soekarno, maar met gematigde Indonesiërs. De opdracht aan zijn manschappen op de Grote Postweg was duidelijk: 'Alle verzet breken en den vijand vernietigen op iedere plaats waar hij wordt ontmoet.'[14]

De Nederlandse troepen stelden de route Batavia-Bandoeng veilig door dag en nacht langs de weg en rond de kampementen te patrouilleren. Agressiever dan de Britten eerder, breidden ze het patrouillegebied steeds verder uit om de zo gewilde veilige zone te creëren.[15] 'We hebben het nog al een beetje druk. Altijd patrouilles, die wel eens zwaar en lang zijn. Want als we hier dienst hebben, dan gaat het altijd bergop, bergaf. Door patrouilles houden we de kwade elementen op een afstand. Patrouilles, vooral bergpatrouilles zijn mooi, dan kan je meteen genieten van de natuur.'

Met de heftigste strijd voorlopig achter de rug had Evert-Jan ook meer tijd om van de natuur te genieten. Hij kreeg vaker rustigere taken. 'Tjiandjoer-Soekaboemi-Tjibeber (kruispunt) het verkeer regelen.' Wel bleef het gevaar altijd aanwezig. Milities vielen doorlopend aan en hoewel de Nederlanders die aanvallen meestal gemakkelijk afsloegen, liep het niet altijd goed af. 'Om half drie kregen we bericht dat Pieter Eppen overleden was. Bij een patrouille-actie 's morgens waren ze op een boobytrap gelopen.'

Pieter Eppen was Evert-Jans collega bij de Militaire Politie. Al eerder sneuvelden militairen om hem heen, maar dit was het eerste slachtoffer van Evert-Jans afdeling, 5 MP 1. Het maakte veel indruk op hem, getuige zijn uitgebreide beschrijving van de begrafenis. Wellicht realiseerde hij zich door de dood van Pieter Eppen nog meer dat het lot ook hem zou kunnen treffen. Op de ochtend van de begrafenis vertrokken de MP'ers naar het hospitaal in Bandoeng, waar Pieter Eppen lag opgebaard. 'Met zes dragers gingen we naar de lijkkamer.' Ze droegen de kist naar de wagen die buiten klaarstond, omringd door een vuurpeloton. In een stoet van veertig man schuifelden ze naar het kerkhof aan de overkant van de weg. Tijdens het neerlaten van de kist in het graf loste het vuurpeloton een salvo, waarna de veldprediker nog enkele woorden sprak. Evert-Jan: 'Allen brachten de laatste eer aan soldaat/vriend Eppen door afzonderlijk den militaire groet te brengen. Het eerste offer als dode wat de M.P. heeft gebracht. Hij deed zijn plicht!!'

Ondertussen verliep Evert-Jans eigen militaire carrière voorspoedig. De bevrijdingsacties in Tangerang werkten positief na. In het leger zong de naam van de groep betrokkenen rond als 'Circus Van Dijk', vanwege het stoutmoedige optreden van de luitenant.[16] Daarnaast stuurde de Chinese Vereeniging van Tangerang hen allen een persoonlijke bedankbrief. Ook officieel was er erkenning. Als leidinggevende en initiator van de actie kreeg luitenant Van Dijk de meeste credits. Hij ontving de Bronzen Leeuw, een dapperheidsonderscheiding die alleen de koningin mocht uitreiken.

> 'Wij Wilhelmina, bij de gratie Gods, Koningin der Nederlanden, Prinses van Oranje-Nassau, enz., enz., enz. [...] hebben goedgevonden en verstaan: toe te kennen den BRONZEN LEEUW aan: den, als zoodanig tijdelijk benoemden Reserve-kapitein Petrus Hendricus Marie VAN DIJK, van het wapen der infanterie. [...] heeft zich door het bedrijven van bijzonder moedige en beleidsvolle daden in den strijd tegenover den vijand onderscheiden.'[17]

Verderop in de toekenningsbrief volgt een uitleg over de actie en zijn 'vastbesloten en beleidvol optreden'. De kroon op de brief is de ondertekening: de handtekening van minister van oorlog Alexander Fiévez en daarnaast in lange, krullende letters 'Wilhelmina'. Eén elegante handbeweging, waarin geen zweem van routine merkbaar is.

Van de Chinese vereniging op Java kreeg Van Dijk naast de persoonlijke brief een Banka-tinnen koffiestel cadeau (van het Indonesische eiland Banka). Hij stuurde het op naar zijn vrouw in Bergen op Zoom, die bij ontvangst plots invoerrechten moest betalen. Dat was iets te veel van het goede, en ze weigerde het geschenk. Met veel moeite overtuigde het ministerie van Defensie haar dat zo'n cadeau toch erg bijzonder was.[18]

Belangrijker dan een koffiestel en een brief van de koningin vond Van Dijk de erkenning voor zijn eigen jongens. Die kwam er. De legerleiding bevorderde de mannen die aan de actie hadden meegedaan tot sergeant. Evert-Jan bewaarde er alle documenten van, evenals een kopie van het *Algemeen Bandoengsch Dagblad*, waarin zijn naam staat vermeld onder de Buitengewone Bevorderingen.[19] Ik kan me wel iets van zijn trots voorstellen, want zelf vind ik het ook stoer om mijn opa's naam te lezen:

> 'Bij Koninklijk Besluit No. 55 van 25 September 1946 werd de reserve eerste luitenant der infanterie P.H.M. van Dijk buitengewoon bevorderd tot reserve kapitein der infanterie wegens de snelle wijze waarop hij na zijn plaatsing in de functie van commandant van het detachement Militaire Politie zich heeft ingewerkt in de bijzondere taak van de Militaire Politie op Java in deze bijzondere omstandigheden en om zijn bijzonder moedig optreden bij het evacueeren op 6 en 10 Juni 1946 van uit het bedreigde gebied naar het beveiligde gebied in Tangerang.
>
> Bij beschikking van den Adjudant-Generaal werden buitengewoon bevorderd sergeant O.V.W. [Oorlogsvrijwilliger] J.W. van 't Hullenaar, de korporaals O.V.W. L. van der Meer, J.J. Bos, P. Vreeke, G.H. Peperkamp, C.G. Baljet, A.J. van Kuyl, J.A. Notten, E.J. Nijboer, J. Duiser, J.N. Koolen en A.J.M. van Iersel tot respectievelijk sergeant-majoor O.V.W. en sergeants O.V.W. wegens het vrijwillig deelnemen aan een of beide patrouilles onder den reserve eersten luitenant P.H.M. van Dijk ter evacuatie van door extremisten bedreigde Chineesche mannen, vrouwen en kinderen naar het beveiligde gebied te Tangerang.'

Een politieke oplossing mocht dan ver weg zijn, het militaire leven ging Evert-Jan voor de wind. 'Ons detachement is een groep die prachtig samenwerkt en waar de kameraadschap ook af is.'

14

TROPENKOLDER

In tegenstelling tot Evert-Jan was Gerrit-Jan minder gecharmeerd van het soldatenleven. Toen hij in mei 1946 de mogelijkheid kreeg om zijn diensttijd te verlengen schreef hij Evert-Jan: 'We kunnen nu al voor 5 jaar bijtekenen. Mij niet gezien.' Evert-Jan schreef zelf niets over een dergelijk aanbod. Waarschijnlijk was het ook beter dat hij die optie op dat moment niet kreeg voorgelegd, gezien zijn dadendrang van dat moment. Wel maakte hij zich zorgen om zijn broertje, want na dat bericht was de normaal gesproken zo regelmatige correspondentie plotseling gestopt. Het thuisfront stelde Evert-Jan ook niet gerust. 'Van Gerrit-Jan hebben we in geen twee weken bericht gehad, elke dag verwachten we een brief. Hoe gaat het Evert-Jan, krijg je nog geregeld berichten van elkaar?' Twee weken geen bericht was niet uitzonderlijk. Daar konden allerlei redenen voor zijn, zo besefte de familie Nijboer: 'We hopen spoedig bericht van hem te ontvangen, we moeten ons nog niet te vroeg bezorgd maken, dan kan men altijd wel met een zwaar hart lopen.'

Uit diens brieven wist Evert-Jan hoe zwaar Gerrit-Jans eerste maanden op Java waren geweest. Ook hij had de oorlog vanaf het eerste moment aan den lijve ondervonden. Gerrit-Jan was na hun ontmoeting op Malakka al in januari 1946 in Batavia aangekomen. De Mariniersbrigade, waar Gerrit-Jan toe behoorde, was de best getrainde eenheid van het Nederlandse leger, en dat mochten ze direct bewijzen tijdens hun eerste patrouille.

Op 11 februari waren de mariniers vlak voor middernacht vertrokken, in een zwartere duisternis dan ze gewend waren uit Holland. Gerrit-Jan hield zijn collega vast aan diens riem om hem niet kwijt te raken. De hele nacht liepen ze door de Javaanse bossen. 'Het regende met emmers vol uit de lucht, zoals dat alleen hier kan en maar sjouwen en soms hadden we het echt koud hoor en nat tot op het vel,' schreef Gerrit-Jan aan zijn broer. 'Er werd niet gevraagd: "Gaat het?" Dat snap je wel. Dat wil met oefeningen nog wel 's zo zijn, dat je terug mag, maar dat liep maar voort, Evert-Jan. En pikdonker, zoals je weet in de tropen is het erg donker. Twee meter en dan zie je niets meer.' Pas om tien uur 's ochtends bereikten ze de kampong waar ze naar op weg waren. De nationalistische strijders verwelkomden hen met een spervuur, de kogels zoefden tussen de dicht op elkaar gepakte rubberbomen. Voor de meeste jongens was het hun eerste vuurgevecht. Ze doken naar de modderige grond. Iemand schreeuwde om een hospik. Een luitenant was geraakt door drie kogels en stierf ter plekke. Een vierde kogel bracht zijn assistent hetzelfde lot. Het begin van hun eerste actie, en de eerste doden waren al een feit. Uiteindelijk wisten de mariniers de vijand toch terug te dringen en de kampong te 'zuiveren'. Hun wapens waren professioneler en ze wisten er beter mee om te gaan, waardoor tegenover de twee slachtoffers aan mariniersziijde tachtig Indonesische doden vielen.[1] In detail beschreef Gerrit-Jan de patrouille aan zijn broer, de enige die hem kon begrijpen. 'Wat ik schrijf laat het niet overwaaien naar thuis, naar de Schans.'

Na twee maanden Batavia was Gerrit-Jans bataljon in maart 1946 naar Soerabaja vertrokken, aan de oostkust van Java. Soerabaja oogde mogelijk nog verwoester dan Batavia. De Britten hadden hier een zware stratenoorlog met de Republikeinse troepen uitgevochten. Tanks hadden de straten stuk gereden, huizen waren verwoest.[2] Uiteindelijk veroverden de Britten Soerabaja tegen het eind van 1945, maar de strijd ging wel gepaard met vierhonderd Britse en zesduizend Indonesische doden.[3] De Britse troepen gaven de controle van de stad over aan de mariniers. Zij kregen als taak de verdedigingslinie aan de rand van de stad te bewaken en de elektriciteitscentrales, bruggen en opslagplaatsen voor munitie en olie te beschermen.[4]

In Soerabaja was het geen moment rustig. Indonesische strijdgroepen vielen dagelijks aan en ook hier sneuvelden kameraden van Gerrit-Jan. 'Toen kregen we ineens een stoot vuur waar je even bij denkt: teveel om mooi te zijn. We moesten zwaar in de dekking en al direct viel een marinier en een zwaargewonde die later stierf aan bloedverlies en nog vier werden zwaar gewond.'

En toen volgde die radiostilte. Opnieuw kreeg Evert-Jan een brief van zijn familie. 'Van Gerrit-Jan hebben we in een maand geen bericht gehad. Hoe of dat zit weet ik niet, misschien een knoop in de post, en er wordt over gepraat dat ze overgeplaatst zijn, waar naar toe.....?' Eén maand werd twee maanden. 'Van Gerrit-Jan hoorden we een hele poos niets meer. We wisten niet beter of dat hij gesneuveld was,' vertelt zijn jongere broer Henk me als ik er met hem over praat. Ook Evert-Jan hoorde niets meer.

'Opeens reed er een Rode Kruis-wagen voor ons huis met Gerrit-Jan erin,' gaat Henk verder. Een jaar na zijn vertrek dook Gerrit-Jan weer op in de Schans. Natuurlijk was de familie blij met zijn komst, blij dat ze hun zoon en broer weer zagen en dat hij nog leefde. Gerrit-Jan vertelde dat hij na de lange bootreis van Indië naar Nederland in het Wilhelmina Gasthuis in Amsterdam had gelegen. In het ziekenhuis was hij snel opgeknapt, zodat de dokters hem terug naar Overijssel hadden gestuurd. Maar behalve blij was iedereen ook nieuwsgierig naar de reden van zijn plotselinge terugkeer. Toen Evert-Jan van zijn broertjes thuiskomst hoorde, schreef hij hem: 'In dit jaar is er heel veel gebeurd: Vader niet meer op aarde. Jij niet meer in Indië. Dat vond ik wel jammer eerst, beste jongen. Waarom je terugging, moest, begrijp ik niet zo goed. [...] Ik had nooit angst hier, was niet bang, wat ik ook van jou begreep. Kende je wel angst of zoiets? Waarom terug toch? Wil je 't zeggen? In ieder geval als je 't niet zegt, ook goed dan.' En Gerrit-Jan zei er niets over.

Zeventig jaar later is er van Gerrit-Jans spullen weinig bewaard gebleven. Hij schreef en verzamelde niet zoveel als zijn oudere broer, waardoor ik de informatie over Gerrit-Jan vooral uit de correspondentie met Evert-Jan moet halen. Het beetje materiaal waar de familie nog over beschikte ging bij een verhuizing verloren toen een emmer water boven op de doos met documenten gelekt bleek te hebben. Met behulp van een van zijn zonen vraag ik zijn dossier op bij het ministerie van Defensie. Daarin staat dat hij in Soerabaja drie weken in een inrichting heeft gelegen voordat hij eind juni naar Nederland werd gebracht. 'Zeer vreemd gedrag' is de enige motivatie voor zijn opname. 'Overspannen. Hij kon het niet aan in Indië,' is het oordeel van Henk zeventig jaar later. Dat is alles wat hij ervan weet. 'Gerrit-Jan vertelde nooit over hoe Indië was geweest.' Zo bleef de reden achter zijn 'overspannenheid' onduidelijk.

Indië – Batavia, 2 aug. 1946

Beste broer Gerrit-Jan,

Op deze avond ga ik eerst jou schrijven. In de Oost is met mij alles goed. 'k Had al een paar brieven van moeder gehad, waarin stond dat je in Amsterdam lag. [...] Deels was ik blij. Je leeft nog, flitst allereerst door mijn hoofd. Ik was ook teleurgesteld. Dat kwam, we waren samen als broers gegaan, bezield met gelijke idealen, die wij nastreefden. We steunden elkaar zo, waren als broers ook wapenbroeders. Daar snappen onze vrienden of wie ook maar in Holland niks van. [...] De Jappen waren nog grotere beesten dan de Duitsers. Daarom mis ik je ook. Je vond het erg als er een vriend sneuvelde. Als er 6, zoals van ons, in hinderlaag liepen – dood zijn gemaakt en hoe zijn dood gemaakt. Nog erger dan beesten. Dan hebben we emoties. Kameraadschap bestaat echt als je het leven samen onder ogen ziet en de dood in de ogen hebt gekeken. Bij zovelen ook die sneuvelden en nog zullen vallen. Wat was het mooi dan een broer in Indië te hebben, uit hetzelfde hout gesneden, eenzelfde denkwijze zo ongeveer over idealen, geloof en nog meer. Kameraadschap van je broer is mooi, bijzonder. Dat zal ik nu missen Gerrit-Jan. [...] G.J. jij begrijpt ook wat hier gevaarlijk is en moeilijk. We kunnen denken vanuit onze opvoeding. Dat sterkt en steunt altijd. De marinier had een heel goede naam als soldaat, waar ik trots op ben als ik daar weer over lees. [...]

Tabé dan Gerrit-Jan. Een stevige poot van de andere kant van de planeet aarde. Gods zegen.

Evert-Jan

Dat Gerrit-Jans terugkeer Evert-Jan enigszins verraste is niet zo gek. In Gerrit-Jans eerste brieven bespeur ik namelijk nog geen enkele twijfel of problemen. Zijn lichte toon ademt het enthousiasme van een jonge avonturier. Hij schreef over 'de boertjes uit de Schans' die zoveel van de wereld zien. 'Nooit zoiets gedacht.' Hij dolde zijn broer met zijn functie bij de Militaire Politie: 'Je slingert me straks als M.P.-er niet op de bon, want dan kon je weleens problemen krijgen met marinier Nijboer. Mariniers hebben schijt aan M.P.-ers, goed begrijpen baasje. Wat een slap gelul. Ophouden dus ermee.'

Met het toenemen van de gevechtsacties veranderde ook de toon van de brieven. Logisch, want hij begaf zich niet meer tussen vliegende visjes op de Grote Oceaan, maar tussen sneuvelende kameraden. 'Verleden week twee man op een mijn. Toen de ziekenverpleger erbij, die pakte de tas, liep vlug naar de gewonde en liep zelf op een mijn en dood.' Net als Evert-Jan sprak hij fel over de tegenstanders: 'De extremisten en Soekarnisten hebben wel een hekel als wij de kampongs komen doorzoeken, want dan beginnen we te schieten, en dan krijgen ze de volle laag, en dan willen ze wel lopen die smeerlappen – de ploppers.' Maar meer dan Evert-Jan was hij zich bewust van de veranderende tijdsgeest. 'Het zal hier wel anders worden als voor 1940.' Hij zag in dat de Nederlandse kolonie van voor de oorlog geen vanzelfsprekendheid meer was. Dat er onderhandeld moest worden met de Indonesische vrijheidsbeweging. 'We zullen hopen dat de wapens gauw neergelegd worden en dat het vrede wordt in dit mooie land. Maar als het uitgevochten moet worden met dit handjevol mensen... Het zullen wel onderhandelingen moeten worden, dat is beter dan bloed laten vloeien.' Desondanks had Gerrit-Jan weinig vertrouwen in de diplomatieke vaardigheden van de politici. 'Wat vloeit hier een bloed door die verwarde toestanden. Niets geleerd. Oorlogen zullen steeds doorgaan en steeds zullen jonge mensen sneuvelen, dat is een vaststaand feit.'

De oorlog als permanent gegeven maakte hem pessimistisch, maar echt afschrikwekkend vond hij de manier waarop de oorlog in Indië gevoerd werd. 'Ik kan wel al zeggen dat het hier anders is dan toen in Europa. Daar en toen wist je wie de vijand was en waar die zat. Hier weet je niet wie de vijand is: een tani [boer] die z'n groente met de pikolan [draagstok van bamboe] naar de markt brengt of die ook wapens of handgranaten vervoert misschien. Het zijn vaak fanatieke sluipmoordenaars. Hier in Soerabaja in de haven hebben ze een van de mariniers gekidnapt en dat is het slechtste zo van je leven beroofd te worden, want zij zijn dan beesten. Dat kom je nog wel te weten, want zelf zul je er achter komen hoe gemeen, vals en smerig die strijd hier is.' Het is een terugkerend thema in Gerrit-Jans laatste brieven; nooit weten wie je kunt vertrouwen en waar de vijand zit. Was dat uiteindelijk de oorzaak van zijn voortijdige thuiskomst?

Dat de Indonesische nationalisten guerrillatactieken gebruikten was logisch. Ze hadden minder materieel, waren minder goed opgeleid en kozen daarom voor een strategie van psychologische oorlogsvoering en uitputting. Eén waarin ze de vijand, de Nederlandse soldaten, konden verrassen, afmatten en ontregelen. Daarbij hoorde het gebruik van extreem geweld, zoals historica Stef Scagliola schreef in haar studie *Last van de oorlog*. Soms werden soldaten en burgers verminkt, waarbij ledematen en geslachtsdelen werden afgesneden met als doel om het moreel van de tegenstander te breken.[5] Evert-Jan had het extreme geweld al ervaren, bij de lugubere dood van zes collega's in Pesing en bij de Chinezenvervolging in Tangerang. Dat soort geweld ging het voorstellingsvermogen van veel Nederlandse militairen te boven, en had daarmee het gewenste effect. En dat ontregelende was precies waar Gerrit-Jan zo'n moeite mee had: 'Altijd zitten ze in kampong, dat valt niet op tussen de dorpsmensen en is veiliger dan op de vlakte. Ze zijn ook meestal als burgers gekleed. De inlanders nemen de benen en dan kun je ook niet schieten ervan uitgaande dat het burgers zijn. Weten doe je 't niet. Dat is zo smerig, want een boer kan je vijand zijn, die een handgranaat bij zich heeft en die is echt voor ons bedoeld.'

Andere soldaten ervoeren hetzelfde, zoals soldaat Ed Zijlemaker: 'Dit was typisch het karakter van een guerrillaoorlog, het ene ogenblik met een picke [soort hakgereedschap] aan het werk in de sawah, even later met een geweer achter een dijkje om je onder vuur te nemen. Het probleem was voortdurend dat niemand te vertrouwen was.'[6] De mannen stonden daardoor onder constante spanning. Eén moment van verslapping kon fataal zijn, zo schreef soldaat Doensen:

‘Als je op patrouille bent: die angstige stilte, die donkere kampongranden. Waar zit de vijand? Wanneer valt het eerste schot? Als het eerste schot gevallen is, breekt de spanning en wordt er geschoten en gevochten. De zenuwen ontladen zich om wraak te nemen op onze gesneuvelde jongens. Het is eigenlijk geen leven meer. Zenuwachtig rollen we van de ene dag in de andere.’[7]

Niet iedereen kon die druk aan. Soldaten kregen angstneuroses of depressies, waarbij de ergste gevallen simpelweg doorsloegen. Hospik Van Helvoort was zo’n militair. Zijn dagboekverslag illustreert hoe hij een moment van krankzinnigheid beleefde: ‘Ik heb gisteravond van ellende een paar keer door het dak van ons hok geschoten. Ik had een paar borrels gedronken maar die vielen niet goed, ik kreeg er de koude rillingen van. Er speelde iets door mijn kop, en ik moest een daad stellen, iets afreageren, ik heb mijn pistool gepakt dat sinds Modjokerto [Javaanse plaats] altijd onder mijn hoofdkussen ligt, heb zonder dat ik het wist wat ik deed door het plafond geschoten en ben met het pistool op het plafond gericht op mijn tampatje [bed] blijven liggen. Ik sliep niet en toch was ik niet wakker, het was net een roes. [...] Ik weet niet wat het is, ik knap steeds af in mijn vrije uren, het is net of er dan een boze geest door me heen waait.’[8]

Dat soort incidenten gebeurde vaker, ‘variërend van plotselinge, oncontroleerbare woede-aanvallen, naakt om het kampement heenhollen, schieten op vuurvliegjes of gekleed en met volle bewapening de mandiebak [betegelde, met water gevulde bak om je mee te wassen] induiken.’[9] Het totale aantal geesteszieken is niet precies bekend. De legerleiding had weinig belang bij registratie en transparantie. Het zou het moreel alleen maar schaden. Wel bestaan er onderzoeken over afzonderlijke onderdelen, zoals over de Zeven December Divisie. Vijf procent van de circa zeventienduizend man van die divisie vertoonde psychische stoornissen, zo rapporteerde divisiepsychiater Kramer.[10]

Iemand met psychische problemen ging in eerste instantie naar de divisiepsychiater of werd opgenomen in het bataljonsziekenverblijf. Als dat niet werkte werd diegene, net als Gerrit-Jan, 'op korte termijn afgevoerd naar Holland en ongeschikt verklaard, waarbij je de vraag kon stellen of we dat in principe niet allemaal waren,' zoals soldaat Zijlemaker het verwoordde.[11] De soldaten die noodgedwongen terugkeerden werden op het schip ingedeeld naar de zwaarte van hun problemen. Een soldaat die meevoer op zo'n schip schreef: 'In het voorschip, een heel ruim, zaten allemaal mensen met een lichte vorm van 'tropenkolder'. Op het achterschip daar mochten wij niet komen; ik ben er wel geweest. Daar stonden grote stalen kooien op en daar zaten knapen in die waren volslagen gek, want die vlogen zo tegen het gaas op. Als die kooien er niet stonden zouden ze zo over boord springen.'[12] In Nederland werden de ongelukkigen naar een ziekenhuis gebracht. Daar verliep het herstel vaak voorspoedig, althans volgens de legerleiding. Velen mochten al snel terug naar huis, zoals ook Gerrit-Jan. Dat de problemen op lange termijn konden terugkeren, kwam bij niemand op. Eenmaal thuis kregen de families vaak met getraumatiseerde veteranen te maken. Mannen die in hun nachtmerries wild om zich heen sloegen, bij elke knal naar de grond doken of altijd met een pistool onder hun kussen sliepen.[13] In de jaren negentig wees psychologisch onderzoek uit dat 7,3 procent van de Indiëveteranen waarschijnlijk een posttraumatische stressstoornis (PTSS) had, maar in de jaren veertig bestond deze aandoening nog niet.[14]

Defensie nam Gerrit-Jans problemen dan ook niet al te serieus. 'Gerrit-Jan kreeg nog weer een oproeping voor de dienstplicht. Gisteren en vandaag moest hij voor de keuring te Almelo. Gisteren is hij in alles 1e klas goedgekeurd,' schreef moeder aan Evert-Jan. 'De dokter van vandaag had gevraagd of hij ook weer in dienst wou. "Liever niet", had G.J. gezegd. En [de dokter] had gevraagd naar zijn ziekte en hoe dat gekomen was. G.J. had gezegd, dat hij dat zelf ook niet wist. Gerrit-Jan heeft nu vrijstelling. Waar hij zelf ook blij van is en wij allemaal. Ik zou het ook geweldig jammer gevonden hebben als hij nu nog weer in dienst moest.' Gerrit-Jan leverde zijn dienstgoed in en kreeg zijn ontslag. 'Voorgoed ongeschikt' was de uiteindelijke conclusie. Een nieuwe reis naar Indië bleef hem bespaard.

Tjiawi, 5 sept. 1946

Beste broer,

In deze ogenblikken wil ik even extra een paar woorden aan jou richten. Door Gods goedheid is hier op Java alles in orde. Van jou heb ik ook goede berichten gekregen, waar ik ten hoogste over ben verheugd.
17 sept. 1945 zat je in "Lejeune" in U.S.A. In een jaar kan er veel gebeuren, is er echter veel gebeurd. Vader is niet meer. Jij hebt je taak als "Marinier" moeten opgeven. Waarom? Ja dat hebben juist wij niet uit te maken. Over dit alles, beslist God, die geen verantwoording aflegt over Zijn daden.

Daarom: Hartelijk Gefeliciteerd met je 20e verjaardag Gerrit-Jan! God zij met U op je verdere levensweg!

Tabé Gerrit-Jan,
Met hartelijke groeten van Evert

15

GODS HAND

Zo moest Evert-Jan verder in Indië zonder zijn broertje. Hij had Gerrit-Jan weliswaar sinds Malakka niet meer gezien, maar zijn brieven waren een steun voor hem, wetende dat ze dit avontuur samen aangingen. Ondertussen veranderde de taak van de W-Brigade. Het veroveren van gebieden maakte plaats voor het handhaven van de veiliggestelde zone. Daarmee nam de druk iets af, zoals in een gedenkboek over de W-Brigade staat opgetekend: 'De patrouille-activiteit verzwakte niet, maar er kon weer eens een bioscoopje af in dat genoegelijke Chinese theater, waar de plaatsen een dubbeltje, en de geluidstechniek een trommelvlies kostten.'[1] En zo vulden de dagen zich met patrouilles door de bergen van de Preanger, af en toe afgewisseld met een speciale opdracht.

'Na de middag naar de theefabriek Gunung Mas, waar een 20 ton boeken van de boekhandelaar Kolff van Batavia lag opgestapeld.' Boekhandel en uitgeverij G. Kolff & Co. was al sinds halverwege de negentiende eeuw een begrip in Nederlands-Indië. Vanuit het deftige hoekpand in het centrum van Batavia was Kolff uitgegroeid tot de belangrijkste uitgeverij van de kolonie. Indische kranten als de *Java-Bode* en het *Bataviaasch Handelsblad* ontwikkelden zich van advertentieblaadjes tot volwaardige nieuwskranten.[2] In 1931 kreeg Kolff zelfs het predicaat Koninklijk, waarna het verderging als N.V. Koninklijke Boekhandel en Drukkerij G. Kolff & Co.[3] De Japanse bezetting maakte een einde aan de voorname status van het bedrijf. De Japanners wilden Nederlandse elementen zo veel mogelijk uit de samenleving verstoten.[4] De tijd van de koloniale onderdrukker was voorbij, zo was de boodschap. Met het Japanse verbod op de Nederlandse taal verdampte de waarde van de Nederlandse boeken. De Japanners hadden andere plannen met de boeken van Kolff. Ze brachten ze naar de theeplantage Gunung Mas, waar ze de boeken tot bruikbaar papier konden verwerken.

Het Japanse bewind had echter te kort geduurd om alle boeken te vernietigen, en nu kreeg de Militaire Politie de opdracht om de voorraad heelhuids naar Batavia terug te brengen. Voor het sorteren van de enorme hoeveelheid boeken zette de MP gevangenen in. Dagenlang werkten ze in de fabriek, in een wat kleurloze hal op de top van een heuvel omringd door heldergroene theevelden. Van daaruit werden de boeken in trucks geladen en richting Batavia gebracht. Niet alle boeken keerden terug, zo schreef de *Nieuwe Courant*: 'In verhouding met wat Java voor de Japansche bezetting aan boeken bezat, is de stock die Kolff van verwerking tot pakpapier in den papiermolen heeft kunnen redden, niet groot.'[5] Groter was de symbolische waarde. Men kreeg het idee dat de Nederlands-Indische maatschappij weer opkrabbelde, hoe onterecht ook in het nog altijd ontwrichte Java. *Het Dagblad* uit Batavia: 'De boekhandel in Indië gaat herleven. Er wordt thans hard gewerkt om het Indische publiek, welks geestelijke behoeften door de omstandigheden zoo lang verwaarloosd moesten worden, spoedig in de gelegenheid te stellen zich weer van goede lectuur te voorzien.'[6]

Al die tijd correspondeerde Evert-Jan met zijn familie. En wederom was het een onheilspellend bericht van het thuisfront dat zijn positieve gevoel over een geslaagde actie wegnam.

De Schans, 26 okt. 1946

Beste broer Evert-Jan,

Ik wil je in het kort even een paar letters schrijven. Dit keer bijzondere omstandigheden. Frederik is ernstig ziek. Hij wordt verpleegd in het R.K. Ziekenhuis te Zwolle, omdat hij zenuwoverspannen was. Maar deze week Woensdag kregen we telefonisch bericht, dat Frederik bloedvergiftiging had en wensten dat een van de familieleden zou overkomen omdat de toestand ernstig was. Donderdag is moeder er naartoe geweest. Volgens moeder is het heel ernstig, want hij is geweldig bleek en mager, eten doet hij haast niet meer. [...] De dokter zegt dat het nog niet helemaal zonder hoop is, maar Frederik zelf zei dat hij niet weer genezen kon. [...] en voegde daar aan toe "ik ga naar den hemel". [...] Evert-Jan ik zal het hier maar bij laten, hopend dat je deze brief in goede gezondheid moogt ontvangen. En als de mogelijkheid bestaat om over te komen, dat hadden wij natuurlijk heel graag. Verder is alles best.

Ontvang de hartelijke groeten van ons allen, in 't bijzonder van je broer,
Gerrit

In de brieven van en naar Frederik lees ik hoezeer Evert-Jan op zijn broertje gesteld was. Hij moedigde Frederik aan om het goede te doen en hard te werken. Toen Frederik vertelde dat hij was aangenomen als boerenknecht, schreef Evert-Jan: 'Nieuw geld en nieuwe kansen. Doe je best maar. Maak wat er van te maken is. Iemand met frisse hersens en verstand en goede wil, wordt niet achteruitgezet, en bereikt ook altijd wat.' Evert-Jan verheugde zich elke keer op Frederiks verhalen over de boerderij in de Schans. 'Zoals ik las hebben jullie de aardappels er mooi vroeg uitgekregen. Fijn hoor! Want al ben ik duizenden kilometers weg, toch ligt mij de boerderij na aan het hart en ik hoop altijd dat het goed gaat, en ben dan ook heel blij als ik hoor dat alles goed draait.' En plots lag die vrolijke, altijd actieve Frederik hulpeloos in een Zwols ziekenhuis.

Drie dagen later volgde een update van moeder: 'Verleden Donderdag was het erg, toen kregen we bericht per telefoon dat hij erg ziek was, ik ben er dadelijk naartoe gegaan, maar het viel me erg tegen, ik had niet gedacht dat het zo slecht zou zijn, maar hij lag er bijna als een lijk, zo geweldig afgevallen sinds ik er Vrijdags daarvoor geweest was, toen had hij nog kleur als altijd.' De doktoren weten de bloedvergiftiging niet te stoppen. Moeder deed nogmaals een beroep op Evert-Jan: 'Gerrit heeft al gevraagd om over te komen, dat moet je maar eens zien als je er kans op ziet, heel graag Evert-Jan.'

Maar een paar dagen later meldt Evert-Jans dagboek:

> 'Telefoon ontvangen dat Frederik overleden is. Oorzaak bloedvergiftiging.'

Vijf maanden na de dood van vader Hendrik overleed opnieuw een gezinslid, de zestienjarige Frederik. Had ik mijn opa's verhaal in romanvorm geschreven, dan had ik niet zoveel ellende in één jaar gestopt. Te ongeloofwaardig.

De familie leek in eerste instantie rationeel te reageren, ook dankzij het onvoorwaardelijke geloof in God. Het was waarschijnlijk de enige manier om alle ellende te verdragen. Op Frederiks sterfbed lazen zijn broers hem voor uit de Bijbel, en zongen ze samen psalmen. 'Hij zag ook niet tegen het sterven op, want hij wist dat hem een beter Vaderland wachtte. [...] Dit is een rijke troost voor ons allen te weten dat

Frederik thans in het Vaderhuis hierboven is, waar hij voor eeuwig verlost is van alle lijden,' schreef Gerrit.

'Ja neef, wij kunnen ze niet missen,' schreef Evert-Jans nichtje Geertje, 'maar als zij dan zo heerlijk ontslapen, och neef dan moogen wij ook niet treuren. Al valt het ook soms zo zwaar. Maar het wordt ons niet van mensenhanden aangedaan, maar van Gods hand. Hij weet wat goed voor ons is.' God zal een enorme steun geweest zijn, maar bij het lezen van zoveel berusting voel ik toch ook irritatie. De dood van een vader en broertje binnen vijf maanden is toch niet te verkroppen? Waar was de woede, het onbegrip?

Ook Evert-Jans eerste bericht terug had een zakelijke toon. Hij gedroeg zich naar zijn rol als gezinsoudste: 'Ik ben het met je eens; we zullen hem als een lieve broer nooit vergeten. Was er één van ons zo zacht en zorgzaam en eerlijk, en in het werk zo ijverig als hij? Ik zeg dit niet om de wond weer vers te maken, maar om een voorbeeld te nemen aan hem. Werk en leef toch als broeders samen en steun moeder in deze dagen van verdriet zoveel als je kan.'

Die emoties kwamen jaren later wel naar boven toen Evert-Jan in 2000 alle correspondentie teruglas uit die tijd. In een van de brieven vertelde Gerrit dat ze de dokter hadden gewaarschuwd voor Frederiks verslechterde toestand. De familie zag zijn kleur langzaam wegtrekken. 'Ja toen is het steeds erger geworden, wat de dokter niet merkte. Dat begrijp je dan toch niet? Hij heeft bloedvergiftiging door het hele lichaam, en Zondag j.l. was het gevaar nog niet geweken. Maar de dokter zei, dat we moeten afwachten, hoe dit verder gaat.' In 2000 schreef Evert-Jan er de volgende opmerking bij: '(dat was 27 October en Freek overleed 1 november. Je ziet dan hoe goed gewone mensen met een gewoon verstand het heel vaak beter zien dan hoogopgeleide Professoren, of wie dan ook maar. Dat is dan wrang voor de familie; de nabestaanden! EJ).'

Ik vind het eigenlijk wel bevredigend dat Evert-Jans woede toen alsnog aan de oppervlakte kwam, dat hij zich er niet helemaal bij neer kon leggen als ware het de wil van God. Zijn broertje Henk vertelt me dat de acceptatie natuurlijk veel moeizamer ging dan de papieren realiteit doet vermoeden. 'Als hij antibiotica had gekregen, had Frederik het kunnen redden, maar dat kwam pas later beschikbaar. De schok was enorm, zeker voor moeder.' Evert-Jans laatste brief aan Frederik kwam niet op tijd, waardoor hij het met zijn moeders troostende woorden moest doen: 'Nu Evert-Jan ik wens je van harte 's Heeren nabijheid en troost toe, in deze moeilijke dagen. De brief die je Frederik geschreven had, mocht hij niet meer ontvangen. Zaterdag 9 november ontvingen we hem.'

16

WAPENSTILSTAND?! NONSENS

Bij het overlijden van een dierbare is het altijd cru dat de wereld maar doordraait alsof er niets is gebeurd. Zou Evert-Jan dat cliché ook hebben gevoeld na Frederiks overlijden? Zelf stond hij twee dagen later alweer op wacht. Op het hoogste politieke niveau hadden ze ondertussen wel wat anders aan hun hoofd dan het persoonlijke leed van een militair. Er was namelijk weer beweging in de onderhandelingen gekomen, als gevolg van de alsmaar verschuivende machtsverhoudingen. Na het weifelende begin vorderden de besprekingen tussen Nederland en de Republiek inmiddels als in een zinderende roeirace, waar bij elke slag de leidende positie op de ander weer wordt heroverd. De Nederlandse erkenning had de Republikeinse positie in eerste instantie aanzienlijk verbeterd. Richting het najaar keerden de kansen echter weer in het voordeel van Nederland. Na de toelating van de eerste oorlogsvrijwilligers was overal strijd ontstaan – Evert-Jan had er middenin gezeten – waarbij het Nederlandse leger flinke vorderingen had gemaakt. Nu domineerden de Nederlanders. Ze hadden de konvooiweg Batavia-Bandoeng in handen gekregen en bezetten steeds grotere gebieden.

Het militaire succes van de Nederlanders was natuurlijk een tegenvaller voor de Republikeinen. Met name de tegenstanders van een diplomatieke koers zagen hun kans op *100% merdeka* slinken. Nederland vergrootte ondertussen de troepensterkte door na de inzet van KNIL-soldaten en oorlogsvrijwilligers nog eens tienduizenden dienstplichtigen op te roepen. Eind september 1946 vertrok het eerste schip met drieduizend jonge soldaten aan boord en in de maanden daarna zouden nog vele schepen volgen. De komst van al die dienstplichtigen versomberde het perspectief voor de Republikeinen.[1]

De Nederlanders versterkten hun onderhandelingspositie verder door wel een akkoord te sluiten met de zogeheten buitengebieden; alle gebieden behalve Java en Sumatra. In Malino, op het eiland Celebes, bereikte luitenant-gouverneur-generaal Van Mook met vertegenwoordigers van vijftien gebieden een overeenstemming over een toekomstige staat. Hij hoopte dat het akkoord 'misschien het steunpunt voor de koevoet [was] waarmee Java uit zijn voegen getild [kon] worden.'[2] Dat werkte, want Sjahrir reageerde positief op de Malinoconferentie. Het gaf hem een argument om zijn veeleisende achterban te laten zien dat *diplomasi* kon werken.

Die ontwikkelingen leidden ertoe dat Nederland en de Republiek in het najaar opnieuw om de tafel plaatsnamen, mede onder druk van de Britten, die Indonesië eigenlijk al maandenlang wilden verlaten. Dat deden ze liever niet zonder een akkoord tussen de strijdende partijen, bang als ze waren voor een massale confrontatie. Nederland stelde ditmaal een speciale onderhandelingsdelegatie samen, een commissie-generaal.[3] Van Mook nam zelf zitting in de commissie, waarvan de in mei afgetreden minister-president Schermerhorn voorzitter werd. Het overleg dat volgde verliep voorspoedig, want op 14 oktober kwamen Nederland en de Republiek een wapenstilstand overeen. Dat was het startpunt voor verder overleg, op zoek naar een oplossing voor het conflict. In november trokken de onderhandelaars daarvoor naar het koele Javaanse bergplaatsje Linggadjati, ver weg van het drukkende Batavia. Na dagenlange vergaderingen lag er een principeovereenkomst waarin Nederland de facto erkende dat de Republiek het gezag over Java én Sumatra uitoefende en een toekomstig soeverein Indonesië toezegde. Wel in de vorm van een federatieve staat: de Verenigde Staten van Indonesië, onderdeel van een Nederlands-Indonesische Unie, met de koningin aan het hoofd.[4] De onderhandelaars hadden hun doel bereikt. Soekarno stemde in, en nu moest alleen het kabinet in Den Haag nog zijn fiat geven.

In een brief naar een van zijn broers besprak Evert-Jan zijn pessimisme over de onderhandelingen: 'Zeg kerel, nou meuj es heuren. Wej hebt wapenstilstand!' schreef hij, voor de afwisseling het dialect van thuis gebruikend. 'Neen, ik weet ook niet wat ik daarvan zeggen moet. Als ze tot een overeenkomst komen die in het welzijn van Groot-Nederland was, dan gaan wij ermee akkoord. Nou, je begrijpt dat we nooit met een stelletje TRI samen gaan werken. [...] want de ploppers en rampokkers (communistische, op winst beluste extremisten, revolutionairen) verstaan alleen maar de stem van de karabijn of bren of hoe je die dingen ook noemen wilt.'

De Indische gemeenschap voelde net zo weinig sympathie voor het overleg.[5] Bobby, die tot dan toe geen letter aan politiek had verspild, schreef Evert-Jan: 'Wapenstilstand?! Het oordeel hier is, dat het maar nonsens is. Omdat we niet met de regering vechten, maar met de benden. [...] Veilig, Evert? Hoe kan je nu praten over veilig? Gisternacht was er weer een actie ingezet. [...] De 7 December Divisie werd aangevallen door een bende extremisten die allemaal gewapend waren met Tommy guns. Het hele zooitje werd in beslag genomen. Daar gaat je wapenstilstand en je veiligheid. [...] Recht en vrijheid, die laat je toch niet zo maar varen. En je kameraden die daarvoor hun bloed gaven, die daarvoor gestreden hebben; die geven niet voor niets hun bloed en hun leven. En daar mag menig Indo en Indonesiër die schoon genoeg heeft van de hele Republiek, dankbaar voor zijn.' Met een bijgevoegd versje illustreerde ze haar gedachten over de 'hoge heren':

'Terwijl in kampen in diep Java,
nog duizenden gevangen zijn.
Terwijl daar velen van bezweken,
of vrienden zijn van ons Maag're Hein.
Zit hier ter stede een commissie,
die eet en drinkt en reist en praat.
En als de zaak niet vlot wil lukken,
van vooraf aan beginnen gaat.'[6]

Het akkoord van Linggadjati verscherpte ook de toon van Evert-Jans brieven naar huis: 'U begrijpt dat wij ons dan ook wel erg bedrogen voelen door de Regering, Commissie-generaal en de G.G. [gouverneur-generaal Van Mook] [...] De Commissie-generaal is nog nooit in de rimboe geweest, waar de mensen naakt lopen (letterlijk) en van ondervoeding wegkwijnen. Zo'n hulpbehoevend volk wordt nu in handen gegeven van een stelletje landverraders en bandieten van vroeger (welke nu de leiders zijn).'

In Nederland bleven de meningen verdeeld. Evert-Jan: 'Met genoegen volgen we dan ook de redevoeringen in de Tweede Kamer van de heren als: Bruins Slot, Schouten, Romme. We zien hieruit dan toch dat die rechtse partijen de mening van een groot gedeelte van het Hollandse volk, van de O.V.W.-ers vertolken.' Inderdaad ageerden de rechtse kopstukken – KVP-voorman Carl Romme en ARP'ers Sieuwert Bruins Slot en Jan Schouten – fel tegen de commissie-generaal. Bladerend door Evert-Jans documenten vind ik nog een *Trouw*-artikel dat hij heeft bewaard over diezelfde Schouten en Bruins Slot, waarin zij de 'lof voor de troepen' uitspreken: 'Wij hebben den stelligen indruk gekregen – aldus de heer Schouten – dat in die gebieden waar de bevolking zich vrij kan uiten, zij grote waardering heeft voor het optreden der Nederlandse troepen.'[7] Schouten en Bruins Slot stelden zich uitgesproken voor de troepen en tegen de onderhandelaars op, en Evert-Jan volgde standvastig de lijn van zijn eigen protestants-christelijke zuil. Toch leek het conservatieve pad van de Anti-Revolutionaire Partij doodlopend te zijn, want met haar onbuigzame tactiek stelde de ARP zich buiten het debat.[8] Die tactiek kon niet voortkomen uit onwetendheid, want dankzij de vele zendingswerkers in Indonesië kreeg de top van de ARP wel degelijk ook een ander geluid te horen, een geluid dat hen vertelde dat het koloniale tijdperk voorbij was en men de Republiek serieus moest nemen.

Zo'n zendingswerker was dominee Jo Verkuyl. Wonende in Batavia kende hij de andere kant van het verhaal en onderhield hij zelfs vriendschappelijke contacten met Sjahrir.[9] Toen hij naar Nederland reisde om de top van de ARP te overtuigen om naar de Indonesiërs te luisteren, zette Schouten hem weg als een verrader: 'Met die Verkuyl valt niet te praten. Er is een engel voor hem uit de hemel gevallen en die engel heet Soekarno.'[10] Verkuyls relaas had slechts op enkele individuen effect. In *De eeuw van mijn vader* beschreef Geert Mak hoe zijn vader, Catrinus Mak, ook zendingsdominee in Indië, zijn mening wél bijstelde na ontmoetingen met Verkuyl. Die vertelde dominee Mak verhalen 'van binnenuit'. Zodoende raakte hij 'overtuigd van de principiële rechtvaardigheid van de nationalistische zaak [van de Indonesiërs].'[11] Ook in de kerken van Batavia verkondigde Verkuyl zijn mening, bijvoorbeeld tijdens een bezoek van Evert-Jan aan de Willemskerk: 'Om 10 uur naar de kerk, waar Ds. Verkuyl voorging. Om half 5 was er een vergadering, waar Ds. Verkuyl een onderwerp had: "De geestelijke achtergrond van het Indonesisch probleem." In zijn betoog stond hij meer vrijheid toe aan Indonesië en wees op verschillende fouten, gemaakt voor '40. Om een volk zelfstandig te maken en verantwoording te leren dragen, moet men het verantwoording opleggen en toekennen, aldus Ds. Verkuyl.' Maar in tegenstelling tot Catrinus Mak kon Verkuyl Evert-Jan niet overtuigen. Zijn afkeer van

Linggadjati en steun voor de ARP bleef. De ingezette militaire koers was volgens hem de juiste, want hij zag toch zelf hoeveel ze betekenden voor de mensen op Java? 'Deze mensen waarderen ons, dat wij soldaten, van zover hen beschermen. Zonder ons had 't er slecht gestaan, waren ze misschien wel dood; want er zijn hier nogal wat mensen omgebracht toen wij er nog niet waren. [...] Nu is men niet zo bang meer en wordt 't rustiger, mensen werken weer en lachen ons toe.'

Voor het eerst sinds Evert-Jans komst leek de situatie te kalmeren, en hoewel die nog altijd gespannen was 'werden [de troepen] op groote schaal met verlof gestuurd hetgeen noodzakelijk werd i.v.m. de steeds slechter wordende gezondheidstoestand en ter verhooging van het moreel.'[12] Ook Evert-Jan kreeg half december een weekje rust. Hij trok naar Batavia en logeerde bij de familie Samson. 'Dit keer komt de brief dan niet uit 't veld, maar uit Batavia, waar ik gelegerd ben. Voor een week ben ik dan uit het geroezemoes van het militaire, steeds jagende leven verlost, om eens heel op mijn gemak een week verlof in Batavia door te brengen. Gastvrijheid en vriendelijkheid werd verleend door de familie Samson. [...] Het doet je werkelijk goed, na anderhalf jaar weer eens in een bed te slapen. Beter dan een veldbed. Eens weer, na lange tijd, in een huiselijke kring te mogen vertoeven, is weer aanmoedigend voor de taak die ons straks wacht.' Bijna elke dag namen de nichtjes Bobby en Conny Evert-Jan mee naar een van de bioscopen van Batavia. Ze konden kiezen uit alle Amerikaanse kaskrakers. Onderuitgezakt in de rieten stoeltjes van het Deca Park zwijmelden ze bij het melodramatische *Random Harvest* en zagen ze de bevallige Ann Sheridan in *Always in my heart.*[13] Als afsluiting van zo'n avond aten ze een ijsje in de Marine Cantine. De afleiding was welkom, zeker na het tumultueuze jaar dat achter hem lag. 'Straks is het al weer Nieuwjaar, voor het tweede jaar al in de tropen. [...] Vooral zijn onze gedachten ook op het kerkhof in Gramsbergen waar Vader en Frederik begraven zijn.'

'Tijdens m'n verlof heb ik hier bij de familie Samson een gezellige tijd gehad. Het huiselijke deed je na anderhalf jaar eens weer goed. "Wij zijn blij dat we iets voor jullie kunnen doen. Zover van huis zijnde," zei Samson.' Persoonlijk knapte Evert-Jan op van een week zonder militaire activiteiten, maar het politieke gesteggel bleef hem verontrusten. Voor het eerst werd zijn optimisme over de Nederlandse manschappen getemperd. 'Juist in deze tijd, nu de erkenning van de Republiek, de overeenkomst Linggadjati, een feit is geworden en door de regering aanvaard is geworden, hebben we iets nodig wat ons afleidt. De stemming is minder geworden onder de troepen.'

17

EEN ONZUIVERE ZAAK

De aanvankelijke jubelstemming onder de soldaten bekoelde met elke nieuwe toezegging aan de Republikeinen. Ze voelden zich verraden door de alsmaar onderhandelende regering. 'Waarom wordt er steeds gebabbeld? Laten ze eens een lijst aanleggen van de duizenden die hier werden vermoord, van de soldaten die sneuvelden, van degenen die nog gevangen zitten,' schreef Evert-Jan. Niet alleen het overleg deed de militairen somberen, ook de afnemende steun vanuit Nederland was een reden tot zorg. Toen de mannen een jaar eerder vertrokken, had vrijwel niemand vraagtekens gezet bij het doel van hun missie. De kranten hadden de jonge generatie destijds aangemoedigd om Indië te bevrijden van de extremisten. Die terroriseerden de kolonie, en alleen onze Hollandse jongens konden hen verslaan en de orde en rust terugbrengen, zo was de gedachte. Dat beeld begon langzaam af te brokkelen, zeker nadat in Nederland berichten verschenen over misdragingen van Nederlandse soldaten.

Journaliste Beb Vuyk publiceerde er als een van de eersten over. In mei 1946 verscheen haar artikel 'De "zuivering" van Pesing' in het socialistische weekblad *De Baanbreker*. Vuyk beschreef het wangedrag van het Nederlandse leger tijdens de bezetting van het dorpje Pesing, nabij Batavia, enkele weken eerder. Terwijl de Engelsen en Indonesiërs onderhandelden over een bestandslijn, trokken op 15 april Nederlandse troepen Pesing binnen.[1] Tweehonderdvijftig man sterk overrompelden ze de Indonesische strijders. Die hielden nog zeven uur stand, maar moesten zich na een hevige strijd toch gewonnen geven. Volgens de officiële rapporten ging dat ten koste van vijftig Indonesische doden, tegenover drie Nederlandse slachtoffers.[2] Daarnaast namen Nederlanders eenendertig Indonesiërs gevangen. Het was de behandeling van die gevangenen waar Vuyk zich over opwond.

'De zaak van de zuivering van Pesing is wel een heel erge onzuivere zaak,' schreef Vuyk. 'Want na de gewone militaire actie met doden, gewonden en gevangenen volgens de regels van het spel, werden de Nederlandse troepen afgelost door de Militaire Politie, die de gevangenen gebruikten om van het slagveld een slachtveld te maken. De gevangenen die zich aan de Nederlandse troepen hadden overgegeven, zijn door de Militaire Politie van het Ned.-Indische leger op de gruwelijkste manier afgeslacht.' Dat waren heel andere berichten over de Militaire Politie dan ik tot nog toe van Evert-Jan had gelezen. De mannen werden zelfs vergeleken met de gehate bezetters van weleer. 'De M.P. staat boven allen, zoals de Gestapo en de Kempei Tai. Zij is ook in haar methoden en opvattingen aan deze Duitse en Japanse organisaties zeer verwant. [...] Waar de M.P. optreedt wordt gemoord en gemarteld.'[3]

De groep betrokkenen bestond uit het bataljon Zeeland – net als Evert-Jan behorende tot de eerste lichting oorlogsvrijwilligers – en een deel Militaire Politie van het KNIL. Een meerderheid van de mannen in het KNIL was in de Indonesische archipel geboren, en hoewel die KNIL'ers van alle eilanden afkomstig waren, kwalificeerden de Nederlanders hen simpelweg als Ambonezen. Vuyk: 'Onder de "Ambonnezen" verstaat de Hollandse troep alles wat bruin ziet en aan de Hollandse kant vecht.' En volgens Vuyk voerden vooral de Ambonezen een snoeiharde oorlog.

De Britten waren woedend over het eigengereide optreden van de Nederlanders. Een Britse officier besloot polshoogte te nemen, omdat hij weinig vertrouwen had in een nette behandeling van de gevangenen. In een rapport noteerde hij: 'De gevangenen hadden op de grond geürineerd, en door het gebrek aan ventilatie was de stank erger dan een mens aankan. Eén Indonesiër wiens hoofd in verband gewikkeld was, had verwondingen op zijn hele gezicht en moest dringend naar een hygiënische plek worden gebracht.'[4]

Het optreden van de Nederlanders leidde tot ophef in de Tweede Kamer. PvdA-Kamerlid Nico Palar riep minister Logemann van Overzeese Gebiedsdelen ter verantwoording. Palar had informatie gekregen van een kapitein die bij de actie betrokken was, dezelfde bron waarop Vuyk haar artikel had gebaseerd. Volgens de kapitein had de Militaire Politie de gevangenen opgeëist, 'waarna deze militaire politie – in hoofdzaak bestaande uit Ambonneezen en Indische jongens – op beestachtige wijze bijna alle gevangenen afmaakte na het plegen van diverse gruweldaden, de lijken in de rivier smeet en vervolgens nog eens duchtig huis hield in de dessa, waar vele woningen in brand werden gestoken.' Minister Logemann kon weinig anders dan Palar beloven de zaak te onderzoeken.[5]

Een maand na de Nederlandse bezetting was Pesing opnieuw decor van geweld. Ditmaal niet gepleegd door, maar tegen de Nederlanders. In Pesing verloor Evert-Jan op macabere wijze zes van zijn collega's. De zes behoorden tot het Margriet Bataljon. Na de oorlog bleven de overgebleven leden van het bataljon elkaar zien tijdens reünies. Luud Bieringa is de zoon van een van hen, en de afgelopen jaren organiseerde hij de reünies voor de voormalige collega's van zijn vader, nadat dit de bejaarde veteranen steeds moeilijker afging. Tijdens die bijeenkomsten tekende Bieringa de verhalen van de mannen op, en als ik hem er aan de telefoon naar vraag, wil hij ze graag met me delen. Pesing bleek een ankerpunt in de geschiedenis van het Margriet Bataljon. De eerste grote tegenslag. Bieringa beschreef in zijn kroniek van het bataljon hoe de soldaten na de vondst van de zes lijken woedend op zoek gingen naar de daders. Al snel kregen ze een aantal Indonesiërs te pakken. Een van hen wilde vluchten, maar werd neergeschoten. Twee anderen probeerden even later hetzelfde en kregen ook een kogel. Uiteindelijk kregen de Nederlanders twee mannen te pakken die hadden meegedaan aan de marteling van hun kameraden.

> ''s Avonds in het donker worden ze op de brug gezet en belicht met zaklantaarns, mannen van de 1e sectie, 3e peloton, 2e Compagnie krijgen de opdracht om ze neer te schieten. Dit weigeren ze, om een ongewapende extremist naar de andere wereld te sturen. Een Ambonees neemt het op zich en ratelt er met de stengun een paar maal doorheen; één wordt dodelijk getroffen en de ander probeert nog om weg te lopen. Een kok van de keuken ziet hem gaan en schiet de extremist neer. Dan krijgen we de opdracht om de lijken op te pakken en over de brugleuning in de kali (rivier) te gooien.'[6]

Opvallend is hoe in dit verslag, net als bij Palar en Vuyk, gesteld wordt dat met name KNIL-militairen, 'Ambonezen', een grens overgaan. Dat gebeurde niet alleen bij de Pesing-affaire. 'Inheemse soldaten' stonden bij hun collega's uit Holland bekend als fanatiek en weinig zachtzinnig. Zij waren persoonlijk betrokken bij de oorlog, hadden familieleden verloren of zelf in jappenkampen gezeten, zo luidde de verklaring voor hun fanatisme. De Nederlandse soldaat Geu Meulenbroeks schreef over de KNIL'ers: 'Volgens ons gingen ze beestachtig te keer. [...] Als ze een paar van de tegenpartij met een klewang afgemaakt hebben, dan hebben ze hun zin. Als wij dan vragen hoe ze dat kunnen doen, dan zeggen ze: "zo is onze familie ook afgemaakt". De jappentijd zit er nog diep in.'[7] Evert-Jan sprak na een actie met dezelfde toon over zijn KNIL-collega's: 'zoiets kan je gerust aan die vechtjassen overlaten (volgens de Engelsen zijn ze de S.S. van Indië).' De soldaten uit Holland hielden het idee van de 'zogenaamd wrede Aziaat in een vrij keurig blank leger' graag in stand, daarmee de eigen 'beschaafde' Westerse cultuur bevestigend.[8]

Wat we weten over het leven van soldaten en hun gedachtes komt voor een groot deel voort uit egodocumenten van soldaten. Historicus Gert Oostindie onderzocht honderden dagboeken, brieven en memoires van militairen. In zijn boek *Soldaat in Indonesië* bevestigde hij het beeld: als de Nederlandse militair sprak over geweldsmisdrijven noemde hij vaak een KNIL'er als dader. Maar de bestaande kennis heeft een groot manco. Nederlandse soldaten schreven óver KNIL'ers, maar bronnen van KNIL'ers zelf zijn veel minder onderzocht. Schoven de Nederlanders de schuld af of spraken ze simpelweg makkelijker over ontsporingen van een ander? Want, zei Oostindie, oorlogsmisdaden waren zeker niet 'het exclusieve domein van het KNIL'.[9] Volgens historicus Rémy Limpach is het daarom nagenoeg onmogelijk te bepalen of 'KNIL- of KL-troepen vaker of sneller massageweld pleegden'.[10]

Van Bieringa ontvang ik een brief van soldaat Annius Jongbloed van het Margriet Bataljon. In de nooit gepubliceerde brief aan zijn vriendin is Jongbloed zeldzaam openhartig over de razernij van Nederlandse soldaten, kort na de dood van de zes kameraden:

> 'Alles wat niet meer weg kon vluchten is verbrand of doodgeschoten. De brens erop, de mortieren, en de artillerie werd erop gezet en alles vond de dood, vriend en vijand. "Wij waren gelijk een beest," vertelden mij die jongens die eraan hadden deelgenomen toen wij het lot van de ingesloten kameraden hoorden. Het was zoo hij zei een eigenaardig gezicht om de huizen te zien

branden en om de doodgeschoten sluipschutters als peren of appels uit de boom te zien donderen. En dan waren er nog enkelen die probeerden om er tussen uit te vluchten, maar die werden dan al spoedig naar de jachtvelden van Jakarta gestuurd om nooit weer iets te zeggen. 3 kinderen van 12 tot 15 jaar riepen van "Merdeka" wat als "vrijheid" betekent en werden ook maar gelijk neergeschoten. Zoo wild en verbeten waren ze. [...] De Hollandse troepen nemen nu geen risico's meer, het moet uit wezen met sluipmoord. Elk verdacht persoon wordt nu gefouilleerd en bij wapenbezit direct doodgeschoten. Wij hebben nu ook een Inlandsche soldaat van KNIL bij ons in dienst als spion en meldt die dat er een kampong met extremisten is, wordt hij er heen gestuurd om als spion te dienen in kampong kleeding, en meldt alle bijzonderheden later. Dan de mortieren er op en laat dan de zaak maar branden, dan kun je later de resultaten er wel van zien en branden dat die strooien huisjes [...] in de droogte, net een olieveld. En alles brandt door, tot een kali waar het vuur voor dooft. Morgen zal waarschijnlijk een extremisten dorp worden gezuiverd van 12.000 inwoners, maar bij elk vijandelijk schot wordt gelijk de hele straat uitgebrand. Wie niet hoort moet voelen.'[11]

De mannen wreekten de dood van hun kameraden. Ze konden niet begrijpen dat de Republikeinse strijders hun zes collega's op zo'n gruwelijke wijze om het leven hadden gebracht. Zij hadden de Indonesiërs toch nooit iets aangedaan? Vanuit hun oogpunt niet eens een onlogische gedachte. Maar datzelfde gold voor het onbegrip van de Indonesiërs over de Nederlandse bezetting van Pesing, één maand eerder. Elk individueel bataljon zag zijn reactie op een aanval van de tegenstander als gerechtvaardigd. Pas uitzoomend wordt een ketting van vergeldingsacties zichtbaar. Met elke reactie overschreden beide partijen een nieuwe grens waarvan ze het bestaan eerder niet durfden te vermoeden; de Nederlanders doodden steeds meer vijanden, terwijl de Indonesiërs de wreedheid van hun methoden oprekten. Is daar nog een morele hiërarchie in aan te brengen? In ieder geval was de sneeuwbal van reacties al een tijdje aan het rollen, en niemand wist hem te stoppen.

Na de 'Pesing-affaire' verschenen er vaker verhalen over wangedrag van Nederlandse militairen in de media. Dat onze Hollandse jongens niet altijd deugdzaam handelden, deed het enthousiasme over de missie in een deel van Nederland verflauwen.[12] De Communistische Partij van Nederland (CPN) had zich al vanaf het begin tegen uitzending van Nederlandse militairen verzet. In hun partijkrant *De Waarheid* pleitten de communisten voor een zo snel mogelijke vrede met de Indonesiërs. Ze wilden 'onze jongens' niet meer naar Indië sturen waar ze 'sterven voor de belangen van het koloniale grootkapitaal en voor de onderdrukking van recht en vrijheid, waarvoor ons volk tijdens de oorlog de zwaarste offers heeft gebracht.'[13] De invloed van de communisten was niet gering. In Amsterdam was de CPN in 1946 zelfs de grootste partij. Bij een nieuwe troepenzending naar Indië in september 1946 riep de bevolking op tot stakingen.[14] De treinen voor soldatenvervoer werden beklad met teksten als VLEESTRANSPORT AMSTERDAM-BATAVIA en WIJ GAAN SJAHRIR HELPEN. Het was niet aan dovemansoren gericht. Van de eerste drieduizend dienstplichtigen kwam vijftien procent niet opdagen.[15]

Ook sociaaldemocraten spraken inmiddels over de donkere kanten van de Nederlandse krijgsmacht. *Het Vrije Volk* bekritiseerde een toespraak van ARP'er Jan Schouten over plunderende en moordende Indonesiërs: 'de situatie, die hij [Jan Schouten] wel zeer eenzijdig beschreef en waarbij hij verzuimde de voorbeelden te vermelden van agressie van Nederlandse militairen tegen weerloze Indonesiërs.'[16] In

Indië kregen de soldaten dit soort berichtgeving ook mee, tot woede van Evert-Jan: 'We worden moordenaars genoemd. En dat door landgenoten. Dat zijn domme sukkels die helemaal niet weten wat hier gebeurt en aan de hand is.'

Hoewel groeiende, bleef de kritiek beperkt tot de communistische, socialistische en hooguit sociaaldemocratische hoek. De meerderheid van Nederland bleef de troepen steunen. *Het Friesche Dagblad* reageerde fel op de aantijgingen van *Het Vrije Volk*. 'Dit is wel het toppunt. Friesche jongens, bij honderden zijn jullie gegaan. Wij hebben jullie brieven gelezen. Wij weten, dat duizenden Soendaneezen [bevolkingsgroep op Java] door jullie zijn geholpen en beschermd. [...] De communisten noemden jullie moordenaars; de P.v.d.A. doet het, zonder het woord te noemen, nu ook. Wij vinden dat een gemeene beschuldiging.'[17] Van eventuele problematiek binnen het eigen leger wilde het grootste deel van de Nederlandse kranten niets weten.

Niet alleen de pers stak de kop in het zand, de kerk deed er net zo goed aan mee. En dat terwijl de vele aalmoezeniers en veldpredikers ter plaatse precies wisten wat er speelde binnen de troepen. Aalmoezenier Louis van de Vrande, betrokken bij het bataljon Zeeland, keek in zijn memoires terug op de commotie rond Pesing: 'Een twintigtal gevangenen staat onder bewaking van Ambonezen; dat daar een onnodige klap uitgedeeld is, zal niemand tegenspreken. [...] [het uitdelen van klappen] zal niemand verwonderen die de Oosterse mentaliteit een beetje kent, maar er is nog een groot verschil tussen een harde muilpeer en een moord.'[18]

Van de Vrande werd opgeroepen als getuige in het onderzoek dat minister Logemann naar de Pesing-affaire had ingesteld. De aalmoezenier gaf tegenover de onderzoekscommissie meer details vrij. Hij verklaarde hoe een MP'er een jonge Indonesische gevangene vrijliet, hem wegstuurde en vervolgens in zijn rug doodschoot.[19] Maar wanneer één radertje het uurwerk in beweging bracht, was er altijd wel een volgende dat het deed stokken. Nooit werkten alle partijen mee om de waarheid boven tafel te krijgen. In dit geval speelde de onderzoekscommissie een roestige rol. Om schimmige redenen verwierp ze de getuigenis van Van de Vrande. Volgens de commissie was de aalmoezenier pas in Indonesië, en omdat hij nog geen Maleis sprak zou hij de situatie niet goed hebben beoordeeld. De commissie vond uiteindelijk geen harde bewijzen voor extreem geweld en deed de beschuldigingen van Kamerlid Palar af als 'in flagranten strijd met de waarheid'.[20]

Het leger verkeerde eveneens in staat van ontkenning. Generaal Spoor wees Palars aantijgingen resoluut af. Zijn weinig overtuigende argument: hij had Pesing een paar uur na de aanval bezocht en had geen extreem geweld gezien. De berichten waren volgens hem een 'door de republikeinsche propaganda opgeblazen samenstel van leugens'.[21] Procureur-generaal Henk Felderhof had als hoofd van het Openbaar Ministerie een belangrijke stem in de afwikkeling van de zaak. Hij vond de uitkomsten van de commissie 'weinig uitputtend; de conclusie waartoe zij komt moest derhalve wel nietszeggend zijn'. Desondanks, voegde hij als kanttekening toe, 'is het natuurlijk gewenscht de affaire Pesing verder te laten rusten, het zal dezer dagen en in de nabije toekomst nog wel meer gebeuren'.[22]

En het zou in de toekomst meer gebeuren. Het extreme geweld was niet uniek voor Pesing maar kwam volgens historicus Limpach structureel voor, zo concludeerde hij in zijn studie *De brandende kampongs van Generaal Spoor*. Limpach beschreef hoe de Nederlandse inlichtingendiensten op grote schaal martelden. Ze hingen gevangenen op aan armen of benen, drukten elektroden of sigaretten op de huid en maakten gebruik van waterboarding. Dikwijls schoten Nederlandse soldaten hun gevangenen simpelweg dood. Ze vonden het onpraktisch om een gevangene vanaf het slagveld terug naar het kamp te moeten zeulen of namen wraak vanwege de dood van een kameraad.

Gevangenen doden was een oorlogsmisdaad, dat wisten de daders ook. Daarom keken ze wel uit om dit in officiële rapporten te vermelden. Dode gevangenen werden niet genoteerd of verhuld opgeschreven. 'Op de vlucht neergeschoten', stond er dan. In de militaire archieven komen dergelijke beschrijvingen opvallend vaak voor. Te vaak, want een gevangene had weinig aanleiding voor een vluchtpoging; omringd door gewapende bewakers stond dat gelijk aan zelfmoord. Volgens Limpach was een deel van deze vluchtpogingen dan ook waarschijnlijk geënsceneerd. Er bestonden methoden om dit soort daden te maskeren. 'Effe pissen' was soldatenjargon voor zo'n tactiek. Daarbij maakte de bewaker de gevangene los en droeg hij deze op om te gaan plassen. Bij het omdraaien werd de ongeboeide gevangene in zijn rug geschoten.[23]

Kranten namen die beschrijvingen blindelings over. 'Moordenaars', 'roovers' en 'brandstichters' werden 'bij een poging tot ontvluchting [...] neergelegd'. Binnen het Openbaar Ministerie viel het op 'dat dit de laatste tijd te vaak in de courant staat'. Felderhof verzamelde in een periode van drie maanden tien krantenknipsels van de Bataviase krant *Het Dagblad* en schreef er een notitie bij, waarmee hij de hoeveelheid artikelen op zijn minst 'onder de aandacht [wilde] brengen', om er vervolgens weinig actie op te ondernemen.[24]

Het bestraffen van wandaden binnen het eigen leger was de verantwoordelijkheid van de militaire justitie. Bij mogelijke delicten werd een strafrechtelijk onderzoek ingesteld, onder leiding van een auditeur-militair – een militaire officier van justitie. De Militaire Politie speelde een belangrijke rol bij het onderzoek. Ze maakte processen-verbaal op en hielp bij de opsporing. Dat deden de MP'ers naast alle andere taken, zoals het bewaken van Indonesische en Japanse gevangenen, het regelen van het verkeer en het deelnemen aan patrouilles. Vanwege de geringe opleiding en het chronisch gebrek aan personeel was de MP echter niet geschikt voor die omvangrijke opdracht.[25]

In zijn eerste jaar streed Evert-Jan vaak als frontsoldaat en verdwenen zijn MP-taken naar de achtergrond. Over opsporingszaken schreef hij zelden; slechts in één geval noteerde hij een misdaad van een Nederlandse militair. 'Een sten van Van Bakel in beslag genomen. (proces-verbaal – misschien krijgsraadzaak).' Als Evert-Jan al sprak over de aanpak van eigen militairen ging het over kleinere vergrijpen, zoals een diefstal. Dat gold voor het hele justitiële apparaat. In de oorlogsjaren spraken de krijgsraden ruim achtduizend vonnissen uit. In honderdeenenveertig gevallen ging het om extreme geweldsmisdrijven, de overgrote meerderheid bestond uit lichte of middelzware vergrijpen zoals verkeersovertredingen of verduistering van goederen.[26]

De Militaire Politie had te weinig mogelijkheden om eventuele wandaden van het eigen leger echt aan te pakken, maar wanneer die mogelijkheden er wel waren, hoefde niet elke MP'er alles te zien. In Noord-Sumatra blokkeerde de hoogste MP'er bijvoorbeeld een onderzoek naar martelpraktijken van de Nederlandse Inlichtingendienst die tot de dood van een Indonesische gevangene hadden geleid. De betrokken MP-majoor J.E. Fris was bang dat een onderzoek zou leiden tot een verbod op marteling en dat was volgens hem 'in strijd met het landsbelang'.[27]

De legertop stimuleerde de MP ook amper tot ijverig opsporingswerk. Generaal Spoor wist van de plunderingen en martelpartijen van zijn eigen leger en berispte zijn commandanten wel, maar naar buiten toe loofde hij de discipline. In zijn kersttoespraak van 1946 sprak hij: 'ons werk is eerlijk, onze handen zijn niet bezoedeld, wij rooven en brandschatten niet, maar beschermen en beveiligen, wij dooden en wonden niet, maar verdedigen recht en menschelijkheid.'[28] Ook justitie verkoos vaak het militaire 'landsbelang' boven het juridische. Tel daarbij op een onverschillig kabinet in Den Haag en wegkijkende kerken en pers en er ontstaat een stilzwijgend verbond van betrokken partijen die, zoals Limpach verwoordde, 'solidair waren, onderling met veel begrip op elkaar reageerden en werden bezield door vergelijkbare motieven en belangen om extreem geweld te plegen en te gedogen'.[29]

En Evert-Jan? Was mijn eigen opa betrokken bij oorlogsmisdaden? Deed hij eraan mee of wist hij dat het gebeurde? Limpach benadrukte dat het merendeel van de Nederlandse militairen geen extreem geweld pleegde, ondanks de grote schaal waarop het gebeurde. Een op Borneo geplaatste dorpsgenoot van Evert-Jan schreef: 'Hier in Balikpapan [havenstad op Borneo] liggen ook nog Hollandse soldaten, die zijn hier al elf maanden geweest en zullen met een maand of vier weer weg gaan. Ze hadden het hier altijd best gehad en nooit veel dienst gehad. Extremisten hadden ze hier nog nooit gezien. Ze hadden hier ook nooit geen kogel verschoten, tenminste niet op vijanden. Ze gaan wel vaak op zwijnen- en hertenjachten.' Meer soldaten beleefden hun Indiëtijd op die relatief rustige manier en keken er na de oorlog met louter nostalgische gevoelens op terug.

Dat gold zeker niet voor Evert-Jan. In zijn eerste maanden op Java vocht hij constant in de voorste linie. In die tijd schreef hij nooit letterlijk over uit de hand gelopen verhoren of in as gelegde kampongs. Toch zijn enkele van zijn verslagen op zijn minst opmerkelijk, omdat ze de verhullingsmethoden lijken te bevatten waar Limpach over schreef.

In zijn eerste meerdaagse actie in mei 1946 was er al zijn relaas – 'Verboden werd om op vluchtelingen te schieten' – dat zo afweek van dat van soldaat Cor Rekelhof: 'Er wordt vuur uitgebracht op een paar vluchtende inlanders die de kali proberen over te zwemmen. Ze verdwijnen onder water en worden door de stroom meegevoerd.' Behalve dit contrast benoemde Evert-Jan ook nergens de plunderingen van collega-militairen (of 'souveneering' zoals menig soldaat het noemde), terwijl Rekelhof schreef: 'De hangklok loopt nog en is strak opgewonden. De klok nemen we mee naar het kamp.' Het kan zijn dat Evert-Jan dit alles daadwerkelijk niet heeft meegekregen, het was immers een groot gebied dat de Nederlanders die dagen 'zuiverden'. Aan de andere kant had hij toen al met Gerrit-Jan afgesproken om het thuisfront niet alles te vertellen.

En dan was er het dubieuze voorval tijdens de bezetting van de stad Tjiandjoer in juni 1946. Toen beschreef Evert-Jan hoe de MP tijdens de dagenlange strijd op enig moment een gevangengenomen TRI-kapitein doodschoot: 'Een kaptn. die we naar de wacht brachten, schoot in de wacht met eigen sten twee jongens gewond, waarna hij dodelijk naar de andere wereld werd geholpen.' In een brief naar huis verruilde hij de zakelijke toon van zijn dagboek voor fellere bewoordingen: 'Een kapitein der T.R.I. was zo fanatiek dat hij zei: "Ik sterf liever op de straat dan jullie de waarheid te vertellen." Toen wij hem teruggebracht hadden naar de wacht [...] schoot hij twee van ons door de benen. Zelf stierf hij als een flinke T.R.I.-man aan 28 stenschoten. Juist!' Evert-Jans verhaal past precies bij de verhullende beschrijvingen die gemeengoed waren om moorden op gevangenen te verdoezelen of te rechtvaardigen. Want waarom hadden ze de gevangene zijn wapen niet ontnomen? Van Doorn en Hendrix signaleerden het al in *Ontsporing van geweld*: 'Er zijn formules genoeg om dit te verheimelijken. De bekende formules, bekend uit iedere oorlog, waren beschikbaar: de gevangene trachtte te ontsnappen en moest worden neergeschoten, de aangetroffene maakte een dreigende beweging, greep naar zijn wapen, verzette zich of ook, in alle onschuld, was brutaal...'[30]

Henri Butot was een van de soldaten die de bezetting van Tjiandjoer meemaakte. De inmiddels tweeënnegentigjarige veteraan verkeerde tijdens de dagenlange strijd weliswaar in een andere wijk dan Evert-Jan, maar schreef in zijn dagboek ook over de TRI-kapitein die werd doodgeschoten, 'nadat hij zich, terwijl gevangen, van een sten had meester gemaakt'.[31] Hij had er na afloop van de actie over gehoord, zo vertelt hij me in zijn woonkamer in Haarlem waar Indonesië alom aanwezig is; wajangpoppen aan de muur, een klewang boven de haard en rondslingerende boeken over Java. 'Ik lag op dat moment aan de andere kant van de stad, dus wat er precies is gebeurd weet ik niet.' Onderling spraken de soldaten wel over de gevechten en eventuele uitspattingen. 'Je hoorde van alles in die dagen. Het gonsde van de geruchten,' vertelt Henri. 'Dan kwam er een chauffeur langs die ons vertelde over wat er was gebeurd of de aalmoezenier of veldprediker wist altijd wel wat.' Veel van die geruchten werden nooit officieel vastgelegd. In de rapporten is de gedode gevangene verworden tot een van 'de vijandelijke verliezen (voor zoover gecontroleerd kon worden)'. 'Wie er niet bij was, kan niets bewijzen,' stelden Van Doorn en Hendrix. Dat geldt net zo goed voor dit voorval in Tjiandjoer als voor al die andere dubbelzinnige verslagen. De authenticiteit van veel individuele verhalen zal eeuwig ongewis blijven.

Na de inname van Tjiandjoer door de W-Brigade werden de groepen van Evert-Jan en Henri Butot afgelost door twee nieuwe bataljons. 'Om de restjes op te ruimen,' zegt Henri. Onder leiding van kolonel Van Gulik moesten de nieuwe mannen het gebied 'onder controle [...] brengen', zodat 'het wettig gezag kon terugkeeren, terwijl orde en rust weer hun intrede deden'.[32] Dat was de toelichting in de officiële rapporten. Het herdenkingsboek *Een jaar W-Brigade* was directer. De hele stad werd 'schoongeveegd'.[33] Later bleek welke methoden daarbij waren toegepast. Van Gulik had het standrecht ingevoerd, wat neerkwam op een opdracht om 'een ieder, die wapens droeg – althans van Indonesische zijde – ter plaatse neer te schieten'. Het werd consequent uitgeoefend: TRI-militairen werden na hun verhoor doodgeschoten. Spoor verzocht de standrechtpraktijken onmiddellijk te staken, maar die boodschap bleek een holle, want een halfjaar later zou de legerleiding dezelfde methode in Zuid-Celebes juist toestaan om het Indonesische verzet in dat gebied bloedig en meedogenloos de kop in te drukken.[34] Zo gebeurde er van alles in Tjiandjoer waar Evert-Jan in zijn dagboek met geen woord over repte. De geruchten die Henri Butot bereikten, moet Evert-Jan toch ook hebben meegekregen? Zou hij er met opzet over hebben gezwegen? 'Wie er niet bij was, kan niets bewijzen,' schreven Van Doorn en Hendrix, en hoe frustrerend het ook is, misschien was dat precies de bedoeling. Wie er niet bij was, hoefde blijkbaar ook niet alles te weten.

18

WORD MAAR EEN OUDE OPA

Voorlopig keerde Evert-Jan zich in de eerste maanden van 1947 af van de actie. Hij was inmiddels bevorderd tot sergeant, maar had daar nooit de bijbehorende opleiding voor gevolgd. Daarom vertrok hij naar Batavia voor een drie maanden lange cursus om ook na de oorlog van zijn promotie te kunnen profiteren. 'Denkelijk zal ik dan de rang kunnen houden. Dat zou mooi zijn, niet Moe? [...] Hier kan ik altijd plezier van hebben en daar de kans nu is, heb ik gevraagd of ik ook kan gaan.' Hij was van plan om de Schoolcompagnie, zoals de opleiding heette, serieus te nemen. 'Het kan wel wezen dat de post van mij wel iets minder wordt, want ik ben van plan om al mijn aandacht aan de cursus te besteden.'

Een opleiding binnen de Militaire Politie was geen overbodige luxe. De meeste soldaten hadden amper of helemaal geen opleiding genoten. Drie maanden was eigenlijk al aan de korte kant. Toch was er zo'n gebrek aan personeel dat de mannen zelfs tijdens hun cursus meehielpen met het doorzoeken van kampongs en het regelen van het verkeer.[1]

Het was een tijd geleden dat Evert-Jan in de schoolbanken zat. Hij had de oorlog doorgebracht op boerderijen, werkend als boerenknecht of onderduikend voor de Duitsers. Na al die werkende jaren zat hij weer in de klas, lerend over strafrecht, het afnemen van vingerafdrukken en het opmaken van processen-verbaal. Naast de dagelijkse lessen hadden de mannen vier avonden in de week verplichte 'eigen studie', onder supervisie van een instructeur. Ondanks de drukte bleef Evert-Jans enthousiasme overeind, zo schreef hij naar huis. 'We zijn nu in de tweede week van onze cursus. Het is behoorlijk pootaan. Gisteren zat ik 's nachts om 3 uur nog te leren, het begint dan om 6 uur met reveille en 7 uur de dienst en gaat door tot 2 uur 's middags. (Elk uur 10 minuten rust). Vier keer hebben we dan in de week nog 's avonds 1 1/2 uur verplichte studie. Zo kunnen jullie wel nagaan dat er niet veel tijd overschiet voor andere dingen als uitgaan enz. Wanneer er dan ook eens een week geen post komt is dit helemaal geen teken om ongerustheid op te wekken, want Evert is springlevend en voelt zich o zo lekker in de Oost.'

Het kamp van de Schoolcompagnie lag vlak bij het centrum van Batavia. Patrouilles door de Javaanse rimboe behoorden voorlopig tot het verleden, want Evert-Jan zat de komende drie maanden vast aan de stad. Dat vond hij helemaal niet erg, omdat hij daardoor wel alle grote evenementen in Batavia beleefde. Zoals de geboorte van een nieuw prinsesje. 'Om 9.30 hoorden we, terwijl we uit wilden gaan, eensklaps de saluut-batterij vuren. Dus een prins of prinses geboren. De 51 schoten bevestigden aldus dat het een prinses was [voor een prins golden 101 schoten]. Van alle kanten zag je de versierde wagens, trucks, taxi's, gevechtswagens, alles was in een feesttooi. De geboorte van prinses Maria Christina.' Juliana en Bernhard hadden hun vierde dochter gekregen, roepnaam Marijke. Ondanks de oorlog vierden Nederland én Indië de geboorte op grootse wijze. Kranten besteedden hele voorpagina's aan felicitaties en beschrijvingen van de feestvreugde. Een dag na de geboorte vormde Batavia het decor van een enorme parade. 'Om 10 uur: grote parade op het Koningsplein, voor het huis van de gouverneur-generaal. De hele dag een drukte van jewelste. [...] Noordwijk [wijk in Batavia] was prachtig versierd. Overal oranjebomen + honderden lampen. De bruggen waren in rood-wit-blauwe illuminatie [verlichting] gesloten, alle letters van de leden van ons Vorstenhuis bevattende.' De bevolking verzamelde zich – velen met fiets in de hand – op het Koningsplein, het grootste plein van de stad. Daar trokken alle legereenheden pronkend voorbij; de in het wit gestoken mariniers, vrouwenkorpsen in rok en met baret, een stoet aan pantserwagens en tanks, en alles onder muzikale begeleiding van de fanfarekorpsen. 'Het geronk van voertuigen was tot ver na middernacht niet van de lucht. [...] 's Avonds waren de dancings tjokvol; o.a. Hotel des Indes, Harmonie was heel prachtig. Batavia heeft behoorlijk feest gevierd.' Slechts de predikanten zetten enige vraagtekens bij de nachtelijke uitspatting, zo meldt een verslag van de geestelijke verzorging: '[De nationale feestdag] heeft helaas velen in het gebruik van alcohol hun perken te buiten doen gaan, waarmede gedrag en waardigheid van den Europeaan in het algemeen en van den militair in 't bijzonder, vooral in de oogen van den Indonesier zijn neergehaald.'[2] Toch vond Evert-Jan het een geweldige dag. 'De parade, welke een der grootsten was, van na de oorlog, kon als een goed geslaagd stuk Nederlands Militair beschouwd worden.'

De stad had Evert-Jan genoeg te bieden in diens schaarse vrije tijd. Hij bezocht de dancings en bioscopen of ging langs bij de familie Samson. Dan nam hij Bobby mee wandelen langs de warongs, waar geuren van gebakken banaan en kip zich vermengden met die van tientallen specerijen. Ze spraken over de verschillen tussen Indië en Holland of de onzekere toekomst van de Indische bevolking, maar nog veel vaker ging het over niks, hadden ze vooral lol met elkaar. Ook Puck bleef een veelbesproken onderwerp. Na het afwijzen van Evert-Jans liefdesverklaring en haar vertrek naar Nederland was ze toch blijven corresponderen met zowel Bobby als Evert-Jan. En veel ook. In het eerste jaar van hun contact ontving Evert-Jan minimaal vijfenzestig brieven van

Puck of Bobby, en dat zijn slechts de brieven die bewaard zijn gebleven.

Vanuit de Schans vroegen ze nog weleens naar Aaltje. Moeder maakte af en toe een toespeling: 'Aaltje heeft al zo vaak gezegd, als Evert-Jan hier weer eens was, dan geloofde ze vast dat het zo weer goed kwam, maar ja, daar kan ik verder niets van zeggen, dat weet je zelf het beste.' Evert-Jans broertje Gerrit schreef hem minder omslachtig: 'Ja Evert, het is wel rap uitgekomen met de verkering, maar hoe is het nu eigenlijk, denk je er soms nog over om het weer goed te maken of is het helemaal over? Ali denkt soms nog wel dat het weer goed komt, maar het is mij hetzelfde of je er weer aan beginnen wilt of niet. Maar jij hebt nog wel kans om daar te trouwen met een halfbloedje en dat is ook vast niet zo gek, want daar zijn ook wel lieve meisjes bij vind je ook niet?' Evert-Jan reageerde even onomwonden: 'Ali heeft me geschreven dat ze wel naar Indië wilde komen als het moest. Maar het is zo ongelukkig, dat ik niks meer voor haar voel. Niet dat ik iets tegen haar heb, of dat mij het nooit gemeend is geweest. Je weet veel beter. We waren als het ware aan elkaar geklonken. Maar als ze mij nu vroeg: Zullen we trouwen, ik zou neen zeggen. Ik weet niet wat me scheelt, maar het kan geen ja worden bij mij.' Bij de afwikkeling kon hij wel wat hulp van zijn broertje gebruiken: 'Wil je haar een beetje inlichten en van me afbrengen Gerrit?'

Als iemand zijn vriendin zou worden, dan was het Puck. Hij had de hoop nog niet opgegeven, zeker niet toen bleek dat Pucks gevoelens met het toenemen van de correspondentie veranderden. Blijkbaar had de intensieve briefwisseling haar uitwerking niet gemist, want Puck schreef haar nichtje: 'Ja Bob, ik houd van hem. Erg veel zelfs, en zou niet meer buiten zijn brieven kunnen.'

Zo open als ze tegen Bobby was, kon Puck niet rechtstreeks tegen Evert-Jan zijn. Pucks moeder las alle brieven die ze van Evert-Jan kreeg en zou een al te intieme correspondentie nooit goedkeuren. Daarom bedachten Puck en Evert-Jan allerlei manieren om de 'censuur' te ontwijken, met Bobby die het complot faciliteerde. Gedrieën vormden ze de bondgenoten van het 'B.E.P.-verbond', naar de eerste letters van hun voornamen. 'Van Puck Meelhuyzen kreeg ik een brief via Bobby, waaruit voor mij gunstige tekenen waren af te lezen,' schreef Evert-Jan in zijn dagboek.

Behalve Bobby maakten ze ook gebruik van het andere nichtje, Conny, hoewel die zelf nergens van af wist. Dat ging een aantal keer goed, tot Evert-Jan een brief van Conny kreeg:

> 'Vandaag ontving ik een retourbrief, bestemd voor Puck met mijn naam als afzender. Aangezien ik haar niet geschreven heb en 't mijn hand niet is heb ik, wat heel begrijpelijk is, de brief geopend. Ik keek direct naar 't eind van de brief en zag jouw naam. Ik heb 't ding direct opgevouwen en hier heb je hem dan. Maar luister Evert, ik geloof dat ik weet waarom je mijn naam hebt gebruikt. Maar je had 't mij eerst moeten vertellen. Want je had mij in een vervelende positie kunnen brengen. Natuurlijk wist je dat niet; maar op 't ogenblik schijnt mijn tante alle brieven te censureren. Gelukkig is deze brief teruggezonden, want als ze had ontdekt dat er geknoeid werd is 't gedaan met Puck's correspondentie en heb ik 't ook voorgoed bedorven. Wil je in 't vervolg voorzichtiger zijn? Ik zou niet graag zien dat er soesah [gedoe] hier, en ruzie daar komt.'

Het bondgenootschap werd voorzichtiger en bedacht een alternatief. Evert-Jan en Puck stuurden twee soorten brieven naar elkaar. Brave brieven waarin Puck Evert-Jan vertelde over de Sinterklaasviering, het kerkbezoek of de kou in Nederland. 'Ha, ik kom net terug uit de sneeuw, warm, met knalrode wangen van 't sneeuwballengevecht en het sleeën. 't Ging zalig, fijn!' Deze brieven wekten geen enkele argwaan bij haar moeder. Parallel aan de 'gewone' brieven stuurden ze elkaar sos-berichten. 'S.O.S.' stond in grote letters bovenaan de brief of op de envelop geschreven, en Puck zorgde ervoor dat ze de brieven waar dat op stond onderschepte voordat ze haar moeder onder ogen kwamen. 'De post heb ik al omgekocht om te bellen als er post zou komen. [...] De post kreeg voor de zoveelste maal van pure blijdschap maar weer een sigaretje.'

Puck gebruikte de sos-brieven in eerste instantie om wat brutaler en plageriger te schrijven. 'Je gaat dus weer terug naar Batavia? Fijn voor je. Wat is dat voor een schoolcompagnie? Hoef je dan geen jonge broekjes meer achterna te rijden met "Krelis, zet je pet op je kop!" of "Jan of Klaas, trek je jas dicht, voordat de knopen er van af vliegen." En meer van die moederlijke terechtwijzingen.' Na een paar maanden veranderde haar toon, werd ze persoonlijker. 'Ja Evert, ik zou het jammer vinden als je zei dat je niets meer om mij gaf en niets meer van me weten wilde. Eerlijk, ik weet het. Het zou me heel veel kunnen donderen. Want echt ik houd van jou.'

Toch zijn haar ware gedachten moeilijk uit de brieven te destilleren. Was ze inderdaad gek op Evert-Jan? Ze waarschuwde hem wel voor te veel zoetsappigheid. 'Evert, ik hoop niet dat je vandaag of morgen het in je brein krijgt om ook de brief te beginnen met 'Liefste Puck, liefste poeske' ... enz. ... enz.....enz. want dan stop ik dat ding vierkant retour terug, de bus in.' Weer later schreef ze: 'Evert, ik wil jouw meisje wel zijn, ik houd van jou, maar heus ik kan niet beloven dat ik later precies jouw vrouw zal kunnen zijn zoals jij dat wilt. Dat vind ik nog te moeilijk. Ik voel me nu nog te veel kind en geen jonge dame die 't direct kan beloven.' Pucks houding had alle kenmerken van een wispelturige puberliefde. Logisch ook, Puck en Bobby waren jonge meisjes, beiden aan het einde van hun puberteit. Bobby schreef pagina's vol zelfverzonnen toneelstukjes waarin elke lijn ontbrak en

Puck verhaalde uitvoerig over haar schoolkamp naar Gelderland. Het leek haar niet alleen te gaan om de liefde van Evert-Jan, juist het ontwijken van de censuur was onderdeel van een spannend spel dat ze speelden. 'Ik vraag je nog één ding, en dat is: Laat deze zaak tussen B.E.P. blijven en niemand anders!! Anders vlieg ik er heus nog tegenaan als anderen 't ook weten!!' Zo bleef het bij vleierijtjes zonder ooit uit te groeien tot een echte romance.

In de details van Evert-Jans archief ligt ook zijn jeugdigheid verscholen. Een van zijn notitieboekjes bevat dagrapporten van zijn compagnie. Elke dag een nauwgezette beschrijving van hun bezigheden; waar ze patrouilleerden, welke kampong ze doorzochten, en of ze gevangenen hadden gemaakt. Alleen de laatste bladzijde wijkt af, daarop is allerlei gekrabbel te zien. Als ik iets beter kijk, zie ik dat hij zijn handtekening probeerde te perfectioneren. Tientallen versies van zijn naam, waarbij hij het uiteinde van de N van Nijboer als een luchtbel om zijn voorletters E.J. krulde.

Die jonge soldaat leefde in de relatieve rust van de Schoolcompagnie toe naar zijn vierentwintigste verjaardag. Een jaar eerder had hij die nog in een verre kampong gevierd, tijdens zijn eerste meerdaagse actie. Nu 'kwam Bobby. S. me verwelkomen met een bouquet rozen'. Kameraden kwamen langs en brachten cadeaus mee. 'Dit was, toen ik het 's avonds uitpakte mijn eigen regenjas' – die hij eerder was kwijtgeraakt – 'en een horlogebandje. Bij Samson was het ook leuk. Er werd gezongen – "Lang leve Evert" – en de fles kwam weer op tafel.' Ook Puck was hem niet vergeten. 'Daar gaat tie dan: Van harte geluk gewenst en word maar een oude opa (niet erg vleiend) en nog een tal van jaren na deze.'

19

IN DIENST BIJ DE FOTO-GRAFISCHE AFDELING

Vanuit de hoek van mijn woonkamer staart mijn opa's legerkist me uitnodigend aan. Ik laat me wederom verleiden, wetende dat ik de komende uren zittend op de grond zal doorbrengen te midden van mijn eigen eilandenrijk aan brieven, krantenknipsels en foto's. Slechts mijn kat Simba doet me af en toe opkijken als hij zich wild een weg door de papieren baant, maar verder ben ik met mijn gedachten zeventig jaar terug in de tijd. De kist is als een kip die gouden eieren blijft geven. Bij elke speurtocht stuit ik op nieuwe curiositeiten: een anti-Duits verzetsblaadje, *Moffenspiegel*, uit 1943 met tekeningen waarmee de makers de nazi's op de hak nemen. Op een van de plaatjes staan twee deftige, ietwat gezette mannen. Een van de mannen heeft zijn hand op de schouder van zijn doortrapt kijkende zoontje en zegt: 'Ulrichje heeft zoo juist op school den Himmler-prijs gewonnen. Gisteren heeft hij de heele vijfde klasse verklikt.' Verder een editie uit 1872 van het antirevolutionaire dagblad *De Standaard*. Opgericht door Abraham Kuyper, die als aartsvader van de gereformeerden welhaast een idool voor Evert-Jan moet zijn geweest. Ook een biografie van diezelfde Kuyper ontbreekt niet in de boedel. Verder zijn het vooral spullen uit Indië. Een gedetailleerde landkaart van West-Java waarop ik Evert-Jans patrouillespoor kan aflezen, een kris – geen originele, want beduidend minder gedetailleerd – en een oranje mouwembleem met een zwarte W van de W-Brigade. Tussen dit alles liggen ook enkele enveloppen, allemaal van dezelfde mottige oranjebruine kleur als de stapel oude tijdschriften waartussen ze verstopt lagen. Ik pak de bovenste envelop. 'Batavia, Nijboer. Onderwerp: Vlaggenparade en defilé ter gelegenheid geboorte Prinses Marijke', staat er op de voorkant. Binnenin foto's van de vurende kanonnen die Evert-Jan door Batavia hoorde knallen op de geboortedag van de prinses. De rookwolken beslaan het grootste deel van de foto's. In een andere envelop zitten foto's van een andere parade. Marcherende MP'ers, motorrijdende MP'ers, MP'ers in een jeep, allen gedisciplineerd als in een Noord-Koreaanse massachoreografie. Hoe bewonderingswaardig ook, dit soort afbeeldingen heb ik al in talloze herdenkingsboeken gezien. De derde envelop die ik open bevat echter heel andere foto's.

Palmbomen, hoge varens en in het midden een open veld, enkel begroeid met wat struikgras. Twee Indonesische mannen staan op de open plek. Ze dragen een licht overhemd en korte broek en op hun hoofd een donkere *peci*, een soort Indonesische fez. Daaromheen vier Nederlandse militairen die toekijken hoe een van de Indonesiërs met een schep in de aarde spit. Ze zijn klaarblijkelijk aan het graven, want de volgende foto's tonen het resultaat van hun inspanning: zeven schedels en een opgestapelde berg botten rusten op een rieten kleed. Een dijbeen en wat ribben zijn te onderscheiden. Een enkele schedel oogt nog als iets wat ooit een mens moet zijn geweest, andere zien eruit alsof ze zijn verworden tot witte brokken kalksteen met gaten. 'Opgraving Tjileungsir 3-'47. Vermoord '45' staat op de achterkant van elke foto vermeld. Op een andere foto kijken twee Indonesische mannen uitdrukkingsloos in de camera. Ze staan in een kuil – de aarde achter hen komt tot hun schouders. Beiden hebben een ontbloot bovenlijf en een van de mannen draagt eenzelfde peci als de gravende mannen op de andere foto. Het is niet te zien of het daadwerkelijk om dezelfde personen gaat. Achterop deze foto staat: 'De moordenaars der Europeanen.'

Ik speur verder in de enveloppen. Op de volgende serie foto's ligt een dode man op een brancard. Zijn handen zijn met touw vastgebonden aan zijn lichaam, de blik in zijn ogen is glazig. In een close-up is goed te zien hoe aangetast zijn gezicht is. Het hoofd is opgezwollen, de ogen puilen uit alsof ze er als kauwgom op zijn gedrukt en de eveneens opgezwollen tong hangt half uit de mond. De vellen op zijn wang hebben losgelaten en een witte vlek achtergelaten op de verschroeide huid. Het zijn de symptomen van verbranding. Een jerrycan is aan zijn lichaam vastgebonden. Wat zijn dit voor foto's, en waarom heeft mijn opa ze bewaard?

Zijn reguliere fotoalbum had Evert-Jan minder goed verstopt. Lang voor de vondst van de enveloppen trof ik al het type fotoboek aan dat vrijwel iedere Indiëveteraan had om zijn herinneringen in te verzamelen. Een rechthoekig boek met een harde, donkerbruine kaft en een waterblauwe rug waar een touw door is geregen om de bladzijden bij elkaar te houden. Ik sla de pagina's behoedzaam om, bang dat het fragiele vloeipapier ter bescherming van de foto's in mijn handen verkruimelt. Chronologisch verhaalt het album over Evert-Jans diensttijd, beginnende bij de bevrijding van Nederland. Ik zie Evert-Jan te midden van een groep Binnenlandse Strijdkrachten. Stoer kijken de jonge gasten voor zich uit – geweer in de hand, een enkeling met een nonchalante sigaret in de mond. Ze kunnen de hele wereld aan, zo stralen ze uit. Daarna volgen de foto's van de marcherende troepen tijdens de opleiding en de reis richting de Oost; de rots van Gibraltar, het binnenvaren van Port Said, de eindeloze oceaan. En dan Indië. Algemene plaatjes van de bioscopen in Batavia en het Javaanse natuurschoon worden afgewisseld met persoonlijke foto's. Evert-Jan in het bos, liggend achter een brengun. Evert-Jan op een brug met een lachende *djongos*, een jonge bediende. Evert-Jan met vier collega's en een meisje staande op een jeep van de Militaire Politie, waarmee ze op hun vrije dag de Poentjakpas verkenden. Evert-Jan in de tuin van de familie Samson, aan tafel met Bobby en Conny. Onder de sigarettenrook die bijna zijn hele gezicht bedekt is nog net een glimlach te zien. Er lijkt geen vuiltje aan de lucht.

Tijdens elke tentoonstelling over de koloniale oorlog liggen er dergelijke albums in de vitrines, en nog veel vaker zag ik ze op bezoek bij veteranen thuis. Al die oude mannen haalden hun album uit de kast en lieten me met lichte weemoed de plaatjes zien van de haven van Port Said en de uitgestrekte Javaanse sawa's. Soms zag ik letterlijk dezelfde foto's, omdat legerfotografen die in serie aan de soldaten verkochten.[1] Alle beelden ademden de romantiek van een exotisch avontuur. Niemand die aan kwam zetten met vale envelopjes vol macabere foto's. Dat was niet alleen omdat ze die waarschijnlijk niet aan mij wilden laten zien. Die hadden ze gewoon niet. Evert-Jan was daarin vrij uitzonderlijk, en dat had alles te maken met zijn nieuwe functie, want na zijn opleiding bij de Schoolcompagnie werd hij ingedeeld bij de fotografische afdeling van de MP.

Herman Bakhuys, de korpscommandant van de Militaire Politie op Java, vond het in 1946 namelijk tijd voor een aparte afdeling die zich zou richten op het maken en ontwikkelen van foto's en het identificeren van vingerafdrukken. Dat werd de Centrale Dactyloscopische/Fotografische afdeling (dactyloscopie is de techniek waarmee vingerafdrukken herkend kunnen worden). De dienst zou de politie ondersteunen bij rechercheonderzoeken en verkeersongevallen. Zoals bij meer zaken in het Nederlandse leger, ging ook de oprichting van deze afdeling vrij provisorisch. Bakhuys gaf de leiding over de afdeling aan sergeant A.J. Berlee. Als fanatiek amateurfotograaf wist Berlee meer over fotografie dan anderen, en daarom kreeg hij alle vrijheid voor het opzetten van de organisatie. Zijn eerste foto's voor de afdeling maakte Berlee met zijn privétoestel, gekocht in Singapore. Bij een Chinese fotograaf kocht hij benodigdheden, zoals films, fotopapier, chemicaliën en spoelbakken.[2] In andere gebieden ging het er in die periode op dezelfde manier aan toe, zo hoorde Evert-Jan van een collega in Semarang, waar foto's van verkeersongelukken 'momenteel met een particuliere fotocamera [worden] gemaakt [...] en daarna door een Chinees ontwikkeld'. Als vervoer regelde Berlee via een Chinese handelaar een Vauxhall, een klassiek Britse automobiel, waar hij een bordje bovenop plaatste met FOTO-DIENST MILITAIRE POLITIE. Wat voor ratjetoe het ook mocht zijn, de fotografische afdeling was van start, en in het voorjaar van 1947 mocht Evert-Jan er aan de slag.

De mannen draafden op bij parades, begrafenissen en bevorderingsceremonies en maakten series die betrokkenen tegen kostprijs konden kopen. Foto's van een begrafenis stuurden ze naar de nabestaanden. Evert-Jan profiteerde van zijn nieuwe functie door af en toe ook iets voor zichzelf te ontwikkelen. 'U vroeg me of ik foto's kan vergroten van Vader of Frederik,' schreef Evert-Jan aan zijn moeder. 'Ik zal het proberen, maar stuur me dan de foto's over, dan zal ik de mooiste eruit kiezen. Bijvoorbeeld een pasfoto, of de trouwfoto wil ook, en er zijn misschien in mijn kast nog negatieven.' Ook voor Puck deed hij graag wat extra werk. 'Bedankt voor je brieven en de moeite van 't afdrukken van de foto's,' schreef Puck. 'Hier is nog een negatief. De M.P. betaalt 't dus wel? O.K. mij best, des te beter.' Voor zijn broertje Gerrit-Jan verborg Evert-Jan niet dat hij niet altijd volgens het boekje werkte. 'Het kost me nog wel eens een paar cent, want voor jezelf maak je natuurlijk ook foto's. [...] Als ik er een beetje meer routine in heb, ga ik zelf maken om bij te verdienen. Dat mag wel niet, maar je moet hier wel.' Maar, zei hij ook, 'dit werk bevalt me anders wel hoor.'

Parades fotograferen en privékiekjes ontwikkelen besloegen slechts een klein deel van de tijd. De belangrijkste taak van de fotografische afdeling was de ondersteuning van het politiewerk. Soms maakte Evert-Jan zelf de foto's van een plaats delict, in andere gevallen prepareerde hij alles voor zijn meerderen, omdat die ergens anders op Java moesten bijspringen. 'Filmen spoelen, omdat morgen Kool en Veenstra per K.L.M. naar Semarang moeten voor het opnemen van een grote moord, diefstal, plunderingszaak.' Dat soort zaken betrof af en toe ook misdrijven van de eigen troepen, maar zoals Limpach in zijn studie naar geweld van de Nederlandse militairen al stelde, trad de Nederlandse militaire justitie daar niet al te hard tegen op.[3] In Evert-Jans enveloppen zijn de verdachten op de foto's in ieder geval altijd Indonesiërs. Ik vind een serie *mug shots* van Indonesische mannen die allemaal strak in de camera kijken. Achterop de foto's staan namen als Aboebakar bin Moechtan en Mamat bin Kasim, met daaronder het misdrijf waar ze van verdacht werden: 'terzake Wapendiefstal', 'terzake Plundering' en 'Spionage'. Samen met de vingerafdrukken, die de afdeling ook afnam, werd dit soort foto's bij het proces-verbaal gestopt.

Ik open nog een envelop. '2 vermoorde militairen uit de omgeving van Bekasi' staat erop – Bekasi was een plaatsje nabij Batavia. Of het Europeanen, Indo's of Indonesiërs zijn vermelden de foto's niet. Het eerste lichaam zit vol schrammen. De handen zijn op de rug gebonden en de keel is doorgesneden. Van het hoofd is niets meer herkenbaar als een menselijk gelaat, alles lijkt in elkaar gebeukt tot één prak. Van de tweede militair is het hoofd afgehakt; op de foto ligt het naast het lichaam. Het kruis is een krater van verrotting – deze man lijkt hetzelfde lot ten deel gevallen als zes van zijn collega's in Pesing.

Dan zijn er nog de foto's van andere opgravingen. 'Opname: kampong Doeri. Onderwerp: opgraving vermoord persoon (dader aanwezig).' De foto's tonen de botten van een opgegraven lichaam. Bij de schedel zit een gehurkte man die de dader moet zijn. Een andere envelop bevat een serie foto's van een soortgelijke opgraving, maar hier liggen verschillende hoopjes stoffelijke resten verspreid over een open veld. Een patholoog-anatoom buigt zich over de botten om sectie te verrichten.

Het voelt ietwat voyeuristisch, haast sensatiebelust om de foto's zo gedetailleerd te bestuderen. Al die personen die op zo'n gruwelijke en vaak anonieme manier aan hun einde zijn gekomen. Wie ben ik om daar dan zo mee aan de haal te gaan? Toch ga ik ermee door, want ik wil begrijpen wat mijn opa heeft meegemaakt. Waar hij oog in oog mee heeft gestaan. Deze foto's illustreren de absurde gevolgen van oorlog. Waar de fotografische afdeling dus mee te maken kreeg. Dit moet die veteraan bedoeld hebben die mij vertelde dat ik de moorden in Indië mocht vergelijken met de praktijken van IS in Syrië en Irak.

Waarom heeft Evert-Jan de foto's na zijn diensttijd mee naar Nederland gesmokkeld om ze vervolgens altijd te bewaren? Was het om anderen te bewijzen wat hij had doorstaan? Of was het een bewijs voor zichzelf, zodat hij de beelden nooit zou vergeten? Zou hij ze ooit nog bekeken hebben? Hoe graag ik zijn overwegingen ook wil weten, hij schreef amper over de foto's. In zijn dagboek bleef zijn werk bij de dienst beperkt tot zinnen als 'Vandaag kwam op de fotografische dienst de barang [bagage] aan, zoals vergrotingstoestellen, glansapparaten' of 'dienst als gewoonlijk. 3 gevallen van verkeersongelukken afgewerkt. Momenteel zijn we zover dat we alles bijgewerkt hebben op fotografisch gebied der M.P.' Over het fotograferen van lijken is één notitie te vinden: 'Foto's gemaakt van opgravingen van slachtoffers te Pasar-Ikan.' In een brief van Puck vind ik nog een enkele aanwijzing: 'Je schreef dat je rare dingen ziet bij die foto-afdeling van jullie. Wat dan? En zou ik er van rillen? Een meisje ben ik nu eenmaal, maar geen rillend juffershondje.' Het was duidelijk dat Evert-Jan er niet te veel over kwijt wilde. Wel bewaarde hij een krantenbericht met de kop DE OPGEGRAVEN LIJKEN dat me meer vertelt over de context van die opgravingen. Het bericht komt uit *Het Dagblad*, een krant uit

Batavia, en verhaalt over de moord op vijftien mannen, vrouwen en kinderen.[4] Allen werden op de avonden van 20 en 21 november 1945 ontvoerd. Tien maanden later werden de dode lichamen teruggevonden in een park in Batavia. Een van de slachtoffers logeerde in Batavia 'in het Djocja Hotel. Op den dag van den moord was hij met een vriend uitgegaan', toen hij 'met een samoerai-zwaard werd vermoord'. De moordenaar was nog niet gearresteerd, 'maar ook hem is de M.P. op het spoor. Hij is een berucht individu, die in zijn omgeving zeer gevreesd was'.

Ook enkele van de opgravingen van Evert-Jans foto's betroffen moorden uit 1945, zo lees ik op de achterkant van de foto's. Moorden kortom, gepleegd tijdens de beruchte bersiapperiode waarin het revolutionaire geweld zich tegen Indo's, Nederlanders en andere minderheden keerde. Nederland was niet van plan om de vijandelijke geweldplegers daarmee weg te laten komen. Na de totale anarchie van de Bersiap had Nederland iets meer controle over het conflict gekregen, zij het nog altijd in zeer beperkte mate en slechts in enkele gebieden. Toch gaf dat Nederland de ruimte om achter zowel de Republikeinse pemoeda's als de Japanse soldaten aan te gaan die tijdens de bezettingstijd over de schreef waren gegaan. Zo begon Nederland in 1946 met de opsporing en berechting van Japanse en Indonesische oorlogsmisdadigers. Voor het onderzoek van dit soort zaken werden regelmatig massagraven blootgelegd.[5]

In het Nationaal Archief in Den Haag stuit ik op 'stukken betreffende de moorden gepleegd tijdens de eerste en tweede bersiap-periode en de vervolging en berechting van de daders'. Een vuistdik pak vol onderzoeksrapporten. Een ordening naar tijd of locatie ontbreekt. De documenten liggen dwars door elkaar, dus spit ik ze een voor een door. De verslaglegging van de Militaire Politie was weliswaar uitvoerig, de archivering is een ander verhaal. Rapporten zijn maar ten dele bewaard gebleven en in veel gevallen helemaal niet. De stukken geven me wel een indruk van het onderzoekswerk waar Evert-Jan aan meewerkte. Ik zie hetzelfde type foto's als bij Evert-Jan; verdachten gehurkt voor een net gegraven gat in de grond. Een van de meest nauwgezette documenten behandelt de moordzaak op de familie Van der Linden in het Oost-Javaanse Banjoewangi. Moeder Van der Linden heeft als enige van haar familie een aanval van Indonesische extremisten overleefd, zo lees ik in het onderzoeksverslag. Wel werd ze zwaar mishandeld en was ze getuige van de moord op haar man, haar twee kinderen, twee nichtjes en een neefje. De familie was op de vlucht geslagen na berichten over islamitische pemoeda's die in naburige plaatsen Hollanders hadden afgeslacht. Toen de Van der Lindens halt hielden bij een brug om wat te rusten en te eten werden ze overvallen. Het resultaat is te lezen in een gruwelijk gedetailleerde analyse van de dode lichamen: 'Aan de lichamen waren de navolgende bewijzen van bestialiteit waar te nemen: Heer v.d. Linden miste linkerarm, had een diepe kapwond in de nek en opengesneden buik. Dochter Carla (19 jaar) miste linkerborst, kapwond in de nek. Speerstoot in schaamdeel. Volgens inlichtingen eerst verkracht. Oudste zoontje (12 jr): opengekapte dij en kuit. Kapwond in de nek en half weggeslagen schedel. Andere kinderen waren afgemaakt middels speersteken in borst en buik.'[6]

De hele map bulkt van dergelijke verslagen. Het onderzoek van dit soort misdaden had hoge prioriteit voor de Nederlanders. Een speciaal opgerichte Opsporingsdienst Overledenen verzamelde zo veel mogelijk gegevens over vermiste en vermoorde personen. Slachtoffers als de Van der Lindens kregen een eervolle begrafenis.

Werkend voor de fotografische afdeling was Evert-Jan een van de schakels in het onderzoekswerk. Ook hij werd ingezet bij de berechting van verdachte oorlogsmisdadigers. Met name de rechtszaken tegen de Japanners maakten indruk, want ook daarvan bewaarde hij een artikel uit *Het Dagblad*. 'Het grootste proces tegen oorlogsmisdadigers in Nederlands-Indië: de zaak tegen de Kempei Tai.' Het strafrechtelijke proces kwam vanaf 1946 langzamerhand op gang. Er werden ruim twintig temporaire krijgsraden ingesteld die recht zouden spreken over de Japanse verdachten. De raad in Batavia kreeg de grootste klus. Meer dan driehonderdvijftig Japanners stonden daar terecht, waarvan een groot deel tot de Kempeitai behoorde, de Japanse variant van de Militaire Politie, die berucht was om haar wrede martelmethoden.[7] De MP'ers transporteerden de Japanse verdachten van de Tjipinang-gevangenis naar de rechtbank aan het centraal gelegen Waterlooplein. Soms was Evert-Jan bij de zitting aanwezig als Provoost Geweldige, wat betekende dat hij verantwoordelijk was voor de orde in de rechtszaal en de bewaking van de gevangenen: 'Naar de Temporaire Krijgsraad, waar ik als Provoost Geweldige dienst moest doen.'

De kans was groot dat het tijdens Evert-Jans aanwezigheid in de rechtszaal tot een veroordeling kwam. Dat gebeurde namelijk bij bijna vijfennegentig procent van de terechtstaande Japanners. Daarmee trad Nederland strenger op tegen Japan dan welk ander land dan ook. Vrijwel alle Nederlanders en Indische Nederlanders hadden zwaar geleden onder de Japanse bezetting, en het kostte dan ook weinig moeite om voldoende verklaringen tegen Japanners te verzamelen. Volgens mr. L.F. de Groot, president van de Temporaire Krijgsraad in Batavia, werden de getuigenissen tegen Japanners 'in volkomen begrijpelijke verbittering' daarbij vaak schromelijk overdreven. Daders 'werden met een ontstellend gemak en ontstellende onverschilligheid' aangewezen. Uiteindelijk berechtte Nederland 1038 Japanners in Nederlands-Indië. 236 van hen kregen de doodstraf.[8]

Zo zag Evert-Jan al die fasen in het justitiële proces voorbijkomen. Ondanks het soms naargeestige werk was zijn leven bij de fotografische afdeling een stuk kalmer dan in zijn eerste jaar. Hij kon zijn familie geruststellen dat hij niet meer 'gekeeld' kon worden 'door pemoeda's, Laskar Rajats, T.N.I. [De TRI heette vanaf juni 1947 Tentara Nasional Indonesia, TNI] of wat meer van die ongeregelde benden. [...] Hoe zouden ze een fotograaf (in de dop) ook kunnen vinden in zijn donkere kamer?' Nu ging hij de meeste dagen samen met de collega's van Personele Zaken en de Juridische Afdeling naar zijn kantoor aan het Koningsplein.[9] En dat terwijl de strijd op het punt stond om weer op te laaien.

20

'EERSTE POLITIONELE ACTIE'

Zondagavond 20 juli 1947. Alle militairen kregen een oproep om zich paraat te maken. Verloven werden ingetrokken. 'Wat zal er gebeuren?' schreef Evert-Jan. De mannen pakten hun plunjezakken en kregen extra rantsoen, ondergoed en sokken. De barakken moesten schoon en de voertuigen startklaar gemaakt. In de kantines kwam iedereen samen voor gebed.[1] 'Er is sprake dat maandag de actie zal beginnen.'

Ze hoefden niet eens tot de volgende dag te wachten, want nog diezelfde zondagavond verspreidden Nederlandse militairen zich in groten getale over Batavia. Een uur voor middernacht naderde een groep soldaten de straat Pegangsaan Oost. Ze arriveerden bij de witte villa op nummer 10, dezelfde villa waar Soekarno amper twee jaar eerder de onafhankelijkheid van Indonesië had uitgeroepen. Het was dan ook niet zonder symboliek dat de Nederlanders uitgerekend dit gebouw wilden innemen, dat inmiddels dienstdeed als hoofdkantoor van het Republikeinse bestuur. Gedekt door de maanloze nacht vielen de soldaten het huis binnen. De Nederlandse soldaten waren in overtal en beter bewapend, waardoor de Republikeinse wachten het huis over moesten geven.[2] In heel Batavia vonden soortgelijke acties plaats. In korte tijd bezetten Nederlandse troepen tal van belangrijke gebouwen: postkantoren, spoorwegstations, telefooncentrales. Republikeinse kopstukken werden van hun bed gelicht en gearresteerd.

Ook op de rest van Java en op Sumatra kwamen de Nederlandse

militairen in beweging. De haven van Soerabaja lag afgeladen met torpedobootjagers en fregatten. Tanks, pantserwagens en duizenden mariniers verdwenen in enorme landingsvaartuigen. Zo'n honderdvijftig kilometer naar het zuidoosten mochten ze er weer uit, op het witte zand van Pasir Poetih, om van daaruit delen van Oost-Java te bezetten. Tegen het decor van exotische stranden bestookten de mariniers het Republikeinse leger met granaten en mitrailleurvuur.[3]

Diezelfde dag trok een deel van Evert-Jans collega's van de W-Brigade ten noorden van Bandoeng de bergen in. Ze moesten de Tjiaterpas veroveren. Inname ervan zou de weg naar Cheribon openen, een grote havenstad aan de noordkust van Java. In de aanhoudende regen marcheerden de compagnies urenlang over modderige paden. Het slechte weer deerde de mannen niet, net zomin als het vijandelijke snipervuur en de vele versperde wegen. Ze waren op een belangrijke missie. Het strategische belang was niet hun enige motivatie, de Tjiaterpas was ook een doelwit met emotionele waarde. In 1942 hadden Nederland en Japan hard om de pas gevochten, maar uiteindelijk had Nederland ook daar het hoofd moeten buigen. De manschappen waren erop gebrand de geleden nederlaag van toen te revancheren.[4]

Het enthousiasme was bij vrijwel alle Nederlandse soldaten groot. Na maanden van wapenstilstand mochten ze eindelijk aan de slag. Overal rolden tanks over de frontlijn. Met een overmacht aan materieel viel Nederland aan. De oorlog barstte nu, voor zover dat nog niet het geval was, echt in alle hevigheid los.

'Landgenoten, er komt een punt waarop lankmoedigheid ophoudt een deugd te zijn,' sprak premier Beel die bewuste zondagavond op de Nederlandse radio.[5] Maar het akkoord van Linggadjati was pas een paar maanden oud en leek Nederland en Indonesië dichter bij elkaar te hebben gebracht. Hoe kon het Nederlandse geduld plots op zijn?

De Republiek Indonesië en de Nederlandse onderhandelingsdelegatie hadden al in november 1946 de conceptovereenkomst van Linggadjati bereikt. Vervolgens had het maanden geduurd voordat het concept werd omgezet in een definitief akkoord. In Nederland bleven het kabinet en de Tweede Kamer steggelen over de precieze voorwaarden. Uiteindelijk stelde Nederland allerlei aanvullende eisen, verwoord in een zogenaamd 'aangekleed' akkoord; een toelichting van tientallen bladzijden op het oorspronkelijke document – groter dan het akkoord zelf. Nederland wilde Nieuw-Guinea behouden, als een soort vestigingsplaats voor de Indische Nederlanders, plus de garantie dat het Nederlandse bedrijfsleven zijn handel in Indonesië kon voortzetten. Ook moest Indonesië de Nederlands-Indische staatsschuld overnemen.[6] De Republikeinse leiders voelden er weinig voor om zich naar allerlei nieuwe eisen te schikken. Ze waren toch al tot overeenstemming gekomen?

Uiteindelijk tekenden beide partijen op 25 maart 1947 de oorspronkelijke, 'naakte' versie van Linggadjati. Wel hielden de Nederlanders vast aan het aangeklede verdrag en 'nam goede nota van Uw mededeeling, dat de regeering van de republiek Indonesië zich aan deze stukken niet gebonden acht'.[7] Na ondertekening zou er 'nog ruimschoots gelegenheid' zijn om de verschillen te bespreken. Daarmee werd het verdrag feitelijk niet meer dan een soort *agree to disagree*. Toch zetten ze hun handtekening. Nederland wist dat een weigering van Linggadjati tot onbegrip bij de Amerikanen en Britten zou leiden, terwijl het afhankelijk was van hun steun. De Republiek vertrouwde erop dat ze de verschillen in het akkoord uiteindelijk in haar voordeel zou doen keren. Al met al was de oplossing 'niet bepaald fraai', gaf PvdA-minister Drees toe.[8]

Ondanks de moeizame totstandkoming en het gekunstelde eindresultaat leidde het akkoord van Linggadjati tot een voorzichtige feeststemming in Batavia. Op sommige plekken hing de Nederlandse driekleur naast het Indonesische rood-wit. Mensen verzamelden zich op straat, organiseerden feestmalen en staken vuurwerk af.[9] Evert-Jan verkeerde midden in het feestgedruis. 'Vanmorgen was het op het Koningsplein heel druk. Duizenden en nog eens duizenden Indonesiërs waren op de been. Wat moeten we van dit alles zeggen? Ik wil niet veel zeggen dan dit: Als het werkelijk lukt straks een oplossing te zoeken in een vredige archipel langs het met zulke schone woorden beklonken Linggadjati-akkoord, dan juich ik de ondertekening ook toe, al was de weg dan niet altijd de juiste die wel gevolgd had moeten en misschien kunnen worden.'

Onder de dikke aslagen van teleurstellingen van de voorbije jaren ontkiemde een zaadje van hoop. Hoe vruchtbaar die hoop zou zijn hing af van de uitwerking van Linggadjati. Het Nederlandse gekift had de duidelijkheid van het akkoord niet bevorderd. Beide partijen konden de uiteindelijke tekst naar eigen wens interpreteren, en de Republiek was niet van plan zich veel van de aangeklede versie aan te trekken. Met de ondertekening was haar belangrijkste doel al gehaald: de de facto erkenning van de Republiek Indonesië door Nederland. Bijkomend gevolg was de zo gewenste internationale erkenning door grootmachten als Groot-Brittannië, de Verenigde Staten en China. Daarmee was Linggadjati voor de Republiek eigenlijk al een succes, ongeacht de verdere uitwerking.[10] Het akkoord verstevigde immers de positie van de Republiek ten opzichte van de kolonisator en bracht het uiteindelijke streven, de totale onafhankelijkheid van Indonesië, weer een stap dichterbij.

Naast de internationale erkenning kreeg de Republiek nog een extra troef in handen: de belabberde financiële situatie van Nederland. Het leger in Indonesië kostte de Nederlandse staat inmiddels drie miljoen gulden per dag. Een onhoudbare kostenpost voor een land dat kort na de Duitse bezetting genoeg problemen had om de wederopbouw te bekostigen en daarbij volledig afhankelijk was van Amerikaanse en Britse leningen.[11] Ondanks de harde feiten woog ideologie voor de regering zwaarder dan de financiële huishouding. Een Nederland zonder Indië was voor de meeste mensen nog altijd ondenkbaar. 'Indië verloren, rampspoed geboren' was wederom een veelgebezigde leus in die dagen, en lange tijd werden de hoge kosten van het Indonesië-beleid genegeerd. In 1947 kwam de bodem van de schatkist in zicht, tot ontzetting van de verantwoordelijke minister van Financiën, Piet Lieftinck. Hij berekende dat Nederland zijn krijgsmacht nog tot het einde van het jaar kon betalen. Voor die tijd moest de Indonesische kwestie zijn afgehandeld. Maar vlak na de ondertekening van Linggadjati bleken de ware schulden van het Nederlands-Indische bestuur nog veel hoger dan verwacht en was Nederland al zo goed als bankroet. De druk op een snelle oplossing nam toe. Lieftinck stelde daarom voor om het leger op te doeken. Die optie was voor zijn collega's in het kabinet veel te radicaal, hoewel iedereen begreep dat het conflict niet langer door kon sudderen.[12]

De Republiek wist van de dramatische Nederlandse financiën, en met de Britse en Amerikaanse erkenning op zak wijzigden de Republikeinse leiders hun strategie. Ze wilden Nederland veel sneller kwijt dan langs de geleidelijke weg, zoals in Linggadjati was vastgelegd. Een overgangsperiode was voor hen onnodig. Het Nederlandse voorstel van een gezamenlijke gendarmerie om de rust en orde te handhaven was helemaal uit den boze. De veiligheid in de Republikeinse gebieden kon de Republikeinse politie zelf wel bewaken.

Na een korte periode van toenadering dreven beide partijen toch weer uiteen. In het voorjaar van 1947 verhardde het conflict opnieuw en had Nederland geen tijd meer voor diplomatie. De enige mogelijkheid leek nog een militaire oplossing. Door een grootschalig offensief te starten zou Nederland de Republiek kunnen terugdringen en tegelijkertijd de belangrijke productiegebieden op Java en Sumatra veroveren die Nederland de zo nodige economische voordelen zouden opleveren.

Hoewel militair zwakker zag de Republiek ook kansen bij een Nederlandse aanval. Als ze de Nederlandse troepen lang genoeg kon afweren, zou Nederland het financieel nooit lang volhouden. Daarbij verwachtte de Republiek dat de Verenigde Staten verdere financiële steun aan Nederland zouden weigeren, omdat die Nederland, als aanstichter van de actie, als agressor zouden zien.[13]

De Amerikaanse en Britse steun voor Nederland was echter minder broos dan de Republiek had gehoopt. De onbereidheid van de Republikeinen om Linggadjati uit te voeren leidde bij de Amerikanen en Britten juist tot enig begrip voor militair ingrijpen. Daar besloot Nederland dan ook toe. Het geduld was op, zelfs de rasonderhandelaars Van Mook en Schermerhorn waren de Republikeinse wispelturigheid zat.[14] Voor het gemak werd het Nederlandse getreuzel rondom Linggadjati maar even vergeten.

Evert-Jan onderschreef de nieuwe politieke richting, zo blijkt uit een brief naar huis: 'Wat er ook gaat gebeuren, noch de Republiek, noch de wereld zal kunnen zeggen dat hier met dit volk en land niet de uiterste geduldigheid is betracht. Men heeft werkelijk de Republiek als een volwaardige partij beschouwd, maar hieraan heeft de Republiek de minste waarde gehecht en steeds maar gelachen wanneer de heren weer op de prachtstoelen geraakten.' Evert-Jan was wel bezorgd over de aanpak van een militaire actie. 'Momenteel kan men hier te lande wel spreken van een geladen atmosfeer. De besprekingen zijn ten einde en nu zullen er wat orders moeten volgen. [...] Het is te hopen dat het zonder veel bloed gefikst mag worden, want de tijd dat ik hier ben, heb ik wel gezien dat de onschuldigen het slachtoffer worden van de stokers.'

In Den Haag bereidde men zich voor op een militaire aanval, al repte niemand over een oorlog. Het kabinet sprak af om de termen 'oorlog' of 'militaire actie' nooit in het openbaar te gebruiken. Dit was een binnenlandse kwestie die Nederland met 'politionele' middelen op zou lossen.[15] Vandaar dat men eufemistisch sprak over een 'politionele actie'. Vanwege de economische motieven – de regering verwachtte vierhonderd miljoen gulden aan onder meer rijst- en rubbervoorraden buit te maken – kreeg de actie de codenaam 'Operatie Product'.[16]

Op maandagochtend 21 juli 1947 gaf generaal Spoor het startsein voor het grote offensief. Een troepenmacht van bijna honderdduizend Nederlandse militairen kreeg opdracht om grote gebieden van Java en Sumatra te bezetten.[17] Evert-Jan begreep dat dit een speciale gebeurtenis was. 'EEN NIEUWE FASE in de Indische Politiek,' schreef hij in zijn dagboek. De daadwerkelijke gevechten gingen aan hem voorbij, omdat hij bij de fotografische dienst inmiddels vooral aan justitiële onderzoeken werkte. 'Mee naar het front behoefde ik niet (dit speet me wel), want ik heb mijn werk hier in Batavia.' Wel volgde Evert-Jan de vorderingen nauwgezet. In zijn dagboek noteerde hij elke stap van het Nederlandse leger alsof hij een militair rapport opmaakte. 'Gestelde doelen in eerste etmaal overal bereikt. De tegenstand over het algemeen zwakker dan verwacht. Verliezen blijven beperkt. Bij de troep heerst kameraadschap in de beste vorm.' Een dag later: 'Acties hebben zeer vlot verloop. Tegenstand van betekenis slechts sporadisch. Verliezen aan onze zijde: 17 doden, 23 gewonden en 3 vermisten. [...] De spoorlijn Buitenzorg-Tjiandjoer geheel onder controle. [...] Cheribon in handen van Ned. troepen.'

De opmars van de Nederlandse krijgsmacht ging inderdaad zo voorspoedig als Evert-Jan opschreef. Weliswaar beschikten de Indonesische troepen, inclusief alle autonome strijdgroepen, over twee-

Het behaagde den Heere, na 5 weken in het ziekenhuis te Zwolle verpleegd te zijn, tot Zich te nemen in Zijn eeuwige heerlijkheid onze innig geliefde onvergetelijke Zoon en Broeder

FREDERIK

in den bloeienden leeftijd van 16 jaar.

Naar zijn eigen getuigenis ging hij naar Jezus. Kort voor zijn dood sprak hij nog: „Nu ben ik in Jezus armen."

Dit is ons tot rijken troost in dezen zoo zwaren en moeilijken weg.

Uit aller naam:
Wed. H. NIJBOER
en Kinderen.

De Schans, 1 November '46.

Overlijdensbericht van Frederik Nijboer, 1 november 1946.

Het gezin Nijboer na het overlijden van vader Hendrik en Frederik. Vlnr: Evert-Jan, Gerrit-Jan, Henny, Gerrit, moeder Berendina, Henk, Evert, Dirk-Jan.

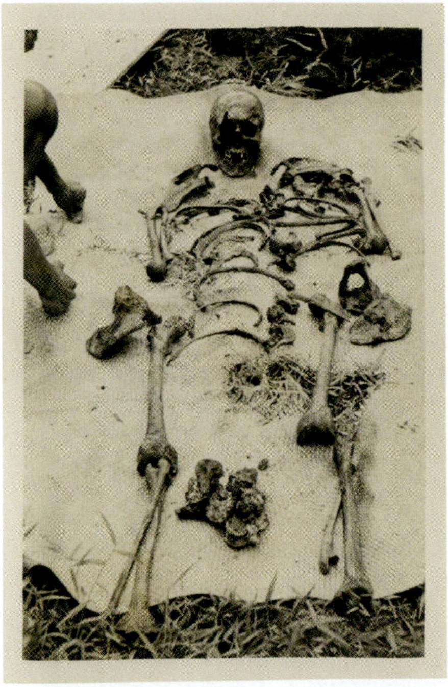

Opgegraven skelet op een van Evert-Jans foto's.
Op de envelop staat: 'Opname kampong Doeri - Onderwerp: opgraving vermoord persoon'.

Verbrand lijk op een van Evert-Jans foto's.

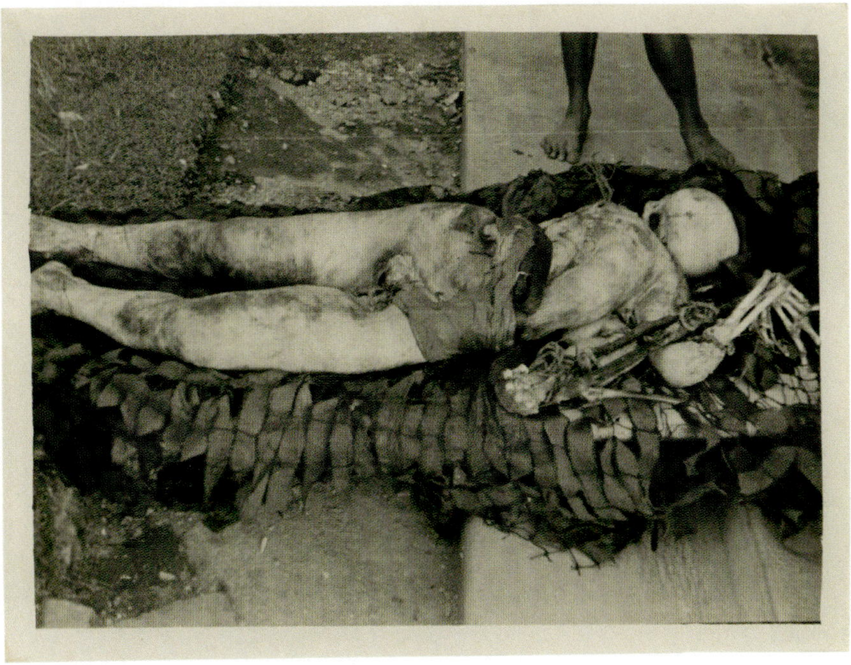

Lijk op een van Evert-Jans foto's. Op de envelop staat: 'Batavia 1 maart '47 - onderwerp: 2 vermoorde militairen uit de omgeving van Bekasi - opn. Mil. Hospitaal'.

Op een van Evert-Jans foto's: een patholoog-anatoom onderzoekt de opgegraven skeletten.

Soldaten van de Militaire Politie tijdens een parade op het Koningsplein te Batavia.

Mariniers landen op het strand van Pasir Poetih op Oost-Java tijdens de 'Eerste Politionele Actie', 21 juli 1947.

De Grote Beer, het schip waarmee Evert-Jan vanuit Java terugvoer naar Nederland.

Soevereiniteitsoverdracht aan Indonesië in het Paleis op de Dam, met koningin Juliana geflankeerd door Mohammad Hatta (links) en Willem Drees (rechts), 27 december 1949.

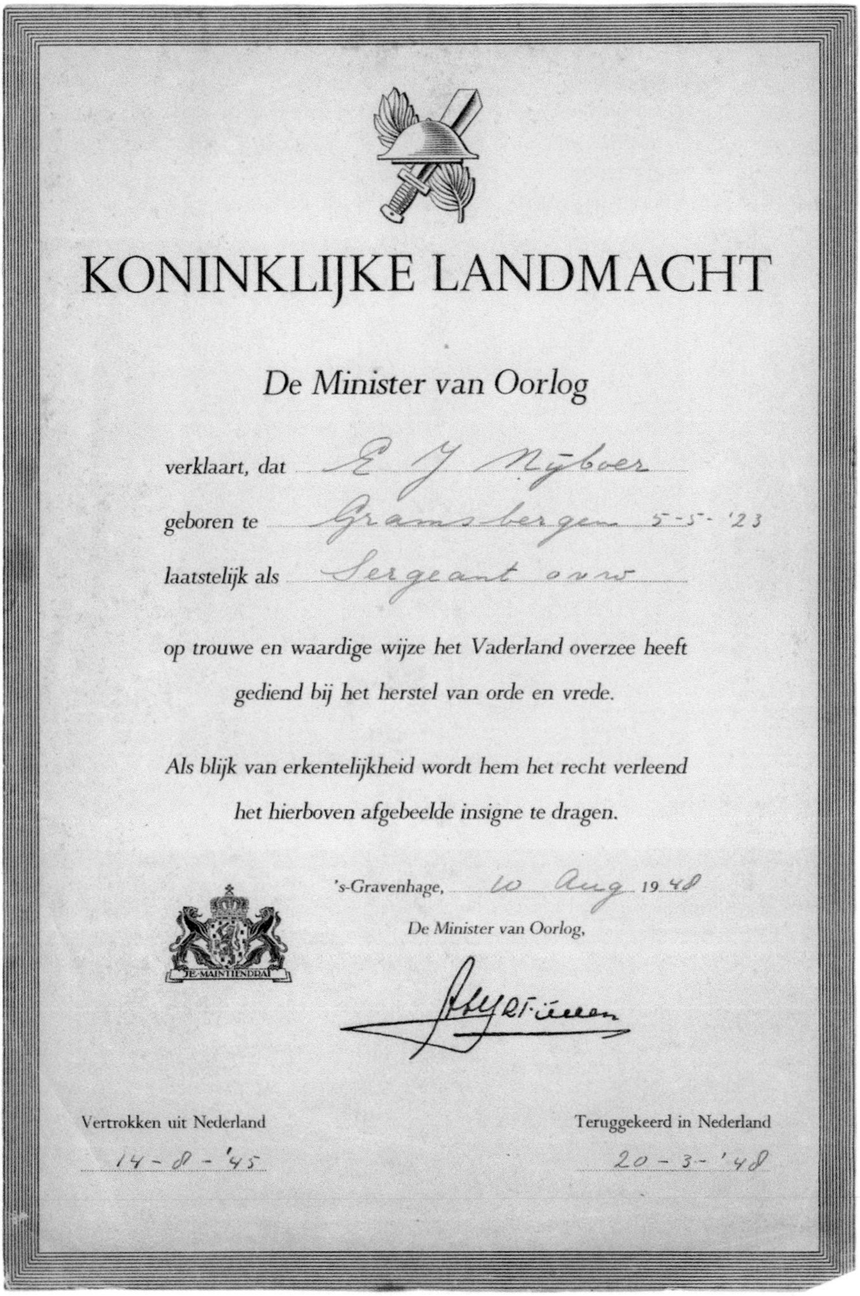

KONINKLIJKE LANDMACHT

De Minister van Oorlog

verklaart, dat E J Nijboer

geboren te Gramsbergen 5-5-'23

laatstelijk als Sergeant ovw

op trouwe en waardige wijze het Vaderland overzee heeft gediend bij het herstel van orde en vrede.

Als blijk van erkentelijkheid wordt hem het recht verleend het hierboven afgebeelde insigne te dragen.

's-Gravenhage, 10 Aug 1948

De Minister van Oorlog,

JE MAINTIENDRAI

Vertrokken uit Nederland	Teruggekeerd in Nederland
14-8-'45	20-3-'48

Oorkonde van de Minister van Oorlog, 1948.

Trouwfoto van Evert-Jan en Dien, 1953.

Evert-Jan en Dien tijdens hun veertigjarig huwelijksfeest, 1993.

honderdduizend man op Java en honderdduizend man op Sumatra, maar de bewapening en uitrusting van de Nederlanders was superieur. Veel Indonesische soldaten hadden niet eens vuurwapens, maar vochten met bamboesperen.[18] Met groot machtsvertoon trokken de Nederlandse troepen voorbij de frontlinies en rukten ze op richting fabrieken, plantages en opslagplaatsen. Commandanten kregen instructie om bedrijven in te nemen die onmiddellijk in productie konden gaan. Binnen enkele dagen was vrijwel heel West-Java in Nederlandse handen. De mariniers veroverden na hun landing op het strand van Pasir Poetih een belangrijk deel van Oost-Java, en ook op Sumatra controleerden de Nederlanders belangrijke economische doelen.[19] De verworven gebieden gaven Nederland wat financiële slagkracht om de strijd in Indonesië voort te zetten. 'Operatie Product' leek tot een succes uit te groeien.[20]

Waar Nederland voorheen vrijwel elk streven naar onafhankelijkheid had geblokkeerd, was deze militaire actie met name gericht tegen de Republikeinse strijders. Een groeiende groep Nederlanders begreep inmiddels dat de vrijheidswens meer was dan een Japanse creatie en ook leefde bij de rest van het Indonesische volk. De Tweede Wereldoorlog had in Nederland tot een dualistisch denkkader geleid; men dacht aanvankelijk in termen van goed en fout, met weinig ruimte voor nuance. Nederland tegen Duitsland, verzet tegen collaboratie en de democratische, vrije geallieerden tegen de fascisten en nazi's.[21] Ook de onafhankelijkheidsstrijd in Indonesië werd lange tijd zo voorgesteld. Iedere opstandeling was fout, terwijl Nederland vanzelfsprekend aan de moreel superieure, goede kant stond. Vanuit die tegenstelling dacht Evert-Jans moeder ook, zo blijkt uit een brief van Evert-Jan aan haar. 'Ik kan me heel goed begrijpen dat U zich de zaken hier voorstelt, als met de NSB-ers tijdens de bezetting. [...] Maar ik wil dan toch even zeggen dat dit fout is.' Want, zo zei hij, 'we kunnen nu eenmaal niet de NSB gelijkstellen aan de vrijheidsdrang van dit volk'. Na anderhalf jaar Indië zag ook Evert-Jan dat het conflict complexer was dan die strikte tweedeling. 'Meen nu niet dat ik ga pleiten voor een huidige Republiek. Wel ben ik voor zelfstandigheid, waar men recht op heeft. [...] De zelfstandigheid zal dit volk krijgen. Het enigste is op welke manier?'

Hij mocht dan iets meer begrip opbrengen voor de Indonesiërs, zijn Hollandse paternalisme bleef onwankelbaar. 'De vrijheidsdrang hier gaat gepaard met de ontwikkeling van dit volk.' Volgens Evert-Jan was de goedwillende meerderheid niets kwalijk te nemen. Het volk was volgens hem beïnvloed door 'de Japanse propaganda, die funester heeft gewerkt bij de goedgelovige, dommere mensen van het Oosten dan bij onze nuchtere Westerlingen'. Maar zijn felheid tegenover de Republikeinse strijders bleef overeind. 'Veel is vernield door de terreurdaden der Republikeinen. Geen wonder dat onze troepen overal luid toegejuicht worden. Het misleide volk (90%) wil dit niet. Zij wil rust voor eigen huis en kampong of dessa.' Nederland moest volgens Evert-Jan eerst zorgen voor orde en veiligheid in Indonesië. 'Wil die orde werkelijkheid worden dan dient de huidige Republiek met haar leider geliquideerd te worden en daarvoor is een actie het enige goede in het algemeen belang.' Ook Evert-Jan zag militair ingrijpen dus als onvermijdelijk in het conflict dat hem steeds meer aan het hart ging: 'Weet dat hier thans een strijd gestreden wordt die zeker zo belangrijk is als de onze tegen Duitsland.'

Alle rechtvaardigingen van zowel Evert-Jan als de Nederlandse regering ten spijt was deze 'politionele actie' natuurlijk een oorlog. Een militaire aanval van bijna honderdduizend man kan moeilijk anders worden bestempeld. Maar met de term 'politionele actie' probeerde het kabinet de aandacht af te leiden van de ware aard van het Nederlandse ingrijpen. De beeldvorming slaagde boven verwachting goed, want zelfs tegenwoordig is het gebruik van 'politionele actie' in Nederland nog altijd gemeengoed. Indonesiërs spreken over *Agresi Militer Belanda*, de Nederlandse militaire agressie. Schrijver Kester Freriks sprak voor zijn boek *Echo's van Indië* met Soedibyo, een van de vroegere vrijheidsstrijders, die hem vertelde: 'Als uw land de onafhankelijkheid van Indonesië had aanvaard was er veel bloedvergieten voorkomen, dan waren de gewelddadige oorlogen die zo verzachtend "politionele acties" heten er nooit geweest.'[22]

Een directe onafhankelijkheid bleef voor de meeste Nederlanders nog altijd onbespreekbaar. Daarvoor was het land nog te onveilig, zo was de boodschap van de Nederlandse legertop. Alleen de Nederlandse manschappen konden de orde en daarmee de vrede doen laten terugkeren in Indonesië. Via fotoreportages, radioredes, films en voorlichtingsbladen werden de soldaten en het Nederlandse publiek beïnvloed. Evert-Jan volgde trouw de lijn van de Nederlandse voorlichtingsdiensten. Zijn dagboek en brieven zijn doordrenkt van hun discours: orde, rust, recht, veiligheid.

Enkele maanden na het begin van de militaire actie zag Evert-Jan zo'n voorlichtingsfilm, gemaakt in opdracht van de Regeringsvoorlichtingsdienst. In het centrum van Batavia ging hij 'naar de bioscoop de Rex waar *Linggadjati in de branding* draaide'. Op oude foto's oogt de Rex als een futuristisch hoogtepunt van de roaring twenties waarin de bioscoop gebouwd werd. De verticale rijen ramen aan beide zijden van het art-decogebouw rusten op de strakke, rechthoekige ingang die de bezoekers opslokt. In 1947 functioneerde de Rex nog altijd en vulde de filmzaal zich met militairen voor *Linggadjati in de branding.* 'Men ziet de grote verwoestingen, vermoorde personen, men ziet hoe de Nederlandse soldaat als bevrijder komt en ook zodanig wordt begroet,' schreef Evert-Jan. 'Maar ook vaak dat hij te laat kwam; dat kostbare gebouwen zijn verbrand of ondernemingen verminkt. In de bevrijde gebieden komen de kampongbewoners weer terug. Deze film geeft een klein overzicht in vogelvlucht, maar hoeveel groter is de werkelijke ellende niet geweest; hoe groot is soms de zelfbeheersing niet geweest, niet moeten zijn voor de Nederlandse soldaat die hier stond voor recht en vrijheid maar die zo weinig mocht doen.'

Via het archief van het Instituut voor Beeld en Geluid kan ik de film zelf bekijken.[23] 'Gemarteld Indonesië snakt naar vrede,' begint de vertelstem. Hoewel de Japanners waren verdreven, was de misère die ze in Indië hadden achtergelaten nog niet voorbij, zo luidt de boodschap. 'Het beruchte samoeraizwaard zal alleen overblijven als symbool van middeleeuwse barbarij. Maar als een kwade schimmel bleef de ellende achter in de gebieden waar Japan had geheerst.' Er volgen beelden van wat Japan heeft aangericht: uitgemergelde, oude mensen te bed in een ziekenzaal, zittende kinderen in een jappenkamp, die wat in de aarde graven als enige vorm van vermaak, een geïmproviseerd kerkhof van gammele, witte kruizen op een overwoekerd veld. 'Doch wild laait de terreur op die van dit prachtige land een hel zal maken. De terreur die afschuwelijk parasiteert op het jonge, ook in Nederlandse kringen begrepen en aanvaarde vrijheidsideaal.'

'Het Indonesische vrijheidsstreven vindt in Nederlandse kringen begrip,' vervolgt de omroeper, aansluitend bij de gekantelde opinie in Nederland. Maar 'het Japanse gif was gezaaid, een sfeer van haat ontstaan'. De Japanners hadden de Indonesiërs tot vechtautomaten opgeleid. 'Kadaverdiscipline en ganzenpas, het kon Duits zijn als het niet Japans was.' De Republikeinse terroristen brengen 'de reeds zo zwaar getroffen bevolking' nieuwe rampen. 'De oogst is vernield, de kampongs ontredderd. Zinloze vernietiging, ontzaggelijke schade. En het is de Indonesische bevolking die hongert.' De film toont een man, wezenloos liggend op de grond. In een close-up blijkt zijn gezicht vol vlekken te zitten. Een vlieg landt op de tanden in zijn uitgedroogde mond. In het volgende shot tel ik de ribben van een naakt jongetje. Met armen dun als stokjes brengt hij een vod naar zijn hoofd, veel te groot voor zijn magere lijfje.

Maar daar zijn de 'frisse, jonge kerels vol energie en gedragen door één ideaal: een einde te maken aan moord en roof. Recht en veiligheid te brengen aan de zo zwaar beproefde Indonesische bevolking. [...] De jongens uit Friesland en uit Limburg. Uit Twente en uit de grote steden uit het westen van Nederland.' En die frisse, jonge kerels kunnen niet anders dan ingrijpen. Een militaire actie is in het scenario van de film onontkoombaar. Geen woord over de lege Nederlandse schatkist of het politieke gesteggel. De film gaat verder met een toespraak van luitenant-gouverneur-generaal Van Mook, waarin hij de noodzakelijkheid van de actie onderstreept. 'Zij [de Nederlandse regering] moet dit doen om een einde te maken aan de slechte erfenis van den Japanse tijd met zijn methoden van propaganda en terreur en om de constructieve krachten van dit land samen te brengen voor de gezamenlijke opbouw van zulk een fijne staat.' Hij benadrukt dat 'de militaire, politionele maatregelen [...] niet gericht zijn tegen het Indonesische volk, noch tegen het Indonesische vrijheidsstreven, doch uitsluitend tegen die machthebbers en groepen welke aan de werkelijke bevrijding van dit land in den weg staan'.

Het Republikeinse terrorisme verwoest de levens van de gewone bevolking. Op het beeld zie ik rookwolken boven een dorp cirkelen, winkels branden tot de grond toe af. Een moeder staat met haar zoontje en dochtertje te treuren voor hun in puin gelegde huis. 'Trieste verwoestingen temidden van de prachtige, zwijgende natuur.' Het is tijd voor de Nederlandse actie: 'In verrassend snel tempo wordt Cheribon bereikt.' De Noord-Javaanse havenstad Cheribon is ingenomen, een van de hoofddoelen van de actie. Sporen van de gevluchte TRI zijn achtergebleven; plakkaten van hun legeronderdelen, een zwarte vlag met een doodskop. De camera houdt het shot een seconde langer vast bij een met hamer en sikkel bekladde trein. 'Hier en daar bekende emblemen.' Zo waren de Republikeinen niet alleen een gevaar voor Indonesië. Door ze neer te zetten als onderdeel van de opkomende communistische vijand wilden de makers doen geloven dat ze de internationale wereldorde bedreigden.

Gelukkig maakt Nederland een eind aan alle dreiging. Waar de tanks, pantserwagens en jeeps de dorpen binnenrijden, steekt de bevolking de duimen omhoog en wuift ze de Nederlandse soldaten toe. 'De Indonesiër is hun vriend. Het gaat om recht en vrede in dit land.' De mensen 'komen uit hun huizen tevoorschijn en begroeten de soldaten als bevrijders'. Soldaten delen rijst uit en zusters van het Rode Kruis verbinden de dorpsbewoners. Met die beelden eindigt de film, alsof de militaire actie de rust in Indonesië heeft teruggebracht. Vrouwen plukken weer rijst op de sawa's en de mannen lopen achter hun door karbouwen voortgetrokken ploeg. De orkestmuziek stuwt voort naar een bombastische finale: Indonesië kan weer aan de slag.

Linggadjati in de branding deed zijn werk. Als typische propagandafilm vervormde het de waarheid ten gunste van Jan Soldaat, want de rust was allesbehalve teruggekeerd. Het beeld van hulpvaardige Nederlanders en een dankbare bevolking was eenzijdig. De verleende hulp gaf de militairen zelf weliswaar een goed gevoel, maar was volgens Limpach te geïmproviseerd en versnipperd om echt effect te hebben.[24] Ondanks de omvangrijke troepenmacht was Java te groot om overal voldoende hulp te bieden. Daardoor profiteerden slechts die dorpen waar Nederlandse soldaten doorheen trokken, waarbij contacten met burgers vaak ook nog eens oppervlakkig bleven. Bovendien was er in veel grotere plaatsen net zo goed sprake van een 'zwijgende vijandigheid' onder een deel van de bevolking.[25]

Ook de plaatjes van juichende Indonesiërs verdienen een nuancering. In de stad Medan op Sumatra ensceneerden de Nederlanders een demonstratie van duizenden inwoners, zo beschreef historicus Louis Zweers in zijn boek *De gecensureerde oorlog*. De bevolking kreeg rood-wit-blauwe vlaggen en spandoeken met teksten als GEEF ONS VREDE EN GERECHTIGHEID TERUG en LEVE KONINGIN WILHELMINA. Op een overgebleven foto is te zien hoe de mensen emotieloos voor zich uitstaarden. Pas bij het draaien van de camera staken de demonstranten hun vlaggen op bevel in de lucht. Indonesiërs bevonden zich amper onder de menigte, het waren vooral Chinese families die vanwege hun negatieve ervaringen met de Republikeinen nog wel op willen komen draven, zonder vervolgens al te veel enthousiasme tentoon te spreiden. Wat op film overkwam als een spontane betoging was in werkelijkheid een zorgvuldig voorbereide propaganda-actie.[26]

De Nederlandse troepen gedroegen zich bovendien niet overal zo braaf als generaal Spoor in *Linggadjati in de branding* deed voorkomen. 'Gedraag u in de dessa's en huizen van de bevolking, waar uw militaire taak u brengt als de brenger van recht en veiligheid,' hield Spoor zijn soldaten voor. 'Gewone beleefdheid, ook tegenover den eenvoudigste Javaansche boer treft verder doel dan een kogel. Eerbiedig huis en eigendom van de bevolking. Verniel niets onnodig.' In de praktijk hield niet iedereen zich aan die voorschriften. Tijdens de opmars naar Cheribon, dat de Nederlanders in zo'n 'verrassend snel tempo' hadden bereikt, ging er van alles mis. Nederlandse soldaten plunderden pakhuizen en namen de meest uiteenlopende goederen mee, van zwaarden tot schilderijen en fietsbanden. Daarnaast vertelden Nederlandse ooggetuigen over het gebrek aan vuurdiscipline bij twee bataljons. Op een deel van de route kwamen de bataljons 'niet eenmaal onder vijandelijk vuur' en toch werden 'duizenden patronen [...] verschoten, waarbij verschillende malen onschuldige leden van de bevolking het slachtoffer werden'. Wanneer Spoor de betrokken commandanten hierop aansprak, wuifden die de kritiek weg. Er zaten heus enkele ongure types tussen die duizenden soldaten, maar van 'noodeloos vandalisme' was volgens hen geen sprake. De commandanten ervoeren de beschuldigingen als een 'schop in de rug' die het moreel van de troep 'op zijn zachtst gezegd' niet positief zou beïnvloeden.[27]

Slechts in zeldzame gevallen onderzocht de legertop misdragingen van de eigen soldaten. Nog minder vaak berichtten Nederlandse media erover. De propagandamachine functioneerde uitstekend. De enkele journalisten die hun comfortabele hotels in Batavia verlieten, reisden meestal onder begeleiding van voorlichtingsofficieren naar het slagveld.[28] Nederlandse tijdschriften waren voor foto's uit Indië vooral afhankelijk van de fotografen ter plekke, die meestal voor het leger of een andere overheidsinstantie werkten. Bovendien keurden voorlichtingsdiensten de foto's voor verspreiding. Zo toonde het merendeel van de media foto's van patrouillerende soldaten die op een hartelijke manier een praatje maakten met de bevolking, alsof ze enkel een humanitaire missie uitvoerden.[29]

Voor beeld van de jongens in Indië was het Nederlandse publiek verder aangewezen op bioscoopjournaals. Ook daar kwam de boodschap over. Evert-Jans knipperlichtvriendinnetje Puck schreef hem vanuit Nederland: 'Ik ben na een goede tijd weer eens naar de bios geweest en zag in de voorfilm Java terug en al die arme, uitgehongerde mensen en afgebrande dorpen en dan nog trucks met jongens die door de bevolking met jubeltenen begroet werden. [...] Ook zagen wij een oude Chinees op een puinhoop zoekend naar z'n bezittingen en treurend om wat eens zijn huis was geweest.' Ze beschreef het precies zoals de voorlichtingsdiensten het wilden overbrengen. Van kritische berichtgeving kreeg de meerderheid van de Nederlanders weinig mee. Volgens Zweers las hooguit een kwart van de bevolking de meer negatieve verhalen van linkse kranten en weekbladen als *Het Parool*, *Vrij Nederland* en *De Groene Amsterdammer*.[30]

De werkelijkheid mocht voor de voorlichtingsdiensten dan plooibaar zijn, de voorspoedige opmars van de Nederlandse troepen viel moeilijk te ontkennen. Economische doelen werden snel gehaald, plantages rijk aan thee, koffie, rubber en rijst vielen in Nederlandse handen. In totaal verwierf Nederland met de militaire actie ruim elfhonderd ondernemingen.[31] Gesteund door het succes wilde Van Mook doortrekken naar Djokjakarta, dat door de Republiek als hoofdstad was uitgeroepen. Daar zetelde het Republikeinse kabinet, en Van Mook wilde dat ten val brengen. Met een nieuw, gematigder kabinet zou Nederland wellicht beter kunnen samenwerken. Van Mook hoopte, kortom, op nieuwe leiders die zich naar de Nederlandse wensen zouden schikken. Evert-Jan stemde volledig in met Van Mooks plannen: 'Zolang Djokja nog bestaat als het stookpunt en de bron van het verzet zal er op Java geen sprake zijn van rust.' Maar in Den Haag dachten ze daar anders over. Dat had deels een interne politieke reden. De PvdA had voorafgaand aan de militaire actie bedongen dat deze beperkt zou blijven, want de grotendeels pacifistische achterban van de partij hekelde iedere vorm van militair geweld. Na het begin van de actie hadden zevenduizend PvdA'ers hun lidmaatschap opgezegd. Hoewel coalitiegenoot KVP de oorlog graag naar Djokjakarta wilde uitbreiden, stemde ze in met een beperkte actie om een kabinetscrisis te vermijden.[32]

Niet alleen in Nederland werd druk uitgeoefend, ook internationale krachten begonnen zich in het conflict te mengen. Anders dan hun Nederlandse collega's lieten buitenlandse correspondenten zich niet muilkorven door de Nederlandse voorlichtingsdiensten. Ze berichtten uitgebreid over het Indonesische vrijheidsstreven, tot ongenoegen van de bestuurders in Batavia. De *Washington Post* schreef over de '*stubbornness of the Dutch*' en hun '*white imperialism*'. Volgens *The New York Times*-correspondent Foster Hailey gedroeg Nederland zich '*small and grudging*', wat de '*anti-white sentiments*' in Azië alleen maar voedde.[33]

Australië, dat de Nederlanders al langer kritisch volgde, en India, dat zelf op het punt stond onafhankelijk te worden, zetten de internationale schijnwerpers nog feller op de Indonesische kwestie door deze te agenderen in de Veiligheidsraad van de Verenigde Naties. De Nederlandse regering zag internationale bemoeienis helemaal niet zitten; zij beschouwde de situatie immers nog altijd als een binnenlands conflict. Eelco van Kleffens, ambassadeur in Washington en de Nederlandse vertegenwoordiger in de Verenigde Naties, stelde dat de Veiligheidsraad zich buiten de kwestie moest houden. Het was een standpunt voor de bühne, want de internationale reactie op het Nederlandse optreden was zo negatief dat Kleffens zijn eigen kabinet uiteindelijk aanraadde om toch mee te werken met de Veiligheidsraad. Op 1 augustus 1947 werd een resolutie aangenomen waarin de raad zijn bezorgdheid uitsprak over 'de vijandelijkheden tussen Nederland en Indonesië' en beide partijen opriep tot 'een onmiddellijk staakt-het-vuren'.[34]

De nationale spanningen en internationale druk dwongen het kabinet tot het stopzetten van de militaire actie, zo zag ook Evert-Jan. 'Nadat de kwestie Nederland-Indonesië door India en Australië in de Veiligheidsraad werd gebracht, en door Mr. Kleffens de zaak werd verdedigd dat dit een interne aangelegenheid was van Nederland, is op aandringen (om dan ook hieruit de goeden wil te tonen) der Veiligheidsraad, aangenomen om zowel van de zijde der Republiek als van Nederlandse zijde de order: "Staakt het vuren" uit te vaardigen.' Aan zijn moeder schreef hij over zijn onvrede: 'Er is zeker bij jullie en alle anderen die met ons meeleven, een opluchting door de spannende gemoederen gegaan toen de order "Staakt het vuren" werd vernomen. Na 14 dagen van nuttig werk wordt eigenlijk dit op een onjuist moment gegeven, zouden wij zeggen. Maar de wereldpolitiek (Veiligheidsraad) is de onwaarachtige vredesduif geweest.' De meeste soldaten dachten er net zo over. 'De stommerds! Hadden we nog een week gehad, dan was het gebeurd geweest met Boeng Karno [Indonesische eretitel voor Soekarno] en zijn aanhangers,' schreef soldaat Gerben Deters in zijn dagboek.[35] 'Er wordt wat afgemopperd, we zijn de speelbal van de politiek.'

Ondanks het vervlogen alternatief – de 'politionele actie' – bleef Evert-Jan vertrouwen op een goede afloop. 'Slachtoffers hebben we. Nederland rouwt! Maar toch is het niet tevergeefs, want het geluk van miljoenen overtreft onze geringe verlieslijst. Algemeen belang gaat voor ons eigen belang! We zullen hopen dat het nu vredig opgelost wordt.' Toch had hij nog een kanttekening, zo liet hij zijn moeder weten: 'Wat zou het mooi zijn wanneer men in Holland eens een juist begrip toonde voor de schone taak van ons en de ernstige noodzaak van die taak. Dat men toch wat meer gaat meeleven met deze 70.000.000 hier te lande die onderdanen zijn van Nederlands Vorstin.'

21

SCHOONHEID EN CYNISME

Voortgestuwd door de mensenmassa beland ik vanuit de stationshal van Bogor op de nog drukkere straat Jalan Kapten Muslihat. Gedesoriënteerd blijf ik even staan. Een stroom aan auto's en vrachtwagens trekt aan me voorbij, scooters en *becaks* schieten overal tussendoor. Terwijl ik de straatverkopers probeer af te wimpelen voel ik mijn T-shirt aan mijn rug plakken. Iedere paar seconden mindert een groen busje, een *angkot,* zijn vaart en begint te toeteren, vlak voor waar ik sta. Mijn lichte aarzeling is genoeg om de chauffeurs door te laten rijden. Enfin, mijn bestemming is toch op loopafstand. Naar het oosten, zegt mijn kaart. Als ik mijn gevoel voor richting weer scherp heb, begrijp ik dat ik naar links moet en begin ik te lopen.

Direct stuit ik op een beeld van de naamgever van de straat: kapitein Muslihat. In het midden van een ronde vijver staat een marmeren man in militair uniform. In zijn rechterhand draagt de Indonesische vrijheidsstrijder een kleine revolver, met zijn linkerhand lijkt hij zijn manschappen de weg te wijzen. Hij wijst naar de overkant, naar de plek waar in 1945 het politiebureau stond dat hij met zijn medestrijders veroverde op de Brits-Indische troepen die hier de dienst uitmaakten. Muslihat kwam om tijdens de aanval, en zijn heroïsche verzetsdaad was reden voor het standbeeld en de naar hem vernoemde straat.

Ik vervolg mijn route, want de kapitein is niet mijn enige doel vandaag. Voor de weg die ik over moet blijf ik even staan. Ik recht letterlijk mijn rug, houd mijn hand als een soort stopsein omhoog, en met mijn meest zelfverzekerde blik begin ik te lopen, de auto's een voor een tegenhoudend. De enige manier om de chaotische stadsstraten in West-Java over te steken en minutenlang wachten te voorkomen. Aan de overkant van de weg ligt het park waar ik voor kom. Langs het hekwerk loop ik richting de ingang. De gevels van de gebouwen naast het park hebben Nederlandse opschriften, zoals LABORATORIUM VOOR AGROGEOLOGIE EN GROND ONDERZOEK en HOOFDKANTOOR VAN HET BOSWEZEN. Dan bereik ik de poort van de Kebun Raya Bogor, de botanische tuin van Bogor. Ik ben hier omdat ik met eigen ogen de natuur wil zien waar mijn opa ooit zo enthousiast over schreef. 'Van deze schoonheid der natuur en kunst der technici krijgt men nooit genoeg' waren zijn woorden over de tuin die hij 's Lands Plantentuin noemde, stammend uit een tijd dat Bogor nog Buitenzorg heette.

Terwijl ik nog maar eens een druppel zweet van mijn voorhoofd veeg kan ik me amper voorstellen dat Buitenzorg vroeger bekendstond om zijn aangename temperaturen. Er is wel meer veranderd sinds de dagen dat mijn opa hier rondliep. Het ooit zo kalme heuvelplaatsje heeft inmiddels de hectiek van een metropool. Maar de hortus botanicus is een uitzondering. Hier lijkt weinig veranderd sinds de tuin tweehonderd jaar geleden werd aangelegd. Ik wandel over uitgestrekte lanen met bomen afkomstig uit heel Zuidoost-Azië. Aan de jaartallen op de bordjes te zien moet Evert-Jan sommige van deze bomen ook zijn gepasseerd. Ik verwonder me over de verscheidenheid in het bos. Een metersdikke stam gaat verscholen achter een gordijn van lianen. In andere stammen verdwijn ikzelf tussen de enorme wortels. Ik kom aan bij een lotusvijver met waterplanten zo groot als roeiboten die klaarliggen om mee weg te varen. Aan het water ligt het witte paleis Istana Bogor, dat eeuwenlang als buitenverblijf van de Nederlandse gouverneurs-generaal diende – ook Van Mook resideerde er. Soekarno zou er later zijn presidentieel paleis van maken, maar in Evert-Jans tijd was een Indonesische bewoner nog ondenkbaar. 'Dat ['s Lands Plantentuin] is een waardevolle, schone verzameling van bloemen en planten. Iets waar Holland en Indië trots op kunnen zijn. Het paleis maakt hierbij, het staat in de tuin, een statige indruk, waar fier onze driekleur wappert.'

In zijn dagboek beschreef hij twee bezoekjes aan de plantentuin. Beide keren ging hij erheen met Lien Liborang, een verpleegster die hij had ontmoet in het zusterhuis van Batavia, waar Evert-Jan regelmatig met zijn kameraden heen ging om de masculiene soldatensfeer van de kazerne even te verruilen voor wat vrouwelijk gezelschap. Lien was een Menadonees meisje, afkomstig van een eilandje boven Celebes. Evert-Jan kon goed met haar opschieten en ging vaak met haar op stap. 's Ochtends namen ze vanuit Batavia de trein richting Buitenzorg, om daar te gaan wandelen. 'Na wat rondgekeken te hebben, hebben we het ons gemakkelijk gemaakt, door de hoogste top uit te kiezen, vanwaar we een mooi uitzicht hadden.' Ik loop naar dezelfde heuvel in de tuin en kijk vanaf de top over de kleurrijke bloemenperken. De ergste hitte lijkt voorbij, hoewel dat ook aan mijn veranderde gemoedstoestand kan liggen. Evert-Jan heeft niets te veel gezegd, want de botanische tuin doet haast sprookjesachtig aan. Ik kan me goed voorstellen dat hij de ellende in de straten van Batavia en de honger in de kampongs af en toe wilde ontvluchten en hierheen kwam om een paar uur te verdwalen in deze groene vredigheid.

Want er bleef genoeg ellende om te ontvluchten. Het militaire offensief van de Nederlanders mocht dan gestopt zijn, 'na de order "staakt-het-vuren" is het nog verre van rustig,' schreef Evert-Jan. 'Een lijk gevonden in kali Djati Baroe: waarschijnlijk een militair. Dertig moorden in twintig dagen.' 'De extremisten' bleven zich nog altijd ‘uitleven in moord, brandstichting en roof’ en de ‘goede, onschuldige Indonesiërs’ werden ‘de dupe van deze machtswellust. [...] Dus een verder “politioneel” optreden zal op den duur wel niet uit kunnen blijven. Voor God en mensen zijn we verantwoordelijk om deze ganse gebieden onder controle te brengen, zodat orde en rust gehandhaafd kan worden.’ De Republikeinse troepen waren natuurlijk niet in hun eentje verantwoordelijk voor de voortdurende onrust. Generaal Spoor stopte weliswaar met het uitbreiden van het Nederlandse territorium maar bleef Republikeinse strijdkrachten uit de ingenomen gebieden verdrijven.[1] Eigenlijk wilde Spoor, en ook luitenant-gouverneur-generaal Van Mook, niets liever dan de actie voortzetten. Doorstoten tot ‘Djokja’. Door de aanval vroegtijdig af te blazen verspeelde Nederland volgens beide mannen een unieke kans om de Republiek definitief uit te schakelen.

‘Dr. v. Mook heeft aan de Nederlandse regering verzocht om de actie tot over heel Java en Sumatra te mogen uitbreiden, omdat de toestand onhandelbaar is geworden.’ Evert-Jan volgde de ontwikkelingen op de voet. In Den Haag was de wens van Van Mook echter geen optie meer. De interventie van de VN had het conflict een nieuwe dimensie gegeven; de hele wereld keek mee. Kort na het stopzetten van de Nederlandse actie besloot de Veiligheidsraad tot een nieuwe resolutie, die bepaalde dat een Commissie van Goede Diensten zou bemiddelen tussen Nederland en de Republiek. Vertegenwoordigers uit de Verenigde Staten, Australië en België zouden naar Java afreizen om de gesprekken tussen de strijdende partijen weer op te pakken.[2]

Nederland stond niet te springen om de internationale inmenging. De Republiek werd opeens wel erg gelijkgesteld aan Nederland. Wat had de Veiligheidsraad te maken met de binnenlandse problemen van Nederland? In Batavia waren Van Mook en Spoor fel tegen de tussenkomst van de VN en Evert-Jan was het daar grondig mee eens. ‘Het is jammer dat de Veiligheidsraad er zich mee bemoeid heeft. Dat Holland er naar geluisterd heeft lijkt voor ons kleine mensen waanzinnig.' Toch begreep hij 'dat de wereldopinie en de hogere politiek ook iets wil hebben'. En die internationale bemoeienis had volgens Evert-Jan alles te maken met de verschuivende wereldorde. 'De hele naoorlogse tijd is één grote strijd, zowel economisch, militair als politiek bezien, tussen het kapitaal en het communisme: Amerika-Rusland. Na de grote worsteling in Europa en hier [in Indië] schijnt de wereld nog bezeten en het spoor bijster te zijn en het aan te sturen op een derde wereldstrijd.'

De Koude Oorlog kwam inderdaad opzetten. De Verenigde Staten en de Sovjet-Unie probeerden elkaars macht zo veel mogelijk in te perken. De VS deden dat onder meer door hun West-Europese bondgenoten economisch te steunen via de zogenaamde Marshallhulp (naar de Amerikaanse minister van Buitenlandse Zaken, George C. Marshall).[3] De Sovjet-Unie hoopte op haar beurt dat revoluties in landen als Indonesië zouden leiden tot nieuwe communistische staten. 'We vragen ons misschien ook wel af: waarom slaan ze Rusland niet op de donder?'

Maar de Koude Oorlog was niet het enige verhaal. Door de internationale interventie te reduceren tot een strijd tussen West en Oost, tussen het kapitalisme en het communisme, ging Evert-Jan eraan voorbij dat ook Australië en India zich scherp anti-Nederlands opstelden. Zij hadden nota bene de kwestie aan de Veiligheidsraad voorgelegd. Ook de Verenigde Staten waren kritischer dan Nederland misschien had gehoopt. Amerikanen kenden een sterk antikoloniaal gevoel, ze hadden zichzelf tenslotte ooit losgemaakt van de Britten. Weinig Amerikanen begrepen wat Nederland nog in Indonesië te zoeken had. Vakbonden in de VS protesteerden tegen het Nederlandse beleid, zoals de Australiërs dat eerder hadden gedaan toen de Stirling Castle in de haven van Sydney lag.[4] In de wereldpers kwam Nederland er niet positief vanaf. De media schaarden zich achter de leiders van de Indonesische revolutie en presenteerden Nederland als een bekrompen, reactionair land dat koppig vasthield aan het koloniale tijdperk.[5]

Evert-Jan verweet de internationale gemeenschap dat ze het conflict versimpelde. Hij zag zelf hoe complex de situatie in Indië was: 'Het is soms werkelijk moeilijk om hier door het dichtverwarde bos de bomen nog te zien. Velen kijken alleen naar dat onheilspellende bos.' Het beeld dat men van Nederland had was volgens hem te eenzijdig. Daar had hij een punt, want de meeste Nederlanders begrepen inmiddels dat een terugkeer naar de vooroorlogse situatie er niet meer in zat. Men wist dat dekolonisatie uiteindelijk onontkoombaar was. De manier waarop bleef echter het twistpunt. De KVP bleef bijvoorbeeld volharden in een grote Nederlandse invloed en hield de optie van een nieuw militair optreden open. Nederland kon Indonesië pas verlaten als de Republiek gezuiverd was van haar extremistische facetten. Dan zou Nederland met gematigdere partijen orde op zaken stellen en Indonesië na een overgangsperiode met een gerust hart achter kunnen laten.[6] De Nederlanders mochten zich dan iets buigzamer opstellen, hun hooghartigheid hielden ze in stand. Maar ze hadden steeds minder te wensen nu de ogen van de hele wereld op hen gericht waren. De tussenkomst van de Commissie van Goede Diensten had de positie van de Republiek versterkt. Alweer. Na elke nieuwe episode sinds de onafhankelijkheid leek de weegschaal weer iets meer in het voordeel van de Republiek door te slaan.

'Zo is er al zoveel in deze naoorlogse wereld dat we niet snappen.' Evert-Jan verwoordde een gevoel dat bij veel militairen leefde. Waarom waren ze gestopt met de actie? Waar bemoeiden al die landen zich mee? Het werkte funest voor het moreel. Divisiecommandant W.J.K. Baay alarmeerde zijn meerderen over de dramatische mentale gesteldheid van de oorlogsvrijwilligers. Die klaagden over een dalend vertrouwen van de Indonesische bevolking, een monotone dienst, een gevoel van machteloosheid en valse beloftes over hun terugkeer naar Nederland.[7] De klachten speelden al langer, maar tijdens 'Operatie Product' hadden de mannen tenminste een doel gehad, en het 'slechte schoeisel' voor lief genomen. Het afbreken van de actie opende een sluis voor 'groeiende vermoeidheid' en 'een afzakkend moreel'.[8]

Ook Evert-Jan had het nodige aan te merken op de behandeling van zijn collega-militairen. 'Zij staan te velde en doen trouw hun plicht. Eigenlijk meer dan van een soldaat te velde geëist kan worden. Een soldaat aan het front zal vechten, zal oprukken, zal op alle mogelijke manieren die weg zoeken die goed is voor hemzelf en voor diegenen die bevrijd moeten worden. [...] Zij blijven in hun posities, wachten de order af die gegeven zal worden om heel Indië te bevrijden. Dat wachten duurt lang (voor ons twee jaar al), maar dat is dus hogere politiek die wij niet snappen.'

Behalve die slechte behandeling ervoer Evert-Jan de dienst eveneens als steeds meer monotoon. De misère was onderdeel van het dagelijks leven geworden. Aanslagen werden nieuwsberichten, zelfs als ze om de hoek plaatsvonden: ''s Avonds een eindje omgelopen omdat ik me eigenlijk verveelde. Omstreeks 23.00 werden een 25-tal schoten waargenomen in Batavia-Centrum (6 gesneuvelden, 16 gewonden).'

Een in Bandoeng gestationeerde dorpsgenoot, Gerrit-Jan Holst, schreef hem soortgelijke berichten. 'Je verveelt je deerlijk, en je moet afwachten wat voor nut het zal hebben in de toekomst. Wat de teleurstellingen aangaat, die hebben we al zoveel meegemaakt, daar kon nog wel één bij. De kop maar in de wind houden en dan met Gods kracht steeds voorwaarts.' Op het sneuvelen van een kameraad reageerde soldaat Holst erg nuchter: 'Ja, De Bruin is gevallen. God zij zijn familie genadig. Kom je nog wel eens hier in Bandoeng of ook al nooit?' Het contrast kon niet groter zijn met de uitgebreide manier waarop Evert-Jan ooit stilstond bij de dood van zijn collega Pieter Eppen. 'We zijn veranderd, dat moet ik wel zeggen,' schreef Evert-Jan aan zijn moeder. 'Het leven met al de ellende en disharmonie heeft het ons anders leren zien. Wij schrikken niet meer van een plotseling sterven. [...] U moet dit niet verkeerd opvatten maar trachten te begrijpen. We zien elke dag en horen elke dag van het sneuvelen en ergere dingen. Waarom zouden we nog schrikken? We konden dan altijd wel in de put zitten.'

Aan alles was te merken dat het enthousiasme van de beginperiode was verdwenen, met zoveel 'factoren die je zo gauw doen vervlakken'. Daar kwam bij dat Evert-Jan steeds minder steun vanuit Holland voelde. Van zijn familie ontving hij veel te weinig brieven, zo liet hij zijn broer Henk weten: 'Dat was een heel tijdje geleden peer, dat je me schreef. 'k Zeg je hartelijk dank ervoor. [...] Ik mag wel even een kleine klacht laten horen en dat is: van de broers krijg ik bitter weinig post.'

Van de Schans kreeg hij tenminste nog berichten. Over zijn 'neven en nichten die er zoons of dochters bij kregen' was hij een stuk strenger. 'Het is hun niet eens de moeite waard om mij ervan in kennis te stellen. Wanneer ik nog eens terug kom weet ik wel wie er nog voorkomen op een lijst der familie en vrienden. [...] Hier heb ik wel een ander denkbeeld gekregen van veel mensen en straks weet ik wel wie ik het eerst zal bezoeken, wanneer die tijd eens komt.'

Ook in zijn dagboek was Evert-Jans somber wordende stemming zichtbaar.

> Zaterdag 1 november
> 'Een hele tijd heb ik mijn dagboek vergeten; er was trouwens ook weinig nieuws.'

Twee weken lang schreef hij niet in zijn dagboek, iets wat hem tot dan toe nog geen dag was overkomen. Vanaf die periode lees ik steeds vaker 'weinig bijzonders' als enige aantekening. Niet alle dagelijkse doden waren nog een vermelding waard.

22

LOSSE ZEDEN

Door de bezoekjes aan de Plantentuin kon Evert-Jan zijn groeiende cynisme af en toe even vergeten. Met zuster Lien maakte hij vaker uitstapjes. De bioscopen van Batavia bleven geliefd. Samen zagen ze er *Casablanca*, 'een boeiend verhaal van de geallieerde helden in strijd tegen de nazi's'. Toen ik *Casablanca* voor de eerste keer zag, werd ik betoverd door de melancholische sfeer van de film. Het voelde alsof ikzelf in het donkere café uit de film zat en aan een tafeltje de chemie tussen Humphrey Bogart en Ingrid Bergman kon observeren. Wat had ik graag achter mijn opa gezeten om te zien hoe hij de film beleefde.

De spanning tussen Lien en Evert-Jan was in ieder geval minder zwoel dan tussen de twee Hollywoodsterren. De verhouding met Lien was puur vriendschappelijk, zo schreef Evert-Jan. 'Zij is een vriendin van me. Ik heb haar in de tijd dat ik haar leerde kennen meegemaakt als een eerlijk, goed meisje, wier de politiek van heden niet onverschillig is. Zij is een voorstander van meer recht op zelfstandigheid, maar beschouwt de Hollanders als onmisbaar. Als vrouw staat ze zeer hoog en heeft het nodige eergevoel en zelfrespect.'

Het doet wel heel keurig en een beetje afstandelijk aan. 'Dat ik hier verschillende vrienden en ook vriendinnen heb, doe ik hoofdzakelijk om me beter te kunnen oriënteren ten opzichte van land en volk van Indonesië.' Dat was heus niet de enige reden, zoals de vele bioscoopbezoekjes al lieten zien. In Liens brieven aan Evert-Jan is ook te lezen dat ze gewoon lol wilde trappen, bijvoorbeeld wanneer Lien met een collega-zuster naar de film ging. 'Zoals je weet als we in uniform gaan, halen we altijd kattekwaad uit.' In uniform had ze het idee dat ze alles kon maken, omdat eventuele negativiteit niet op haar afstraalde, maar op haar functie als verpleegster. ''t Is toch het uniform dat er onder lijdt.' Ook klaagde ze over andere meisjes die haar te serieus waren. 'Wat jammer dat mijn kamergenoten zo stil zijn. 't Zijn helemaal niet de meisjes van mijn smaak. De eene is zo vroom en zwaarmoedig. [...] Ik verveel me dood. O, in alles erger ik mij nu. Met mijn kamergenoten kan je geen lol trappen. Ze is wel een aardig kind, maar! [...] Ze is zo stil als een poes.'

Alleen maar vroom en zwaarmoedig kon de band tussen Evert-Jan en Lien dus niet zijn. Uit andere notities blijkt dat Evert-Jan het zusterhuis vaak bezocht om een leuke tijd te hebben. Zo schreef hij over een wat 'taai' verlovingsfeest van een van de zusters dat alsnog 'bottelend' eindigde. Vervolgens wilde hij toch benadrukken dat de meeste zusters 'zelf een vriend en verloofde hebben. Het is dan ook niet met die bedoeling dat wij er komen'. Ze kwamen niet om de vrouwen 'te schaken, maar om de vrije tijd gezellig en goed (en dat zegt in Indië veel en weegt zwaar) door te brengen'. Waarschijnlijk was Lien inderdaad niet meer dan een gewone vriendin van Evert-Jan. Haar brieven aan hem wijzen in ieder geval niet op iets anders. Ze schreef hem over haar vakantie in Bandoeng – 'ik ben gewoon dol op 't klimaat' – en een lastige patiënt, 'een oud wijf van 130 jaar' waar ze 'herrie' mee heeft, maar intiem wordt het nergens. Waarom legde hij dan toch zo'n nadruk op zijn eigen vroomheid?

In *Soldaat in Indonesië* lees ik dat hij daarin geen uitzondering was. Vrijwel geen van de mannen schreef in hun memoires of dagboeken over verliefdheden of relaties met meisjes in Indië. Daar was Evert-

Jan inderdaad ook gereserveerd over. Hoogstens in een paar brieven komen gevoelens over Puck en Aaltje aan bod, in zijn dagboek zijn ze vrijwel afwezig.

Over seksualiteit werd al helemaal niet gesproken.[1] Dat is ook weer niet zo verwonderlijk gezien het christelijke milieu waar de meeste jongens uit kwamen. Seks voor het huwelijk was ondenkbaar en relaties met meisjes in Indië waren taboe. Eenmaal terug uit Indië zouden de soldaten een fijne, Hollandse vrouw trouwen, zo was het plan.

De predikanten verspreidden de christelijke waarden via hun lezingen. 'Ds. Van de Weg had een onderwerp over "'t Huwelijk". Prachtig zette de dominee het uiteen. De volgende punten kwamen naar voren: 1. De twee-eenheid van man en vrouw in het huwelijk, wat lichamelijke en geestelijke gemeenschap betreft. 2. De vrouw als hulp van de man, hoe zij haar juiste plaats inneemt als een goede vrouw in het alledaagse leven.'

In zo'n omgeving waren seksueel actieve militairen absoluut niet gewenst. En niet eens alleen vanwege het morele verval dat ermee gepaard zou gaan. Ook pragmatischere redenen speelden een rol: uitgeschakelde soldaten vanwege geslachtsziekten waren onwenselijk. De krijgsmacht waarschuwde de mannen daarom uitgebreid voor 'zedenverwildering'.[2] Al op de heenreis had Evert-Jan aan boord zijn eerste les gekregen: 'Om 6 uur hadden we een lezing over de gezondheidstoestand in Indië. Behandeld of naar voren kwam vooral: de Malaria en de geslachtzieke vrouwen, waartegen sterk werd gewaarschuwd.' Ook tijdens het maandenlange wachten op Malakka had het thema op de agenda gestaan. Soldaat Harry Thevissen schreef over die periode: 'Van alle politieke ontwikkelingen wilden de troepen graag op de hoogte blijven, maar de meeste belangstelling ging toch wel uit naar de hygiënelessen waarin de gevaren van geslachtsziekten tot in detail werden behandeld. Een oude KNIL-sergeant met jarenlange ervaring in de tropen vertelde de mannen dat er maar één manier was om gonorroe of syfilis te voorkomen en dat was "niet naar de vrouwen gaan".'

Niet naar de vrouwen gaan. Dat was de belangrijkste boodschap. Elke vrouw vormde een gevaar. Behalve via lezingen werd die boodschap herhaald in het voorlichtingsboekje *Hygiënische en andere Wenken voor den Soldaat*:

1. Het zal den soldaat al zeer spoedig na aankomst in Indië blijken dat aan de voldoening zijner geslachtsdrift hier zeer weinig hinderpalen in den weg worden gelegd.

2. Maar hij zal even spoedig vernemen, of tot zijn nadeel ondervinden, dat de gevaren, aan geslachtsgemeenschap verbonden, hier veel grooter zijn dan in Europa.

3. Vrijwel alle vrouwen, die zich tot geslachtsdriftelijke omgang leenen, zijn ziek en de soldaat, die dezen omgang zoekt, kan er zeker van zijn vroeg of laat geslachtsziek te worden.[3]

Vooral in de kampongs waarde het kwaad rond, volgens het boekje: 'Men wijze er met nadruk op, dat bezoeken aan kampongs, om er ontspanning te zoeken, worden vermeden. De soldaat komt er zoo gemakkelijk in de verleiding tot omgang met verdachte vrouwen, tot spelen en drinken en verkeerde geldpractijken.'

Seksuele onthouding van de troepen was een cruciale zaak. Hoofdlegerpredikant Koningsberger riep de soldaten ertoe op: 'Het is nu eenmaal zo dat de jongens maar wennen moeten aan inlandse vrouwen, die slechts gedeeltelijk gekleed zijn. Het is nu eenmaal de gewoonte des lands. Alleen de jongens die in zichzelf al niet deugen, zullen hierdoor geprikkeld worden.' Aangemoedigd door de kerkelijke instanties verbood het ministerie van Oorlog de verstrekking van condooms. In tegenstelling tot de Duitse, Britse of Canadese legers vond Nederland voorbehoedsmiddelen onnodig als de jongens zich simpelweg zouden gedragen.[4]

Het was van een ontstellende naïviteit om te denken dat al die duizenden manschappen, late tieners en jonge twintigers, drie jaar lang zonder seks zouden leven. Na de beklemmende oorlogsjaren in Nederland waren ze in Indië in een seksueel veel vrijere omgeving beland, waar de sociale controle van thuis ontbrak. Evert-Jan schreef direct al – hij was toen nog met Aaltje – over de verlokkingen in de dancings van Batavia. 'Weer een verleiding en vooral een pijniging als je al die knappe Hollandse meisjes ziet, en je hebt een nog veel liever meisje, maar niet in je armen..., pech hè!' Maar niet alleen op de dansvloer werd het libido van de mannen op de proef gesteld. In de kampongs waren de verleidingen inderdaad aanwezig. Het Javaanse straatbeeld verschilde enorm van het preutse Nederland van de jaren veertig. Jonge Indonesische vrouwen wasten zich in het openbaar in de rivier en liepen over straat met hun schouders ontbloot. Strakke, kleurrijke sarongs accentueerden de borsten en heupen. Een alledaags tafereel voor de Javanen werd door de Nederlandse soldaten ervaren als een prikkelend theater. 'Je wist niet wat je zag,' vertelt veteraan Henri Butot me als ik hem erover interview. 'Vrouwen die zich met hun borsten bloot in de kali wasten! Vooral de Soendanese vrouwen waren echt mooi om te zien.' Henri's vader had zelf in het KNIL gezeten en had zijn zoon gewaarschuwd voor het vrouwelijk schoon. 'Mijn vader zei: "als je een baboe neemt, neem dan niet zo'n mooie jonge baboe, maar een oude."' Dat zou hem bij voorbaat beschermen tegen eventuele verlangens. Henri volgde zijn vaders advies op. 'Ik had dus ook zo'n dikke tante, een schat van een vrouw.'

Naast de verleidingen in het gewone straatbeeld, waren er ook vrouwen die hun lichaam verkochten, veelal gedwongen door armoede. De latere journalist Henk Hofland zei daarover dat de soldaten 'besprongen werden door hoeren' toen ze in Batavia arriveerden. 'Je kwam nog niet van de loopplank af of er stond al een rijtje.'[5] Prostituees waren makkelijk te vinden. In straatjes, 'publieke huizen [bordelen], of bij een Chinese scheersalon, waar de mannen na afloop van een scheerbeurt met een meisje naar achter kunnen'.[6]

Al snel bleek dat niet alle mannen zich even kuis gedroegen. Halverwege 1946, al een paar maanden na aankomst van de eerste militairen, sijpelden in Nederland berichten binnen over losbandigheid van onze jongens. Het kon niet uitblijven. En de verontwaardiging was groot. Groter dan bij latere meldingen over moordpartijen of martelingen door de eigen manschappen. In een radioprogramma van de KRO las pater De Greeve een 'weerzinwekkende' brief voor van een militair die klaagde over 'tien barakken vol geslachtszieken'.[7] Ook in de kranten verschenen ingezonden brieven over de verminderde toestand van het zedelijk peil.

Naar aanleiding van de berichten zag de Inspectie Geneeskundige Dienst van de Koninklijke Landmacht zich genoodzaakt een pamflet op te stellen over 'Sexueele voorlichting', vanwege het 'zoo sterk op de voorgrond dringende vraagstuk van de bestrijding der geslachtsziekten'. Over geslachtsziekten ging het pamflet echter amper. Het was vooral een pedagogisch document met morele lessen 'als doel hebbende de opvattingen over het geslachtsleven op een zedelijk hooger peil te brengen'. Te veel jongens kregen hun seksuele voorlichting van 'onbevoegden', oftewel van collega's met meer ervaring en branie.

Arie van Veen, schrijver van het boek *Militaire Politie in Nederlands-Indië* en zelf Indiëveteraan, vertelt me in zijn Amsterdamse woonkamer over de voorlichting van die 'onbevoegden'. 'In Indië werden we opgevangen door de jongens van het KNIL.' Wederom was het de ervaring van de KNIL-soldaten die de Hollandse oorlogsvrijwilligers wegwijs maakte. 'Zonder hen hadden we het niet gered. Zij wisten wat er speelde, bijvoorbeeld op het gebied van geslachtsziekten. De jongens van het KNIL zeiden weleens "een druiper hoort bij je uitrusting".'

De Inspectie Geneeskundige Dienst zag de kennisoverdracht van de KNIL'ers als 'vuilbekkerij'.

> 'De sexueele drift is geen dwingende drift. Iedereen kan zijn sexualiteit de baas zijn, wanneer hij dat slechts ernstig wil. Heeft hij daar overmatig moeite mee, zodat hij er nerveus van wordt en zich er onprettig door gaat gevoelen dan is er iets niet in orde met de innerlijke harmonie in zijn persoonlijkheid. [...] Omdat de sexueele drift geen dwingende drift is, is het ook onjuist te meenen, dat het schadelijk zou zijn, z'n geslachtsdrift te beheerschen. Nog nooit heeft sexueele onthouding kwade gevolgen gehad.'

De juiste seksuele moraal werd uitgebreid behandeld, inclusief mogelijke abnormaliteiten: 'De Homo-sexualiteit is altijd een ziekelijke afwijking.'

Ondanks de voorlichting hadden sommige militairen al op Malakka de controle over hun 'sexueele driften' verloren. Oorlogsvrijwilliger Ed Bolte bezocht met zijn collega's nachtclubs waar ze tegen betaling met meisjes mochten dansen, zo vertelde hij aan het Veteraneninstituut. Volgens hem was de grens tussen dansmeisjes en prostituees soms moeilijk te trekken. Maar naast de nachtclubs waren er ook voldoende bordelen waar geen enkele twijfel over het doel van een bezoek kon bestaan. Bolte was naar eigen zeggen 'groen als gras', maar 'niettemin is het sommigen teveel geworden en hebben ze er wel gebruik van gemaakt. [...] De Engelsen en Australiërs waren beruchter op dat gebied. Er was een speciaal hospitaal voor mensen die daar wat opliepen. Het ging in en uit bij die gelegenheden daar.'[8]

Dat de Nederlanders zich evenmin onbetuigd lieten valt uit Evert-Jans dagboeken maar moeilijk op te maken. Geen enkele passage wijst op seks of bordeelbezoek, noch van hemzelf noch van zijn collega's. In zijn huis in Goes praat ik erover met Arend Ruijsink, die als oorlogsvrijwilliger bij Evert-Jan in het bataljon zat. Als jong ventje uit een strenggelovig gezin uit Zutphen raakte Arend verzeild in een ruwe, vloekende mannenomgeving. 'Dan stond je daar als ventje van twintig,' vertelt Arend. 'Er was één korporaal bij, die vloekte de straatstenen uit de grond.' Samen bladeren we door Evert-Jans dagboeken. Hij vertelt me over die eerste maanden in de tropen. Plots begint hij te lachen. Hij wijst me op een zin in het dagboek: 'Dotje moest naar 't ziekenhuis vanmorgen.' Voor mij oogt het als een onschuldige mededeling, maar Arend legt me de reden van het ziekenhuisbezoek uit: 'Ha, Dotje! Die zat meer bij de prostituees dan ergens anders, daarom moest hij ook naar het hospitaal.'

Soldaten bezochten bordelen, hadden avontuurtjes met meisjes in de kampongs of kregen een relatie met hun baboe, de bediende die hun kleren waste en streek. Geslachtsziekten konden niet uitblijven, zeker met het geldende verbod op voorbehoedsmiddelen. Waar men in Nederland vasthield aan onthouding, zag in Indië een toenemend aantal mensen de gevolgen van dat starre principe. De behandeling van geslachtsziekten werd een steeds belangrijkere taak voor de legerartsen. Sommige commandanten besloten daarom tot het oogluikend toestaan van condooms en ook het ministerie van Oorlog ging daar uiteindelijk schoorvoetend mee akkoord. Zelfs enkele geestelijken veranderden van inzicht. In 1948 schreef dominee Koningsberger – dezelfde dominee die eerder nog opriep tot onthouding – toch maar een advies voor de verstrekking van condooms 'aangezien er ondanks voorlichting en vermaan, toch telkens jongens zijn, die naar de kampong lopen, dat verzwijgen, en dan een gevaar opleveren voor de omgeving'.[9]

En anders waren voorbehoedsmiddelen nog altijd op andere plekken te krijgen, zo vertelt de negentigjarige veteraan Dook Ypma me aan zijn keukentafel in Wijk aan Zee. 'Op een avond was ik bij een Indische meid thuis in haar grote villa in Batavia. Een hartstikke mooie meid. Ik zou daar 's nachts blijven, dus ik ging naar buiten, naar de pasar, om voorbehoedsmiddelen te kopen.' Dat bleek minder makkelijk te gaan als gedacht. 'Eigenlijk mocht dat niet meer, want het was al half elf en vanwege de avondklok moest je voor acht uur binnen zijn. Ik waagde het er toch op en op de pasar kwam ik de MP tegen. Ik zei dat ik op weg was naar mijn onderdeel, dus brachten ze me terug. Wel kreeg ik veertien dagen licht arrest vanwege het negeren van de avondklok, wat betekende dat ik 's avonds op de kazerne moest blijven. Dat meisje zag me dus niet meer terug. De volgende dag stond ze nog wel aan de poort, maar ik kon daar niks meer aan doen. Na die veertien dagen vertrokken wij naar de binnenlanden en heb ik haar dus ook niet meer gezien.'

Opvallend is dat het welzijn van de troepen een veelbesproken kwestie was, in tegenstelling tot het lot van de vrouwen. De vrouw was enkel de oorzaak van het kwaad. Dat de soldaten ziekten over de hele archipel verspreidden was geen thema, net zomin als de zwangerschappen die ze zouden kunnen veroorzaken. In hun boek *Liefde in tijden van oorlog* beschreven filmmaker Annegriet Wietsma en historicus Stef Scagliola tientallen voorbeelden van kinderen die voortkwamen uit seksueel contact tussen militairen en Indonesische of Indische vrouwen. Uiteindelijk zijn er in die oorlogsjaren duizenden kinderen van Nederlandse militairen geboren, zo schatten de auteurs. De legerleiding wist vaak niet goed wat ze hiermee aan moest. Een vrouw die bij de kazernepoort kwam vragen naar de militair die haar zwanger had gemaakt werd weggestuurd. Soms werden de mannen simpelweg overgeplaatst. Het leger was in ieder geval niet van plan om de moeders te helpen. 'Die meisjes,' zei een korporaal, 'ze zaten alleen maar achter dat geld aan.' Toen de mannen terugkeerden naar Nederland bleven de kinderen en hun moeders achter in Indonesië. Veel soldaten bouwden een eigen leven op met een Hollandse vrouw, kregen opnieuw kinderen en sleepten hun geheim hun leven lang mee. Naar de vrouwen en hun kinderen in Indonesië werd niet meer omgekeken.[10]

Behalve de verwijzing naar Dotjes ziekenhuisbezoek lijkt seks geheel afwezig in Evert-Jans dagboeken. Verwekte kinderen komen al helemaal niet aan bod. Naar Evert-Jans omgang met seksualiteit kan ik alleen maar gissen. In het streng gereformeerde milieu waar hij vandaan kwam golden de conventies van onthouding nog sterker dan bij anderen. De auteurs van *Liefde in tijden van oorlog* schreven dat het geloof 'een waterscheiding [vormt] tussen de manschappen als het gaat om de seksuele vrijheden die zij zich veroorloven'. Daarnaast was Evert-Jan als MP'er juist verantwoordelijk voor het weghouden van zijn collega's bij vrouwen uit de kampongs en bordelen. De Militaire Politie patrouilleerde in de kampongs en op de pasars om collega-soldaten te controleren.

Tegelijkertijd zegt de strengheid van de Militaire Politie helemaal niets. De MP'ers hadden natuurlijk net zo goed 'sexueele driften' en voor sommige gereformeerden was Indië een ideale plek om uit de zedelijke kooi van thuis te breken. Het proces lijkt op de omgang van de soldaten met het door Nederlanders gepleegde geweld: er werd amper over gesproken en hoewel we inmiddels weten dat beide zaken op grote schaal voorkwamen, is het gedrag per individu vrijwel nooit te achterhalen.

Evert-Jan leek vooral zijn deugdzaamheid aan te willen tonen. Tussen alle brieven vind ik een krantenknipsel met als titel 'Zedeloosheid onder de troepen op Malakka?' waarin een aalmoezenier en een veldprediker de soldaten verdedigden. 'De geest onder deze soldaten is voortreffelijk en ook in het zedelijke verdienen zij over het algemeen genomen niets dan lof. [...] Zien zij wel als consekwentie van dit publiceeren, dat jongens en mannen, die ver van hun vaderland hun krachten, hun leven inzetten voor het koninkrijk der Nederlanden, zich diep gegriefd moeten voelen?' Gelukkig ontving Evert-Jan af en toe een positievere brief, zoals van zijn streekgenoot Ted. Verontwaardigd schreef Ted over pater De Greeve die beweerde 'dat wanneer een Hollandse jongen een soldatenuniform aantrekt, hij dan meteen niets meer waard is. Volgens hem waren alle soldaten nietsnutten, leeglopers, dragers van allerlei geslachtsziekten en ook moreel niets waard.' Ted draaide er niet omheen. 'O, ik geloof helemaal niet dat jullie heilige boontjes zijn, en alle meisjes uit de weg gaan, en iedere avond om negen uur in bed liggen. Vast niet. Daarvoor ken ik de mannen te goed, en *after all* blijven jullie toch mannen.' Maar hij sprak zijn vertrouwen uit in de militairen en was blij dat 'een of andere hoge officier' voor de microfoon kwam die 'in nette woorden deze Pater eventjes zijn vet gegeven heeft, zo genoegelijk, dat hij nooit meer honger hoeft te lijden'.

23

'WE GAAN DIT POKKELAND VAARWEL ZEGGEN'

Buiten was het donker en stil. Evert-Jan lag op zijn veldbed en probeerde al enkele uren de slaap te vatten. Het was een drukke week geweest op de fotografische dienst. Hij had lange dagen gemaakt en wist dat hij in die paar nachtelijke uurtjes zijn rust moest pakken. Toch lag hij klaarwakker. Op zijn horloge zag hij dat het inmiddels twee uur was. Hij legde zijn hoofd weer neer en staarde verder naar het plafond. De gesprekken van die avond bleven door zijn hoofd spoken. Hij had 'nog wat zitten praten met mijn kameraden. We hadden het over de bezetting, bevrijding, Indië, het tekenen van de papieren straks (wanneer is nog niet bekend)'. Die papieren waren de demobilisatiepapieren. Het moment waarop hij moest beslissen of hij deze wilde tekenen, en daarmee terug naar Holland zou gaan, kwam steeds dichterbij.

Al sinds het najaar van 1947 sprak het kabinet in Den Haag erover om de oorlogsvrijwilligers begin 1948 naar Nederland te laten terugkeren. De mannen van het eerste uur waren nu ruim twee jaar van huis en hoewel het leger elke soldaat kon gebruiken, begreep men dat hun inzet niet onuitputtelijk was. Door de komst van grote groepen dienstplichtigen naar Indië konden de oorlogsvrijwilligers worden afgelost. Evert-Jan wist niet goed wat hij moest doen. 'Uit plicht heb ik me gemeld,' schreef hij, 'maar nu ik iets ken van de archipel is het gek dat datzelfde land me niet wil loslaten.' Vanaf zijn eerste maanden op Java had Indonesië zijn hart veroverd. Hij had zijn moeder al verschillende keren laten weten dat hij in de Oost wilde blijven. Maar nu de kans op een terugkeer dichterbij kwam, leek Evert-Jan minder standvastig dan voorheen. Nederland zakte elke maand verder weg in het moeras van de oorlog. De dekolonisatie zou er komen, de vraag was alleen nog hoe en wanneer. De perspectieven voor de Nederlandse soldaten werden steeds minder aantrekkelijk. Desondanks verlengden sommige mannen hun dienstverband in ruil voor een extra maandelijkse toelage van vijftig gulden. Anderen besloten om op aanraden van de overheid te emigreren naar Canada, Australië of Nieuw-Zeeland.[1] In Nederland waren zo vlak na de oorlog te weinig mogelijkheden voor de snel groeiende bevolking, vond ook de regering. Toch kozen de meeste oorlogsvrijwilligers voor een terugkeer naar Nederland. De jongens spraken de hele avond over hun twijfels. 'Wat we willen, hier blijven of terug. Wat doe jij, is dan vaak de wederzijdse vraag. Niemand die het weet of hij gaat, of hij hier blijft, of wat hij in Holland gaat uitspoken.'

Het gepieker stopte niet. Evert-Jan stapte uit bed, pakte pen en papier en schreef een brief aan zijn moeder, omdat 'ik niets beter wist te doen dan U maar te schrijven en het één en ander te vertellen. (Misschien wordt U wel weer een klaagmuur). 'k Hoop dan dat U me begrijpt en het niet erg vindt.' Zijn besluiteloosheid bleef aan hem knagen. 'Kon ik nu maar ineens zover komen dat ik zei: ik blijf en denk niet meer aan Holland. Dat is het juist waar ik nu mee zit.' Want hoe pover de vooruitzichten in Indië ook waren, een terugkeer naar Nederland leek hem niet veel beter. Een vriend had hem al eens geschreven hoe het vaderland ervoor stond. 'Het bestaan in Holland wordt steeds moeilijker, alles is duur en vele artikelen stijgen nog in prijs. Verder steeds hoogere belasting. Het is zoo, hoe meer men verdient, hoe meer belasting er betaald moet worden, waardoor de animo om vooruit te komen ongunstig beïnvloed wordt, kortom dit werkt de opbouw van ons land tegen.'

Nederland stond in die naoorlogse jaren inderdaad in het teken van armoede en schaarste. De werkloosheid was nog altijd hoog. De strenge winter van 1946-1947 had tot een groot tekort aan kolen geleid en volgens een NIPO-onderzoek had een derde van de bevolking te weinig kleren in huis om de volgende winter door te komen.[2] Evert-Jan zag daarom weinig heil in een bestaan in Nederland. 'Duidelijk heb ik U uiteen gezet hoe ik over Holland denk. Wie buiten Holland werk en een behoorlijke toekomst kan vinden, moet het volgens mij niet in ons volgepropte Holland zoeken. [...] Waarom moet of zal ik terugkomen? Wat heb ik in Holland?' vroeg hij zijn moeder. 'Ja, U en mijn familie, maar daar moet ik het dan ook om doen. Dat is me ook heus wel iets waard om de Schans terug te zien. Maar dan zit ik ook weer in de Schans, in Holland. [...] Ja, ik kan werken op de boerderij. Dat wil ik wel en ben ik ook zeker niet te beroerd voor, maar wat heb ik er aan?' Na de dood van vader hadden de andere broers het werk op de boerderij samen met moeder opgepakt. Uiteindelijk zou een van de zonen het boerenbedrijf overnemen. Evert-Jan had vanuit Indië al laten weten daarvan af te zien, en nu hij toch twijfelde over een eventuele terugkeer vond hij het niet rechtvaardig om de boerderij alsnog op te eisen. 'Mijn broers hebben nu twee jaar geploeterd om er van te maken wat er van te maken viel.'

'Wie de boerderij krijgt weet ik niet, maar allemaal kunnen we hem niet krijgen, daarom wie er iets voor voelt laat ie wat anders doen. Desnoods emigreren. [...] Of het ergens anders een paradijs is? Och, dat ook niet, maar als je de kans krijgt om er vandoor te gaan, hetzij door emigratie, hetzij door dienstplicht, nou doe het en zeg het kleine Holland (hoe lief het je ook is) vaarwel.'

Hoe meer hij begon te twijfelen, hoe feller hij zich uitsprak tegenover zijn familie. Rationeel wist hij dat een terugkeer naar huis geen verstandige keuze was, maar diep vanbinnen verlangde hij naar zijn familie, en het leek hem te storen dat hij die emoties niet de baas kon.

'Jullie zeggen wel: kom terug, maar zijn stomme ezels... wat weten jullie van economische en financiële moeilijkheden van een land?' In een brief alleen aan zijn moeder durfde hij zich kwetsbaarder te tonen. 'Meen heus niet dat ik niet meer om U geef. Het tegendeel, wat dat betreft zou ik volgend jaar komen. Het is alleen dat ik pieker over de toekomst. Dit is voor mij een moeilijk probleem en een ander zal het ook slecht voor mij kunnen oplossen.'

Inmiddels naderde het einde van 1947. Onzekerheid was er andere jaren ook geweest, maar die was toen altijd gepaard gegaan met hoop. De eerste jaarwisseling als soldaat hadden Evert-Jan en zijn kameraden onder de met kaarsjes en lampions behangen palmbomen op Malakka gevierd, vol vertrouwen dat ze, eenmaal op Java, de rampokkers van de Republiek zouden verslaan. Hoewel het tweede jaar op persoonlijk vlak overschaduwd werd door de dood van zijn vader en Frederik, had Evert-Jan nog altijd op een goede afloop van de oorlog gerekend. 'Die zware hand die een jaar tevoren op ons rustte' was dit jaar weliswaar afwezig, ook Evert-Jans optimisme over het lot van Indië was verdampt. Zijn stemming was 'sober, ver van huis, in een verscheurd Indië, in een bloedend Indië en in een onzekere wereld'.

Zijn collega's deelden die gemoedstoestand. In de kroniek over de W-Brigade is te lezen hoe het stilleggen van de militaire actie het doel van de missie voor veel militairen deed verdwijnen, met een afnemend moreel tot gevolg. 'Aan het einde van iedere opdracht stond een doel met een naam. Nieuwe vergezichten gingen open en de stand van de kilometerteller steeg, omdat de opmars vorderde,' zo werd de eerste periode beschreven. 'Maar het jaar '47 scheen zich onder sombere voortekenen naar zijn eind te spoeden. De onveiligheid duurde voort, de verlieslijsten werden nauwelijks korter en alle heil, dat men van een plotselinge doorstoot naar Djokja verwachtte, scheen de regering moedwillig van zich af te schuiven. Er kwamen ongeduldige regels in de krant van OVW-ers, die het tijd vonden om naar huis te gaan, doch ingezonden stukken veranderen maar zelden de loop van deze wereld.'[3]

Evert-Jan wilde het jaar echter niet in volledige treurnis eindigen. Hij verzamelde de vrienden en vriendinnen die hij de afgelopen jaren gemaakt had – zijn kameraden uit het leger, de Indische meisjes Bobby en Conny, de verpleegsters uit het zusterhuis. 'Met hen wil ik trachten het jaar zo gezellig mogelijk ten einde te brengen. Niet in buitensporigheden,' zo zei de vrome calvinist in hem. 'Hoewel ik een sterk roker was en nog ben, ben ik op het gebied van sterke drank dezelfde. Daar houd ik niet van. Ik doe wel eens een keer mee, maar heb het net zo lief niet.'

Ondanks het gezelschap om hem heen toonde Evert-Jan zich in een brief aan zijn zusje Henny nostalgischer dan ooit. 'Dan gaan ook zeer zeker onze gedachten naar Holland. Dan zijn mijn gedachten thuis. Dan zie ik moeder zitten, nog steeds dezelfde plaats innemend. Voorstellend dat een van de oudste jongens naast Evert of Dirk ook vooraan zit. Jij zal dan wel tussen de jongens zitten. En dit alles een tevreden stille oudejaarsstemming gevierd, nog verrijkt door het vaste licht der ouderwetse lamp.'

Terwijl Evert-Jan worstelde met zijn twijfels, voer een vrachtschip van de Amerikaanse marine de baai van Batavia binnen: de USS Renville of 'de Yankee-geest in ijzer en staal' zoals Evert-Jan het bijna honderdveertig meter lange schip omschreef. Op het neutrale terrein van dat schip zouden de Australische, Amerikaanse en Belgische leden van de Commissie van Goede Diensten de strijdende partijen dichter bij elkaar proberen te brengen. Opnieuw onderhandelingen, die verrassend genoeg vrij snel tot een nieuw akkoord leidden. De zogenaamde Renville-overeenkomst van 17 januari 1948 betekende een nieuwe wapenstilstand. Wrang genoeg was de basis voor die overeenkomst veertien maanden eerder al gelegd. Er waren een grootscheepse militaire aanval en duizenden doden nodig geweest om de Nederlandse en Republikeinse handtekeningen onder een document te krijgen dat in grote lijnen overeenkwam met dat van Linggadjati.[4] Toch was er iets veranderd in het beeld dat Nederland van Indonesië had. '*Colonialism is dead*,' sprak koningin Wilhelmina op de radio naar aanleiding van Renville.[5] Dekolonisatie was een kwestie van tijd geworden, en Nederland leek eindelijk wat meer grip op de tijdsgeest te krijgen – leek, want later in het jaar zou het conflict nogmaals ontsporen.

Evert-Jan deerde het allemaal steeds minder. Hij noteerde de ontwikkelingen nog altijd, maar vaker als een soort opsomming van ANP-berichten. Zo'n uitgesproken mening over de politiek, zoals hij die uitte ten tijde van Linggadjati of de militaire actie, kom ik niet meer tegen. Zijn houding was veranderd. 'Bijna 2 jaar ben ik van huis. Voor mij is de wereld en haar leven heel anders geworden dan zoals ik het tot voorheen zag.' Hij bleef zelf geloof houden in de goede bedoelingen van hun missie. De kritiek uit Nederland kon hij slecht verdragen, die deed de kloof tussen hem en zijn vaderland groeien. 'Daarom mag ook niemand klagen over het lot dat wij hier zijn. Een ieder moest trots zijn dat zij hun deel ook bijdroegen aan de orde en rust van Indië.' Ook zijn collega's ter plaatse kregen commentaar te verduren. 'Het volgende is nog misschien vermeldenswaardig: Gisteravond kwam een militair zich beklagen bij de M.P. Hij was beledigd door een viertal burgers rijdende in een auto, welke hem hadden toegeschreeuwd: Moordenaar enz. In ogenschouw nemend dat genoemd militair altijd in de voorposten had gezeten, en heus wel wist wat "moord" en "moordenaars" betekent, was hij over z'n toeren en verklaarde eerlijk: "Kom ik vanavond een van hen tegen, dan bega ik werkelijk een moord".' Evert-Jan besloot de passage met een onder de soldaten populair versje:

Wij wenden ons tot God en Jan Soldaat,
Als hoge nood en bitt're strijd ons wacht.
De nood voorbij, het land in vredesstaat,
Vergeten wordt de Heer en Jan Soldaat veracht.

Bij een dominee die vlakbij gestationeerd was kon Evert-Jan zijn frustraties kwijt. Hij kende dominee Nijkamp al voor zijn uitzending, omdat deze tijdens de oorlogsjaren in Hardenberg had gepreekt. Dominee Nijkamp kende daarom ook de rest van de familie Nijboer. Op verzoek van Evert-Jan stuurde hij een brief naar de Schans. 'Enige weken geleden is hij [Evert-Jan] een middag bij mij geweest. Hij maakt het uitstekend en ik kreeg ook van zijn kerkelijk medeleven een zeer prettige indruk.' Doordat de dominee veel jongens sprak, wist hij dat Evert-Jans zorgen breed gedeeld werden binnen de krijgsmacht. 'Alleen – hij mag als jongen weggegaan zijn, hij zal als man met een eigen oordeel terugkomen, ook met eigen opvattingen, die misschien door U niet geheel gedeeld zullen worden. Door hun verblijf in Indië hebben de jongens nu eenmaal een ruimere blik gekregen, waarmee men in Holland rekening zal moeten houden, willen er geen brokken komen.'

Evert-Jans bitterheid moet tot uitbarsting zijn gekomen toen zijn kameraad Jan Koolen hem op de vroege morgen van 25 januari slecht nieuws kwam vertellen. De avond ervoor waren Evert-Jans vriend Johan Kettelarij en zijn oude kapitein Piet van Dijk met twee andere militairen vanuit hun standplaats in Midden-Java richting Batavia vertrokken voor een kort verlof. Zo ver zouden ze nooit komen. Tijdens de reis over de Poentjakpas met zijn weliswaar prachtig groene berglandschap, maar erbarmelijke wegdek, brak de voorveer van de jeep. Van Dijk, die de jeep bestuurde, verloor de macht over het stuur. De jeep belandde in de greppel en de inzittenden werden naar buiten geslingerd. Ironisch genoeg had de MP negen dagen eerder de Verkeers Ongevallen Dienst opgericht om de vele ongelukken terug te dringen. Uiteindelijk zou de dienst het aantal ongevallen met twee derde verminderen, maar voor Piet van Dijk kwam dat te laat. Hij belandde in de met water gevulde greppel, waarbij zijn bovenlichaam beklemd raakte onder de jeep, die op hem terechtkwam. Met zijn hoofd onder water, zonder mogelijkheid om te ontsnappen, moet hij zijn verdronken. Johan Kettelarij raakte zwaargewond maar kon na een maandenlang herstel naar Nederland terugkeren.[6]

Evert-Jan mocht dan wennen aan de dagelijkse slachtoffers, de dood van zijn kapitein – 'Onze "oude", vroegere Commandant P.H.M. van Dijk, zo geweldig geliefd bij zijn jongens.' – was een ander verhaal. Diens dood deed Evert-Jan terugdenken aan zijn eerste maanden op Java, aan de bossen rondom Tangerang. Hoe Van Dijk, 'die zich zo uitnemend verdienstelijk maakte door voorbeeldige moed [...] soms op het onverschillige, roekeloze af, maar toch nooit zijn jongens wagend,' het initiatief had genomen om duizenden Chinezen uit vijandelijk gebied te bevrijden. 'Voor zo'n man heb je alles over,' had Evert-Jan toen al opgemerkt. 'Een eresaluut voor die man. God sterkt de familie die achterbleef (vrouw en twee kinderen). God hebbe zijn ziel!'

Bijna zeventig jaar later ga ik op zoek naar het ereveld Pandu in Bandung waar Van Dijks graf moet liggen. Pieter Eppen moet een aantal kruizen verder liggen. In de rest van de stad lijkt de Nederlandse invloed voorgoed voorbij. Het koloniale Savoy Homann Hotel is nog altijd in gebruik, en de naam 'Warenhuis de Vries' siert de gevel van het aangrenzende gebouw, waar nu een Indonesische bank zit, maar in tegenstelling tot de Grote Moskee van Bandung aan het begin van de straat hebben de Nederlandse curiositeiten geen enkele betekenis voor de meeste mensen hier. De hints naar het verleden zijn niet meer dan een onderdeel van het straatbeeld, zoals de lantaarnpalen en palmbomen aan de overkant van de weg.

In het ziekenhuis Rumah Sakit Hasan Sadikin ondervind ik dit nogmaals als ik de beveiligers en medewerkers vraag of iemand me wat over het gebouw tijdens de oorlogsperiode kan vertellen, toen het nog Julianaziekenhuis heette. Iedereen kijkt me vragend aan, en dus slenter ik zelf maar door de gangen, de mensen verbaasd achterlatend. Vanuit dit ziekenhuis werd Pieter Eppen in 1946 naar de begraafplaats gebracht, aan de overzijde van wat tegenwoordig een van Bandungs drukste straten is. Eenmaal zelf op het ereveld aangekomen wandel ik van zijn graf naar dat van Piet van Dijk. Hoe tegenstrijdig het ook mag zijn, hier tussen die vierduizend doden voelt de geschiedenis van de oorlog springlevend. Het ereveld wordt met dezelfde toewijding onderhouden als de Amerikaanse begraafplaatsen die ik ken in West-Europa; het gras is gemillimeterd, nergens onderbreekt onkruid de smetteloze voetpaden. Een strak geordend appel van witte kruizen te midden van een stad waar chaos het natuurlijke ritme lijkt.

Op het ereveld ligt een fractie van de uiteindelijk zesduizend Nederlandse militairen die tijdens de koloniale oorlog omkwamen. Met zijn drieëndertig jaar haalt Van Dijk de gemiddelde leeftijd van de gesneuvelde soldaten omhoog, want de meeste militairen werden niet ouder dan een jaar of twintig. Pieter Eppen stierf twee weken na zijn tweeëntwintigste verjaardag. Verder liggen er vooral Nederlandse en Indische gezinnen, slachtoffers van de Japanse bezetting of de bersiapperiode. Het ereveld illustreert slechts het Nederlandse en Indische leed. Aan Indonesische zijde kostte de oorlog volgens een grove schatting honderdduizend doden.[7] Omringd door al die graven begrijp ik wel dat Evert-Jan de oorlog wilde ontvluchten.

Of het ongeluk de doorslag gaf meldt zijn dagboek niet, maar een week later liet Evert-Jan zijn moeder weten naar huis te komen. De eerste oorlogsvrijwilligers waren inmiddels al onderweg richting Nederland, waaronder de mannen van het bataljon Zeeland. Hoewel

Evert-Jan pessimistisch bleef over zijn kansen in Nederland, was hij blij om de Javaanse brandhaard achter zich te laten. Tegen de in Indië geboren Lien kon hij zijn opluchting niet voor zich houden: 'We gaan straks toch dit "pokkeland" vaarwel zeggen en gaan terug naar Holland.' Lien was als Menadonese 'zo geraakt en werd zo kwaad; het was te erg dat we zo op haar land scholden. Het was als een grap bedoeld en zonder erg gezegd.' Dat mocht zo zijn, het maakte wel duidelijk hoe zijn mening over dat zo vaak door hem bejubelde Java veranderd was. Het natuurschoon was weliswaar hetzelfde, maar de menselijke ellende kon hij niet langer verdragen.

Omdat Evert-Jan de beslissing zo lang mogelijk had uitgesteld, had hij nog maar een paar weken om afscheid te nemen van zijn leven in Indië. Nog één keer at hij een portie bami goreng in restaurant Hong Kong, bekeek hij een Amerikaanse kaskraker in een van de vele bioscopen, wandelde hij over het Koningsplein en liet hij zich per betjak door de straten van Batavia vervoeren – 'We lieten de vent heel langzaam rijden en gaven hem als beloning een fles bier (*f*. 2,50). Een beetje vrolijk hè!' Een laatste maal bezocht hij de familie Samson aan de Djocjaweg, waar de avond 'door een borreltje en een sigaar werd versierd'. Met een wekenlange bootreis in het vooruitzicht, waar hij zijn nachten zou doorbrengen in een krappe hangmat met collega's boven, onder en naast hem, genoot hij van een laatste overnachting in het bed bij de Samsons, 'zo lekker en zacht dat ik er 's morgens bijna in vast zat'. Ook Lien en de andere verpleegsters van het zusterhuis kregen een bezoekje. Voor Bobby had hij een apart afscheid in petto. Met een camera van zijn werk zette hij haar op de foto, en hij gaf haar een setje afdrukken als aandenken.

Hoe zou hij die weken beleefd hebben? Hoe zou hij naar zichzelf hebben gekeken? Heeft hij dat überhaupt gedaan? Lang niet al die jongens zullen zichzelf op papier aan een diepgaande introspectie hebben onderworpen, maar van Evert-Jan had ik dat stiekem wel gehoopt, gezien zijn eerdere uitgebreide analyses van de politieke ontwikkelingen. Veel militairen zagen zichzelf slechts als 'spaken aan dat grote wiel' die mee moesten draaien 'in die molen van orders en tegenorders'. 'We moesten daar naar toe om de orde te handhaven, maar verder wisten wij niets van politiek,' schreef een soldaat.[8] Evert-Jan stond daar anders in. Gedurende zijn hele Indiëperiode wilde hij in ieder geval weten wat er speelde – weliswaar zonder al te veel vertrouwen in de 'hoge heren', maar hij beschouwde de gebeurtenissen wel.

Zelfreflectie is natuurlijk van een andere orde. Wellicht was het gewoon niet de tijdsgeest om uitgebreid bij je problemen stil te staan. Waarschijnlijker vind ik het dat hij de schil die zich na tweeënhalf jaar Indië rond zijn ziel had gevormd niet al te grondig wilde of kon afpellen, bang voor wat hij eronder zou aantreffen. Zijn Indiëtijd moet erg dubbel voor hem zijn geweest. Zo veel jaren later weet ik zelf niet eens hoe ik tegen mijn eigen opa aan moet kijken.

De bevrijding van duizenden Chinezen rondom Tangerang is zonder meer een indrukwekkende geschiedenis. Tegenwoordig mag dan vooral een beeld heersen van al die 'foute' Nederlandse militairen in Indonesië – niet geheel ten onrechte, zoals onder meer Limpach aantoont – toch hebben de Nederlanders wel degelijk hulp aan de bevolking verleend, en heeft de aanwezigheid van mijn opa en zijn collega's in die gewelddadige beginperiode ook levens gered. Daarnaast vind ik het onvoorstelbaar hoe hij de dood van zijn vader en broertje Frederik en de vervroegde terugkeer van Gerrit-Jan binnen één jaar heeft kunnen verwerken. Ik voel eigenlijk wel iets van trots als ik alles op een rijtje zet.

Tegelijkertijd voelt het ongemakkelijk om hem puur als held neer te zetten in een oorlog die Nederland vanaf het begin af aan alleen maar kon verliezen. Een oorlog bovendien, waarbij Nederland 'aan de verkeerde kant van de geschiedenis' had gestaan, zoals de toenmalige minister van Buitenlandse Zaken Ben Bot in 2005 zou toegeven.[9] Gerrit-Jan leek dat eerder in te zien dan zijn oudere broer. Evert-Jan analyseerde de politiek, maar zijn conclusies waren toch verdacht vaak in lijn met die van gereformeerde kopstukken, zoals ARP-voorman Schouten of *Trouw*-hoofdredacteur Bruins Slot. Hij kon zich moeilijk aan zijn eigen zuil onttrekken.

En dan was er nog de omslachtige manier waarop hij over eventuele geweldsdaden van Nederlanders schreef. Bepaalde herinneringen heeft hij moedwillig uit zijn dagboek weggehouden. Getuige de vaak onwaarschijnlijke ervaringen die hij wel heeft opgeschreven kan ik hem dat moeilijk kwalijk nemen. Ik kan me best voorstellen dat hij een simpel eindoordeel wilde vermijden. Misschien is het wel juist in het midden van die kluwen die de koloniale oorlog was voor al die betrokkenen – van de Indonesische man en vrouw die voor hun vrijheid vochten tot de Chinese landarbeider die voor zijn leven vocht, en van de gewortelde Indische familie die uit haar thuisland werd weggejaagd tot de naïeve jonge Nederlandse soldaat die veel te snel volwassen werd –, daar waar de touwen van goed en fout, van dader en slachtoffer onontwarbaar met elkaar verweven zijn, dat mijn opa en ik elkaar vinden in de berusting van het ontbreken van een oordeel.

In ieder geval betrad Evert-Jan op vrijdag 27 februari de ss Grote Beer, bijna duizend dagen nadat hij de deur van de Schans achter zich had dichtgetrokken. Hij nam zijn plekje in op de boot met zo'n dertienhonderd medereizigers, inderdaad in de hangmat in een van de ruimen. Ze kregen de vaste dagindeling voor de komende weken uitgedeeld. Om zes uur opstaan voor reveille en toilet, de rest van de dag eten, inspectie, thee en limonade, en om elf uur gingen de lichten uit. De lessen Maleis en geslachtsziekten van de heenreis werden ingewisseld voor sterke verhalen over hoe de mannen hun opleiding in praktijk hadden gebracht. De nacht van 27 op 28 februari brachten ze door op het schip in de haven, om de volgende dag te vertrekken. 's Ochtends bracht de medische dienst ook de afgekeurden, gewonden en zieken aan boord. De ergste gevallen van tropenkolder werden op het dek in kooien gezet. Verboden terrein voor de gezonde mannen. Generaal Spoor kwam persoonlijk langs om de mannen te bedanken voor hun inzet en hoopte dat 'het leven in Indië ongetwijfeld ook zijn prettige zijde heeft gehad'.[10] Kennissen – 'veel meisjes' – stonden langs de kant te wuiven. Terwijl het orkest van het KNIL het Wilhelmus inzette, kwam de Grote Beer los van de kade. Evert-Jan stond aan de reling en keek nog één keer naar het land waar hij langzaam van wegvoer.

> 'Java, en straks Indië, laten we achter ons. Ook laten we er onze kameraden achter; ook onze dode kameraden. Veel is beleefd en geleden. God geve dat het niet tevergeefs is geweest. Dat is een gedachte die velen bezig hield in deze uren van vertrek.
>
> Voor mij persoonlijk: Zal ik dit land ooit terug zien? Ik wil en ik moet het terugzien. Zou het niet kunnen dan spijt het me dat ik aan boord ben gegaan.
>
> Thans varen we… In de verte zien we de lichtjes van Java's kust. God geve vrede aan deze landen.
>
> Tabé Java, Tabé Indië.'

EPILOOG I

Het was een herfstachtige dag, ergens in het begin van de jaren negentig. Ik moet een jaar of zes zijn geweest. Opa en oma Nijboer kwamen niet vaak onverwacht langs, maar die dag was wel zo'n dag en opa had er zin in. Hij wilde met me naar buiten, de herfst in, kastanjes zoeken. In zijn kloffie zag hij er in mijn ogen uit zoals een opa eruit hoorde te zien: stevige schoenen, een ruime pantalon en een vaalblauwe jas – weinig kleur en weinig vorm. Op zijn hoofd een platte, grijze, geruite pet.

Met mijn ouders en mijn broertje – mijn zusje was nog niet geboren – woonde ik in Emmeloord, in de normaalste nieuwbouwwijk van Nederland. Lange straten van dezelfde nette rijtjeshuizen met goed onderhouden voortuinen, afgewisseld met een serie twee-onder-een-kapwoningen of een incidenteel vrijstaand huis voor de grootverdiener.

Via een houten bruggetje kon ik de wijk achter me laten om in het bos te belanden, waar oneindig veel bomen en struiken voor mij klaar leken te staan voor het bouwen van hutten of het naspelen van mijn zelfbedachte soldatenmissies. Een groot grasveld in het midden van het bos was het stadion waar mijn vriendjes en ik zomers lang voetbalden tot het donker werd.

Terugkijkend is de term 'bos' wat veel eer voor een plek die hemelsbreed niet meer dan driehonderd meter beslaat. Aan de overzijde wordt de strook – zelf naamloos – geflankeerd door de Skagerrak en de Fjord; Scandinavische straatnamen die het gebrek aan flora moeten compenseren. Toch kon opa me als kind niet gelukkiger maken dan me hier mee naartoe te nemen om eikels en kastanjes te verzamelen, die ik de rest van het jaar in de schuur zou laten verpieteren.

Die middag brak de zon door, maar het bos rook nog naar de regenbui van die morgen. Opa banjerde even enthousiast als ikzelf door de bladeren op het natte gras, de kletspoten voor lief nemend. 'Wacht hier even,' zei hij na een tijdje. Hij liep de bosjes in. Zag hij een eekhoorn? Zou hij een speciaal blad gevonden hebben? Hij stopte bij de grootste beukenboom van het bos en begon er tegenaan te plassen. Ik was stomverbaasd. Zoiets had ik nog nooit gezien. Was dit normaal voor grote mensen? Toen hij terug was verzamelden we nog even door, maar met mijn hoofd was ik er allang niet meer bij.

We keerden terug naar huis. Opa en oma vertrokken terwijl ik mijn buit uitstalde op de keukentafel. Nadat ik de laatste eikel uit mijn tas had gehaald stond ik op en liep de achtertuin in. Mijn moeder zag me naar de grote conifeer lopen en rende me achterna. Ze vroeg me wat ik in vredesnaam wel niet van plan was. Rustig legde ik haar uit wat ik opa die middag had zien doen.

Hoewel ik mijn opa mijn hele jeugd heb meegemaakt, is dit altijd een van mijn meest levendige herinneringen aan hem gebleven. Niet alleen omdat het zo'n typische anekdote werd die we binnen ons gezin steeds weer opnieuw aan elkaar vertelden, ook omdat het weerspiegelt hoe ik me mijn opa herinner: ietwat ondeugend, doen waar hij zin in had, zonder zich iets aan te trekken van de volwassenen rondom hem – als kind een vrij aantrekkelijke levenshouding.

De eigenzinnigheid die mij zo in hem aansprak was één kant van het verhaal, zo hoor ik van de oudere generaties Nijboer. Met mijn vader en zijn zus Janny – mijn tante – zijn we op bezoek bij Frederika, de weduwe van Gerrit-Jan. Ook Frederika's zoon Henk is aangeschoven. Frederika is verheugd met een huis vol mensen op een verwaaide zondagmiddag in januari. We zitten in haar woonkamer rondom de donkerhouten salontafel, die ze constant vol zet met koffie, appelkoeken, pindarotsjes en met boter besmeerde plakken krentenbrood. Weigeren is geen optie.

Ik heb ze bijeen gevraagd om meer te weten te komen over de levens van Evert-Jan en Gerrit-Jan na Indië. Welke invloed heeft Indië op hun latere leven gehad? Wat hebben de kinderen meegekregen? Eerst praten we over het beeld dat ik van mijn opa heb. Allemaal vertellen ze me dat Evert-Jans eigenzinnigheid regelmatig doorsloeg naar koppigheid. 'Zijn woord was de waarheid,' zegt mijn vader. Verjaardagen konden uitdraaien op heftige ruzies. Terwijl ik met mijn broertje en mijn nichtjes in de garage speelde, liepen de gemoederen in de woonkamer hoog op. Waren zijn gasten het niet met hem eens, dan kon Evert-Jan boos de deur uit lopen, de rest in verbazing achterlatend. 'Vooral als het over politiek ging, was er geen discussie mogelijk,' volgens Janny. 'Over de Amerikanen mochten we bijvoorbeeld geen kwaad woord zeggen. Die konden niks fout doen, dat waren de bevrijders! Als we dat dan toch probeerden, dan werd hij hartstikke kwaad.'

Na het lezen van zijn dagboek en al zijn brieven verbaast die karaktertrek me allerminst. Met grote stelligheid ventileerde hij zijn mening over de politiek. Al even onwrikbaar leken zijn besluiten om vlak na de dood van zijn vader de verkering met Aaltje uit te maken en voor altijd op Java te blijven. De smeekbedes van zijn moeder hadden geen enkel effect. Tegen het einde van zijn tijd in Indië nam die stelligheid alleen maar toe. De neven en nichten die hem niet hadden geschreven hadden voor hem voorgoed afgedaan. Het ergste vond hij de mensen die vraagtekens plaatsten bij het optreden van de Nederlandse soldaten. Hij hekelde het onbegrip in Nederland. Waarom konden de mensen niet begrijpen wat zij hadden meegemaakt?

Na zijn thuiskomst in Nederland in 1948 werd het gevoel niet begrepen te worden alleen maar groter, hoewel dat op het eerste gezicht nog mee leek te vallen. Ondanks de groeiende negativiteit rondom de militairen ervoer Evert-Jan de aankomst in IJmuiden op de bewolkte zaterdagochtend van 20 maart 1948 voornamelijk als positief. 'Met muziek werden we begroet. Dit deed ons werkelijk goed. Veel mensen waren aan de kade gekomen om de bekenden te begroeten. Onze eerste indruk was toen toch wel dat er belangstelling is voor ons.' Via het Noordzeekanaal voeren ze door naar Amsterdam, waar een vertegenwoordiger van de koningin hen toesprak. Hun liefde voor het koningshuis waren de mannen nog niet verloren. '"Leve de Koningin" met een driewerf "Hoera" ging van het schip op.' Ze ontvingen hun laatste salaris en een lunchpakket. 'Gratis een mandje met een appel, koffie en koek.' Toen mochten ze van boord en zetten ze na bijna drie jaar weer voet op Hollandse bodem. Busjes stonden klaar om iedereen naar huis te brengen. Evert-Jan doorkruiste heel Nederland: 'Naarden Bussum, Hilversum, Ermelo, Harderwijk, Zwolle. [...] Overal was het hetzelfde: Blij natuurlijk. [...] De vlaggen uit.' Nadat alle andere jongens de bus uit waren, was het om elf uur 's avonds eindelijk zijn beurt. 'M'n broer G.J. was al aan de straatweg om me af te halen.' Binnen wachtte de rest. 'Thuisgekomen, moeder en Henny een zoen en een hand gegeven, voelde ik me gauw thuis,' schreef Evert-Jan. Toch voelde het weerzien na zo'n lange tijd ietwat onwennig, na alles wat er was gebeurd. 'Een grapje gemaakt, want ik was nogal bang dat de oude wonden weer zouden beginnen te bloeden. Door het overlijden van Vader en m'n broer Frederik had moeder al zoveel meegemaakt. Over dit alles heb ik me in één keer overheen gezet en Moeder hield zich ook heel goed moet ik zeggen.' Na de eerste drempel kwam alsnog het enthousiasme. 'Van allerlei Indische spullen, die ik had meegebracht, moesten worden uitgepakt en bekeken. Druppelsgewijs gingen ze naar bed, maar de laatsten gingen om vijf uur 's morgens. De volgende dag was het toch Zondag.'

De volgende ochtend sliep hij uit, 'want ik was te lui om naar de kerk te gaan'. Hoewel hij zichzelf die paar uurtjes extra slaap gunde, wilde hij de middagdienst niet overslaan. 'In de kerk was er een dankzegging voor m'n behouden thuiskomst. Veel bekijks en praatjes geven.' Na de kerk nodigden oude vrienden hem bij hen thuis uit. De jongens waren razend benieuwd naar Evert-Jans avonturen. 'Ik moest soms inwendig lachen om de gekke vragen (voor mij dan) die ze stelden, bijvoorbeeld: "Is het mooi in Indië?" en "Het is er zeker warm?" of "Moest je ook vechten?"'

De dagen die volgden waren vol plichtplegingen. De dominee kwam langs, evenals de burgemeester. Mensen van de NIWIN kwamen hem een hart onder de riem steken. Deze organisatie, Nationale Inspanning Welzijnsverzorging Indië, was opgericht om de Nederlandse militairen in Indië te steunen. Op Java had Evert-Jan al tijdschriften, sigaretten en chocolade van de NIWIN ontvangen, maar ook de teruggekeerde militairen werden niet vergeten. 'Een pakje shag en een NIWIN-speldje ("ons hart is bij hen") was het voorlopig cadeau.' Verder kwamen al zijn vrienden en kennissen langs. 'Vele keren moest ik natuurlijk zodoende hetzelfde vertellen.' Hoewel hij het fijn vond om iedereen na zo'n lange tijd weer te zien en zelf ook veel oude kennissen bezocht, voelde het allemaal erg dubbel. 'Als je dan zo eens praat met de mensen hier, en je bent zelf in Indië geweest, merk je eigenlijk pas hoe weinig begrip er voor Indië is.' 'Laten ze die oorlogsvrijwilligers maar allemaal in Indië laten,' snauwde een vrouw hem toe. 'Zoiets grieft je wel.' De ontmoeting met een oude kameraad uit Indië was de enige keer dat hij zich echt op zijn gemak voelde in die eerste weken. 'Bruls en de vrouw waren er ook. Alle, vele dingen uit Indië werden weer opgenoemd. We konden elkaar begrijpen.'

Nog geen week na zijn thuiskomst sprak Evert-Jan zijn ongenoegen uit in zijn dagboek: 'Als het leven hier maar gauw went, want veel dingen vind ik bekrompen en kleinzielig.' De vragen bleven komen. 'Allerlei gekke dingen kunnen de mensen van hier je vragen, zoals: "Spreken de mensen daar ook Hollands?" Dan ben je al genoodzaakt om hun te vertellen dat er Hollanders, Indo's enz. wonen. [...] Zodoende moet ik vele malen hetzelfde vertellen. Belangstelling is er wel zoveel, maar begrip over Indië voor geen cent. Hoe kan 't ook?' Veel thuiskomende militairen deelden dat gevoel. 'Het thuiskomen was een ontroerd maar tevens een benauwd weerzien,' vond soldaat Berends. Anderen werden uitgemaakt voor moordenaars. 'Kon je wel? Van die arme onschuldige zwartjes doodschieten!' kreeg soldaat Dekker naar zijn hoofd.[1]

Ondanks het ongemak probeerde Evert-Jan het leven op te pakken. Hij werkte zoals vanouds mee op de boerderij. 'Vanavond voor het eerst weer gemolken.' Verder hielp hij bij het poten van de aardappels. 'Dat was voor het eerst, na drie jaren, dat ik weer landwerk deed. M'n pols werd er wel erg moe van, maar dat zal wel wennen.'

Diezelfde avond was er in de kerk een film over Bali te zien. 'Voor mij, na twee jaren verblijf in Indië, was het begrijpelijk en ook heel gewoon, maar de jongens en meisjes van hier vonden het wel wat eigenaardig. Vooral de kleding en gewoonten der Balinezen gaf nogal stof tot lachen bij hun. Toen ik uit de kerk kwam rilde ik van de kou, erger als in een van de strengste winters, wanneer het 20-25 graden vroor. Dan denk je toch nog wel eens even terug aan het zonnige Indië met zijn eeuwig groen.' De eerste lentezon, enkele weken later, kwam hem dan ook geen moment te vroeg. 'Het was bijna een Indisch weertje, geweldig warm, heerlijk, zodat ik alles uit had op het bovenlichaam.'

De naderende zomer betekende allerminst dat Evert-Jan weer aan Nederland gewend was. Met een oom sprak hij uitvoerig over diens plannen om naar Canada te emigreren. Evert-Jan zag dat zelf ook wel zitten. Dat het hem menens was, bleek toen hij de trein naar Den Haag nam om bij het Christelijk Emigratie Bureau voor Canada 'inlichtingen te verkrijgen over emigratie naar Canada'. Niet alleen Canada was een optie voor hem. Hij trok het hele land door om meer te weten te komen over kansen in het buitenland. Met de trein naar Amsterdam, 'naar de Keizersgracht (Immigratie Overzee)' of naar Groningen 'om enkele inlichtingen te verkrijgen over Transmigratie naar Nieuw-Guinea'. Argentinië, Nieuw-Zeeland, Evert-Jan onderzocht alle mogelijkheden, omdat hij 'met een hoofd vol plannen zit wat de toekomst betreft. Zo kan ik b.v. [...] gedemobiliseerd worden,' – wat nog officieel moest gebeuren – 'ik kan ook in beroepsdienst blijven en dan zijn er nog de mogelijkheden van Canada. [...] Het werk op het land bevalt me best en ik zou ook wel landbouwer willen blijven of worden, maar hier in Holland lijkt me dat een onmogelijkheid.'

Een terugkeer naar het soldatenbestaan had hij afgezworen nadat 'de toestand zo veranderd was in Indië dat het zeker was dat we ook niet meer welkom waren'. Maar wat dan? Een beroepskeuzetest moest hem verder helpen. 'Toen ik bij de test-officier-adviseur kwam vertelde hij me dat ik het meest geschikt was voor landbouwer, politie en fotograaf.' Hoewel politieagent en fotograaf logische opties leken, gezien de ervaring die hij in het leger had opgedaan, kwam Evert-Jan daar verder niet meer op terug. De testadviseur 'raadde mij meer de landbouw aan'. Daarop besloot hij bij wat boeren in de omgeving te solliciteren. 'Een 6-tal brieven weggestuurd voor aanbieding als knecht. We zullen eens zien wat daar op komt.' Toch was hij er nog niet over uit wat te doen. 'Eigenlijk sta ik nog op een tweesprong, want ik weet niet wat ik recht zal doen; emigratie lijkt me ook nog wel wat.'

Ondertussen liet Indië hem niet los:

> Maandag 31 mei 1948
> 'Op deze dag gaan mijn gedachten twee jaar terug. Toen lagen we aan de Tangerang-linie tegenover de extremisten, die daar zo vreselijk huisgehouden hebben. [...] Mensen werden daar door de extremisten vermoord. Maar als m'n gedachten dan twee jaar terug gaan, dan herdenk ik hoe toen vader heel plotseling overleed. Wij, Gerrit-Jan en ik in Indië, wisten toen nog van niets. Pas half juni kreeg ik toen het doodsbericht. Ik herinner het me nog goed, we waren net terug van patrouille.'

Terugdenkend aan Indië kwam ook de correspondentie met Puck weer naar boven. In Java had hij zo graag gewild dat zij zijn vriendinnetje zou worden, terwijl zij de boot had afgehouden. In Nederland kreeg hij al snel een uitnodiging van Puck om op haar verjaardag te komen, bij haar thuis in Utrecht. 'De ontvangst was hartelijk,' schreef hij erover, maar 'een beetje taai zat het er wel bij. Het kwam zeker [...] na alles wat er is voorgevallen in de twee jaar dat we elkaar niet zagen, en nu opeens voor elkaar stonden. De aanwezigheid van haar moeder was niet bevorderlijk voor een vrije en vlotte gedachtenwisseling.' Na die ontmoeting keerde Evert-Jan nog een paar keer terug naar Utrecht en schreven ze elkaar nog een aantal brieven, maar de romantische teksten – 'Ik houd van hem. Erg veel zelfs, en zou niet meer buiten zijn brieven kunnen' – waren verleden tijd. Nu de afstand tussen hen was verdwenen, leek ook de spanning en intimiteit uitgewist.

Thuis zag hij zijn oude vriendinnetje Aaltje weer toen hij op bezoek ging bij haar familie. 'Toen was ook Ali (m'n oude meisje) thuis. Alles ging heel gemoedelijk, hatelijkheden of pijnlijkheden deden zich niet voor.' Van liefde leek echter ook hier geen sprake meer. Voor beide meisjes gold dat hun aanwezigheid in het dagboek langzaam uitdoofde. Met Aaltje was het niet meer zoals vóór Indië en met Puck was het niet meer zoals in Indië.

Heel veel leek het hem niet te deren. Al zijn twijfels over de toekomst probeerde hij 's avonds te vergeten door steeds vaker feestjes te bezoeken. Daar waren bovendien genoeg andere meisjes te vinden. Hij schreef over een 'scharrelpartij' of 'een gezellige avond' in Balkbrug 'waar ik ook nog weer met "Amor" in aanraking kwam'. Het dagboek kreeg minder prioriteit. 'Zoals valt te zien heb ik in ruim 2 maanden het dagboek niet bijgehouden,' schreef hij in september 1948. Een maand later: 'De laatste 14 dagen heb ik helemaal geen gelegenheid kunnen vinden om m'n dagboek aan te tekenen. Ik weet nog wel dat ik zaterdag 9 oktober 's avonds niet thuisgeweest ben.' Hij ging veel op stap met oude vrienden. 'Het was ook al zo lang geleden dat we samen uitgingen. [...] Het was al niet meer zo vroeg toen ik weg ging.' Op een avond werd het zelfs zo laat dat hij moeite had met terugfietsen naar huis. 'Moe en slaperig schommelde ik en bommelde ik van de ene kant naar de andere kant van de weg; soms bijna tegen een boom en dan eens weer bijkans in een sloot. In Baalder [buurtschap bij Hardenberg] werd het zo erg dat ik afstapte en het me makkelijk maakte aan de berm van de weg, waar ik al vlug snurkte als een varken.'

Dat was niet alleen vanwege de moeheid, zo vertelt Frederika mij over die periode. 'Nadat hij terugkwam uit Indonesië ging het helemaal niet goed met hem. Hij was veel op de loop, ging altijd tot diep in de nacht op stap en daar kwam veel drank bij kijken.' Via de feestjes en de meisjes ontvluchtte hij alle onbegrip en onzekerheid. Dat leidde tot problemen thuis. 'Zijn moeder wist niet wat ze met hem aan moest,' zegt Frederika. Moeder vermoedde dat Gerrit-Jan de enige was met nog wat invloed op Evert-Jan. 'Zij vroeg Gerrit-Jan om hem aan te pakken, omdat ze er zich geen raad meer mee wist. Toen hij op een nacht weer dronken thuiskwam, heeft Gerrit-Jan hem een pak slaag gegeven en hem verteld dat het nu op moest houden.' Toen was het volgens Frederika ook over. 'Gerrit-Jan heeft me later weleens verteld dat het hemzelf meer pijn deed dan je opa.' Maar het leek te werken, Evert-Jan begreep dat hij te ver was gegaan. 'Zo'n invloed had Gerrit-Jan wel op hem.' Zo handelden ze dat af in die tijd. Wat dat betreft was de beroepskeuzetest typerend. Als je het mentaal moeilijk had werd je niet naar de psycholoog of psychiater gestuurd, maar naar het arbeidsbureau.[2]

Ondertussen bleef Nederland met de Indonesische kwestie worstelen. De Renville-overeenkomst leverde net zo weinig op als die van Linggadjati. Wederom dreven Nederland en de Republiek uit elkaar. Zelfs zo ver, dat Nederland eind 1948 overging op een 'Tweede Politionele Actie' – de term oorlog werd nog altijd angstvallig ontweken. Door deze keer Djokjakarta wel te veroveren, zou het de Republiek omver kunnen werpen, zo was de gedachte. Het Indonesische leger was ditmaal echter beter voorbereid op een militaire confrontatie. Er bestond inmiddels een effectief netwerk van guerrilla-eenheden. Daarnaast had de Republiek definitief de steun van de Verenigde Staten weten te verwerven, onder meer omdat ze met succes een communistische opstand in het Oost-Javaanse Madioen had neergeslagen.

Ondanks de versterkte Republiek lukte het Nederland om Djokjakarta, de rest van Java en grote delen van Sumatra te bezetten en Soekarno en Hatta gevangen te nemen. Evert-Jan noteerde de gebeurtenissen nog wel in zijn dagboek – 'Gisteren werd in Indonesië de politionele actie hervat. Djocja reeds in handen der Hollandse troepen. Soekarno, Moh. Hatta [...] gevangen genomen met 12 anderen' – maar zijn bespiegelingen over de acties ontbraken.

De Veiligheidsraad greep opnieuw in en dwong Nederland de actie te beëindigen. De Republikeinse troepen slaagden er daarna steeds beter in om het Nederlandse leger te ontregelen, al ging dat vaak ten koste van grote verliezen aan Indonesische zijde. Over de gebieden buiten de grote steden hadden de Nederlanders amper controle; daar heersten de Republikeinen, die steeds meer steun van de bevolking kregen. Nederland reageerde met hevigere artillerie- en luchtbeschietingen. Door de intensivering van de strijd vielen er begin 1949 meer burgerslachtoffers dan in de jaren ervoor. De oorlog werd voor Nederland alsmaar uitzichtlozer. Evert-Jan had dat ten tijde van zijn vertrek al gemerkt, en sindsdien was het moreel onder de Nederlandse troepen alleen maar verslechterd. Het aantal gesneuvelden steeg, terwijl het doel van de Nederlanders steeds onduidelijker werd.[3]

In die eerste maanden van 1949 stopte Evert-Jan abrupt en definitief met zijn dagboek. Zijn laatste dag beschreef, hoe kon het ook anders, een bezoek aan de kerk. Evert-Jan was in april 1945 begonnen met het bijhouden van zijn leven. Hij begreep dat hij aan het begin stond van een belangrijk hoofdstuk in de Nederlandse geschiedenis en dat hij daarin een rol zou vertolken. Toen de laatste pagina dichterbij kwam en duidelijk werd dat het hoofdstuk geen gelukkig einde kende, staakte Evert-Jan zijn verslaglegging. Waarom hij stopte, zei hij niet. Het was vast niet alleen omdat hij zich vereenzelvigde met de loop van de geschiedenis. Waarschijnlijk vond hij het simpelweg ook minder opwindend om te schrijven over de cursus boekhouden voor landbouwers die hij net was begonnen dan over de patrouilles op Java.

Terwijl Evert-Jan zich op zijn toekomst concentreerde – 'Hard heb ik moeten zweten voor de cursus boekhouden' – kwam Nederland er alleen voor te staan. De internationale druk groeide. De Verenigde Staten dreigden Nederland uit te sluiten van de NAVO en de onmisbare Marshallhulp stop te zetten. Onder die druk ontstond in mei 1949 een nieuw vredesakkoord, de Van Roijen-Roem-verklaring, naar de onderhandelaars Mohamad Roem en Jan Herman van Roijen. Dit akkoord had meer succes dan alle voorgaande en vormde de basis voor de uiteindelijke 'soevereiniteitsoverdracht' aan het einde van datzelfde jaar.

Op 27 december 1949 verzamelden de Indonesische en Nederlandse hoofdrolspelers van de koloniale oorlog zich in het Paleis op de Dam, waar ze plaatsnamen aan een lange tafel. In het midden zat de pas aangetreden koningin Juliana, geflankeerd door de Indonesische premier Mohammad Hatta en de Nederlandse minister-president Willem Drees. 'Het is een voorrecht deze daad der overdracht der soevereiniteit te verrichten tegenover de geschiedenis,' sprak Juliana. 'Of beter gezegd: voor het aangezicht Gods die weet waarom dit samengaan in vrijheid niet eerder en ook niet later werd bereikt en die het falen kent der generaties.'[4] Wat voor Indonesië al vier jaar gold, was voor Nederland nu ook een feit: de kolonie Nederlands-Indië was geschiedenis en de toekomst was aan de Republiek Indonesië.

Driehonderdvijftig jaar lang had de Nederlandse overheid de Indonesiërs uitgebuit. Ondanks de nobele woorden van Juliana betekende het einde van de koloniale oorlog niet het einde van het koloniale ideaal. Dat zat zo diepgeworteld, dat Nederland tijdens de onderhandelingen de zeggenschap over Nieuw-Guinea had bedongen, alsof het daarmee een definitief afscheid van de Indonesische archipel nog even uit kon stellen. Pas in 1962 zou Nederland het laatste gebied – onder zware internationale druk – overdragen aan Indonesië.

De vierjarige koloniale oorlog kostte aan zesduizend Nederlandse militairen het leven. Het precieze aantal Indonesische slachtoffers is niet bekend, hoewel de meeste historici een getal van rond de honderdduizend doden aanhouden. Daarbovenop komen nog eens de slachtoffers uit andere bevolkingsgroepen, zoals Indo-Europese en Chinese burgers en Britse en Brits-Indische soldaten.[5]

Al die doden waren natuurlijk niet de enige schade die de oorlog had aangericht. Het einde van Nederlands-Indië leidde voor de betrokken groepen tot een enorme ontwrichting, die decennialang zou voortduren. Door de dekolonisatie trokken honderdduizenden mensen vanuit Indonesië naar Nederland. Onder hen logischerwijs de mensen uit Nederland, maar ook KNIL-militairen en Indo's. Veel van de militairen waren Molukkers, die in eerste instantie hun eigen onafhankelijke staat op de Zuid-Molukken eisten. De nieuwe Republiek weigerde daaraan mee te werken, en omdat de meeste Molukkers niet onder Indonesisch bestuur wilden leven trokken ze naar Nederland, hoopvol wachtend op de zo gewenste onafhankelijke staat die er nooit zou komen.

In de jaren tijdens en na de oorlog kwamen in totaal zo'n driehonderdduizend Nederlanders en Indische Nederlanders naar Nederland.[6] 'Repatrianten' werden ze genoemd, hoewel velen nooit in Nederland waren geweest. Bobby Samson behoorde met de rest van haar familie tot die groep. Ze vertelde me daarover: '*You know,* de eerste gedachte die ik had toen ik voet zette in Nederland was: hèhè, ik ben thuis. Gek hè? Ik was er nog nooit geweest, maar ik voelde me zo thuis.' Dat gevoel had zeker niet iedereen. Evert-Jan mocht zich onbegrepen hebben gevoeld bij zijn thuiskomst, hij werd tenminste nog door zijn familie verwelkomd. De Indische Nederlanders kwamen terecht in een vreemd, koud, grijs land waar eigenlijk niemand op hen zat te wachten. Ze werden weggestopt in kampen, sommigen ironisch genoeg in het voormalige Duitse doorgangskamp Westerbork. Hoewel de meesten uiteindelijk hun weg in de Nederlandse samenleving vonden, zochten grote groepen hun heil ook in andere landen. Vijfendertigduizend van hen, waaronder ook Bobby, trokken naar de Verenigde Staten.[7]

Dan waren er nog de militairen uit Nederland. De Nederlandse overheid had tijdens de koloniale oorlog eind jaren veertig ongeveer tweehonderdtwintigduizend mannen ingezet. Daarmee was het de grootste Nederlandse militaire operatie ooit. Het Nederlandse leger gebruikte verhoudingsgewijs meer militairen dan bijvoorbeeld de Fransen in de Algerijnse oorlog of de Amerikanen in de Vietnamoorlog.[8] Naast de circa tachtigduizend KNIL'ers werden ongeveer honderdduizend dienstplichtigen, dertigduizend oorlogsvrijwilligers en nog enkele duizenden beroepsmilitairen ingezet.[9] De meeste van die mannen kwamen net zo gedesillusioneerd uit Indië terug als Evert-Jan en hadden evenveel moeite om hun leven weer op te pakken. Toch moesten ze de burgermaatschappij in. Ze hadden heel wat in te halen ten opzichte van hun landgenoten die niet hadden gevochten. Indiëganger Frans Mathijssen schreef: 'Vrienden die ik [...] kende waren al gestart met hun carrière, verdienden al, reden op een bromfiets of in een auto voorbij.' Maar hoe moeizaam ook, 'op een gegeven moment heeft het dagelijkse leven je weer in zijn greep en wordt het heden belangrijker dan het verleden, al blijft dat op de achtergrond een rol spelen,' verwoordde veteraan Ed Zijlemaker zijn re-integratie in de Nederlandse samenleving.[10]

EPILOOG II

Net als al die teruggekeerde soldaten pakte ook Evert-Jan uiteindelijk het burgerleven op. Nadat hij het gescharrel en de drank op feestjes had afgezworen, ontmoette hij begin jaren vijftig het meisje dat zijn vrouw en vele decennia later mijn oma zou worden: Arendina Euverman. Een Oost-Nederlandse naam zoals ze tegenwoordig amper nog gegeven worden. Iedereen noemde haar Dien. Op 1 mei 1953, vlak voor Evert-Jans dertigste verjaardag, trouwden ze. Evert-Jan wilde nog altijd naar het buitenland, zijn oom achterna, die inmiddels naar Canada was vertrokken. Dien en hij volgden Engelse lessen en hij besloot om eventuele aanspraak op de boerderij definitief te laten vallen. Gerrit-Jan en zijn kersverse vrouw Frederika namen de boerderij over, inclusief moeder en de jongste kinderen.

Maar Dien zette een streep door Evert-Jans emigratieplannen. Ze kon haar familie niet achterlaten. Gezien het rechtlijnige karakter van Evert-Jan was het waarschijnlijk geen beslissing waar hij erg blij mee was. Zo trokken ze met hun pasgeboren dochter Janny in plaats van naar Canada iets minder ver naar het westen, naar de nieuwe Noordoostpolder, waar veel boerenwerk te vinden was. Evert-Jan werkte een aantal jaar als arbeider bij een boer, voordat hij aan de slag ging bij een doe-het-zelfwinkel. Ondertussen breidde het gezin zich uit. Evert-Jan en Dien kregen nog drie zonen, waarvan mijn vader de middelste is. Om hun gezinnen te onderhouden – Gerrit-Jan kreeg uiteindelijk zeven zonen – werkten zowel Evert-Jan als Gerrit-Jan hard om genoeg inkomen te vergaren. Tot diep in de jaren zeventig werkte Gerrit-Jan bij een melkfabriek om de magere opbrengsten uit de boerderij aan te vullen. Evert-Jan begon vanuit huis van alles te verhandelen; de ene keer stond de schuur gevuld met kalveren, een andere keer met oude auto's, die hij opknapte en doorverkocht.

Evert-Jan mocht dan gestopt zijn met zijn dagboek, hij bleef corresponderen met vrienden en familie, bijvoorbeeld met zijn oom in Canada. Indië kwam in de brieven nog amper voor. De koloniale oorlog leek naar de achtergrond verdwenen, net zoals in de rest van Nederland. Dat hoofdstuk was afgesloten. Totdat Indiëveteraan Joop Hueting Nederland bruut wakker schudde door in januari 1969 in het VARA-programma *Achter het Nieuws* te vertellen over de misdaden van Nederlandse militairen. 'Ik heb daar meegedaan aan oorlogsmisdaden,' zei Hueting onbewogen. In pak gestoken en gepromoveerd in de psychologie, leek Hueting een man die zijn rol in de samenleving had gevonden, maar de gebeurtenissen in Indië kon hij niet achter zich laten. 'Ik heb ze zien verrichten en om daar een paar voorbeelden van te geven kan ik u vermelden dat er kampongs doorzeefd werden, waarvan de militaire noodzakelijkheid destijds niemand inzag. Dat er verhoren plaatsvonden waarbij op een gruwelijke manier gemarteld werd, [...] dat er wraakacties gehouden werden waarvan evenmin de militaire noodzaak in te zien was. [...] We kregen krijgsgevangenen en die krijgsgevangenen werden meerdere malen neergeschoten, waarbij dan de kreet was "ga jij maar pissen", waarop de mensen zich omdraaiden en in de rug neergeschoten werden. [...] Dat waren geen incidentele gevallen, dat was de normale gang van zaken.'[1]

In een tijd van twee televisiekanalen, zat heel Nederland aan de buis gekluisterd. Nieuw waren Huetings bekentenissen allerminst. Al in 1946 was onder andere de Pesing-affaire in het nieuws gekomen. Gedurende de hele oorlog zouden met name de linkse kranten aandacht aan het Nederlandse geweld besteden, en ook in de Tweede Kamer was het af en toe onderwerp van debat geweest. Grote ophef bleef echter uit. De meeste partijen – overheid, leger, pers, kerken – hadden er weinig voor gevoeld om eventuele wandaden te onderzoeken. En dus werden die tegengesproken of ontzenuwd, want aandacht voor misdragingen diende het Nederlandse belang niet. Een onderzoekscommissie onder leiding van de jurist C. Van Rij had in 1954 scherpe kritiek geuit op de rol van de Nederlands-Indische autoriteiten, die standrechtelijke executies in Zuid-Celebes hadden toegestaan. De ministerraad, niet blij met de uitkomsten, besloot het onderzoek binnenskamers te houden.[2]

In 1969 waren de tijden veranderd. De kranten stonden vol van de protesten tegen de Amerikaanse bemoeienis in Vietnam. Dat 'wij Nederlanders' ons twintig jaar eerder zelf hadden misdragen leidde tot grote opschudding. Veel veteranen waren woedend op Hueting, zc wilden niet worden weggezet als een stel moordenaars. Anderen waardeerden juist dat hij openlijk durfde te praten over zijn ervaringen in Indië. Door alle commotie voelde minister-president Piet de Jong zich gedwongen een onderzoek in te stellen naar eventuele misdaden van de Nederlanders. Hij deed dat met de nodige tegenzin, want hij zag het eigenlijk niet zitten om misstanden uit het verleden op te rakelen. De door hem ingestelde onderzoekscommissie kreeg drie maanden om haar rapport af te ronden. In die veel te korte tijd vond ze alsnog honderdtien geregistreerde gevallen van excessief geweld of moord. Maar Piet de Jong behield de controle en schreef zelf de conclusies van wat, wederom eufemistisch, de *Excessennota* zou gaan heten. Er waren volgens hem weliswaar wandaden gepleegd, maar 'daartegen werd ook opgekomen. [...] De Regering betreurt dat er zich excessen hebben voorgedaan, maar zij handhaaft haar opvatting, dat de krijgsmacht als geheel zich in Indonesië correct heeft gedragen. De verzamelde gegevens bevestigen, dat van systematische wreedheid geen sprake is geweest.'[3] Daarmee was de zaak voorlopig van de agenda. Voordat de discussie als een te heet pannetje melk zou overkoken had het kabinet-De Jong het vuur behendig lager gedraaid. Maar ze kreeg het niet helemaal uit, en de kwestie zou de komende decennia door blijven borrelen.

Telkens wanneer de Nederlandse wandaden in het nieuws kwamen, leidde dat tot een hevig en emotioneel debat. In 1987 ontstond opnieuw opwinding. Historicus Loe de Jong schreef in het twaalfde deel van zijn geschiedschrijving *Het Koninkrijk der Nederlanden in de Tweede Wereldoorlog* over de dekolonisatie, en een van zijn paragrafen had als titel 'Oorlogsmisdrijven'. Daarin vergeleek De Jong het Nederlandse militaire optreden in Indië met dat van de Duitse bezetter in Nederland. Een van zijn meelezers, een oud-KNIL-kolonel, was verbolgen over de tekst en lekte zijn bezwaren naar de pers. *De Telegraaf*, altijd al op de hand van de veteranen, opende de aanval op De Jong. Op de voorpagina trokken ze het werk van De Jong in twijfel. Ook de veteranen zelf probeerden De Jong uit alle macht zwart te maken. De rel hield kranten en televisie wekenlang bezig. Toen Loe de Jong enkele maanden later zijn boek publiceerde, was de paragraaftitel 'Oorlogsmisdrijven' vervangen door 'Excessen'. De druk van de veteranen had succes gehad.[4]

De veteranen die in 1969 verontwaardigde brieven naar de VARA stuurden deden dit voornamelijk uit individuele woede. Als groep hadden ze zich nog niet echt georganiseerd. De gezinnen en maatschappelijke carrières van de mannen slokten hun tijd op, Indië lag in een ver verleden. In 1987 waren de soldaten van weleer inmiddels aan hun pensioen toe, en met het ouder worden groeide ook de aandacht voor hun diensttijd. Veteranen zochten elkaar op tijdens reünies en organiseerden reizen naar Indonesië om nog één keer terug te keren. Er ontwikkelde zich een sterke veteranenlobby die zich gemakkelijk tegen Loe de Jong kon mobiliseren omdat de mannen niet van plan waren als oorlogsmisdadigers de geschiedenis in te gaan.

Ook bij Evert-Jan nam de aandacht voor zijn Indiëperiode toe. Tussen de stapels brieven die hij na de oorlog bewaarde, duiken vanaf de jaren zeventig brieven van zijn oude maten op. Zoals van Jan Bruls, met wie hij in Batavia vaak de familie Samson bezocht, en die wel naar Canada was geëmigreerd. Jan schreef hem dat het in Canada niet per se makkelijk was geweest. Ook daar was 'veel werkloosheid, precies als ieder ander land'. Een andere oud-collega, Taeke de Jong, was naar Australië verhuisd. 'Evert, jij kunt me nog wel herinneren denk ik, de enigste Friese stijfkop in 't "Circus Van Dijk",' schreef Taeke. 'Ik kan me wel herinneren dat jij iemand was, waar je op kon vertrouwen en dat was zeer belangrijk. Ik geloof dat we jou meestal Nijboer noemden. [...] Het leven is eigenlijk maar kort als je zo eens achterom kijkt.' Uit andere brieven blijkt dat Evert-Jan zijn oude vriend Johan Kettelarij opzocht in Zutphen. Verder vind ik in zijn legerkist reünieverslagen, een lidmaatschap van de Vereniging Oud Militairen Indiëgangers en een sticker van 'Vrienden van de Stirling Castle'.

In de jaren negentig kwam hij in contact met Arie van Veen, die onderzoek deed naar de geschiedenis van de Militaire Politie in Nederlands-Indië. De twee boeken die daar het resultaat van waren behoorden ook tot Evert-Jans verzameling en werden van grote waarde voor mijn eigen onderzoek. In de boeken kom ik dezelfde namen tegen als in Evert-Jans brieven: een foto van Johan Kettelarij, een legitimatiebewijs van Taeke de Jong. En dus ook de documenten die Evert-Jan had aangeleverd: een foto van zijn groep op Malakka, 'Derde rij vlnr: no.3: E.J. Nijboer', de persoonlijke brief die hij van de Chineese Vereeniging kreeg als dank voor zijn inzet in Tangerang, en het document met zijn bevordering tot sergeant. Zelfs een brief uit 1991 waarin Arie van Veen Evert-Jan 'Zeer gaarne' om 'nadere informatie' voor zijn onderzoek vroeg, vind ik terug.

Vijfentwintig jaar later stap ik binnen op hetzelfde adres in Amsterdam-Noord dat Arie destijds onderaan de brief aan mijn opa zette. Arie had zelf bij de MP gediend en was vanuit die ervaring met zijn onderzoek begonnen. Zoals in huizen van andere veteranen die ik bezocht zie ik ook hier de sporen van Indonesië; een wajangpop in de gang, een foto van een Indonesisch huis. Arie nodigt me naast zich uit op de bank terwijl zijn vrouw Annie verzonken is in haar spelletje patience op de computer. Af en toe komt ze bij ons zitten om haar man aan te vullen. Aries gezondheid is een stuk brozer dan toen hij zijn monnikenwerk uitvoerde. Aan de telefoon was hij daarom wat terughoudend over een afspraak, maar nu ik eenmaal naast hem zit vertelt hij honderduit. 'Ik heb er altijd over kunnen praten, daar heb ik nooit moeite mee gehad. [...] Als Militaire Politie moest je je eigen kameraden bewaken. Soms maakten ze gevangenen en dan moest jij ervoor zorgen dat er niks gebeurde met die gevangenen, terwijl de jongens wisten dat die gevangenen net hun maten gruwelijk vermoord hadden. Dat was heel moeilijk. Ik heb wel gehoord dat op andere plekken gevangenen mishandeld zijn. Omdat het onze levens kon sparen, zeiden ze dan. Maar daar weet ik het fijne niet van. Bij ons gingen de verhoren normaal, er is nooit iemand mishandeld. Ik ben later teruggegaan naar Indonesië met het idee dat ik alles naar eer en geweten heb gedaan.' Daarom herkent Arie zich wel in het onbegrip dat Evert-Jan na zijn thuiskomst ontmoette. Dat ze allemaal als moordenaars werden gezien, zorgde voor veel frustratie. Alle onthullingen en beschuldigingen, begonnen met de bekentenissen van Joop Hueting, versterkten dat volgens hem. 'Het gaat altijd maar over de excessen, de misdaden. Er is zoveel onbegrip over wat daar gebeurd is. Ik heb weleens gehoord dat een militair maar drie dagen achter elkaar onder druk kan staan, wij stonden drie jaar onder druk! We waren jongens zonder opleiding. Ik zeg niet dat er geen fouten zijn gemaakt, want actie lokt reactie uit, terreur lokt contraterreur uit. Maar uiteindelijk is de Indiëveteranen veel onrecht aangedaan, ze zijn totaal niet begrepen. Vanwege dat onbegrip heb ik mijn boeken geschreven.'

In de jaren negentig bleef de koloniale oorlog met regelmaat voer voor debat. Een van de discussies voltrok zich rondom Poncke Princen, die ooit als Nederlandse dienstplichtige naar Indië was vertrokken, maar daar overstapte naar de Republikeinse kant. In 1993 wilde Princen naar Nederland reizen om zijn familie terug te zien, wat voor de veteranenlobby aanleiding was om fel tegen een visum voor Princen te pleiten. In eerste instantie werd dit hem dan ook geweigerd, maar een jaar later werd hem dit op 'humanitaire gronden' alsnog toegekend.[5] Henk, de zoon van Gerrit-Jan, kan zich de affaire nog goed herinneren. 'Ik had wel enig begrip voor het standpunt van Princen, maar toen ik dat kenbaar maakte leidde dat tot een enorme aanvaring met je opa. Hij werd hartstikke kwaad. Wat dat betreft was het een typische veteraan.'

Het duurde tot de eenentwintigste eeuw voordat er iets meer lucht in het debat kwam. Niet geheel toevallig was dat op het moment dat steeds meer veteranen overleden, waardoor hun ooit zo hevige lobby naar de achtergrond verdween. Oorlogsmisdaden werden niet meer als 'excessen' weggezet. Ook ontstond er meer ruimte voor de Indonesische kant van het verhaal. In 2008 spanden Indonesische weduwen een rechtszaak aan tegen de Nederlandse staat, omdat Nederlandse soldaten in 1947 hun echtgenoten zonder proces standrechtelijk geëxecuteerd hadden tijdens een massamoord in het Javaanse plaatsje

Rawagede. In 2011 wonnen ze de zaak, waarop de Nederlandse regering excuses aanbood voor het bloedbad. Dat moest ze nogmaals doen, nadat weduwen uit Zuid-Celebes een vergelijkbare zaak aanspanden en wonnen.

De excuses waren niet geheel van harte, want juridisch afgedwongen. De omgang van de Nederlandse overheid met de dekolonisatie bleef krampachtig. In 2012 weigerde het kabinet de financiering van een grootschalig onderzoek naar het geweld tijdens de oorlog, na een oproep hiertoe van drie onderzoeksinstituten (het Koninklijk Instituut voor Taal-, Land-, en Volkenkunde (KITLV), het Nederlands Instituut voor Militaire Historie (NIMH) en het NIOD Instituut voor Oorlogs-, Holocaust en Genocidestudies). Pas nadat Limpach in 2016 concludeerde dat Nederland tijdens de koloniale oorlog structureel geweld had gebruikt, besloot de regering alsnog tot een vierjarig onderzoek, dat in de loop van 2017 van start gaat.

Ik ben benieuwd hoe Evert-Jan tegen deze recente ontwikkelingen had aangekeken. Enkele jaren na de zaak-Princen zou hij zich namelijk een stuk genuanceerder tonen. Er was wel een dramatische gebeurtenis voor nodig om dat aan het licht te brengen: de dood van zijn broer Gerrit-Jan. In 1999 fietste Gerrit-Jan van de boerderij – die hij inmiddels aan een van zijn zonen had overgedragen – terug naar zijn huis een paar kilometer verderop. Op een kruispunt werd hij aangereden door een busje, en dat ongeluk werd hem op tweeënzeventigjarige leeftijd fataal.

Evert-Jans band met Gerrit-Jan was altijd erg goed geweest. Hoewel ze bijna honderd kilometer uit elkaar woonden, zochten ze elkaar om de veertien dagen op. Ze begrepen elkaar, wisten wat de ander had meegemaakt. Tegen zijn gezin had Gerrit-Jan nooit iets losgelaten over Indië, dus besloot Evert-Jan om na het overlijden van zijn broer al hun correspondentie in een schrift over te schrijven en te kopiëren voor Frederika en hun kinderen. Om hen 'een beeld' te geven van 'je man, jullie vader, mijn broer'.

Het schrift ligt voor me. Op de eerste pagina de eerste brief van Gerrit-Jan aan Evert-Jan vanuit het opleidingskamp in de VS, gedateerd 23 oktober 1945. Evert-Jans handschrift had zich gelukkig aangepast aan de moderne tijd en is daardoor een stuk makkelijker te lezen dan de originele brief uit 1945. Ik lees de brieven een voor een door. Gerrit-Jans teksten zijn me allemaal bekend, maar ditmaal heeft Evert-Jan er tussen haakjes kleine opmerkingen en aanvullingen bij genoteerd, gevolgd door de initialen van zijn voornaam. Bij Gerrit-Jan die hem schreef over de bootreis: 'Ik was niet zeeziek geweest en jij dan? (nee dus E.J.)' of bij Gerrit-Jan die klaagde over Britse soldaten die hun wapens verkochten: 'Ik wou dat ik zag dat ze hun wapens verkopen, dan gaan ze de cel in (goed zo, daar herken ik me in jou G.J., E.J.).' Evert-Jan voegde ook de verslagen van zijn acties in Tangerang en Tjiandjoer toe. De vervolging van Chinezen relateerde hij aan actuele oorlogen. 'Gruwelijke toestanden van brandschatten en moorden en totale wanorde, zoiets als Srebrenica.'

Behalve het noteren van kleine voetnoten stond Evert-Jan ook langer stil bij wat ze hadden meegemaakt. Zijn blik op de vroegere vijand was veranderd, blijkt bij een enthousiaste opmerking van Gerrit-Jan over honderdvijftig gedode pemoeda's: 'Dat is niet niks hè? Houen zo!' Destijds had Evert-Jan het zelf opgeschreven kunnen hebben, nu was zijn commentaar: 'Nu na 54 jaar vind ik 't eigenlijk iets anders. Het waren jonge mensen (pemoeda's genaamd) van vaders en moeders in Indonesië die ook huilden en die anders onze leeftijd hadden gehad nu, maar oorlog verruwt. Nu zeg ik [...] oorlog is complete waanzin. [...] E.J.' Aan de buitenkant was hij die felle veteraan, maar achter dat schild had zich in de loop der jaren wel degelijk iets van mededogen genesteld, zelfs voor die mannen die hij vierenvijftig jaar eerder als 'extremisten' en 'terroristen' kwalificeerde.

Uiteindelijk keek hij, met de bevrijding van de Chinezen in het achterhoofd, met een gerust geweten terug. 'Nu ik alles opschreef begon alles weer te leven. Je ziet jezelf weer lopen. Wat we deden was goed. Vergeten we nooit. [...] Ik had alles nooit willen missen. Wat een rijkdom aan ervaring – vriendschap. [...] Frederika, veel sterkte bij 't lezen. E.J.'

Voor Evert-Jans eigen gezin bleef Indonesië lange tijd een mysterie. Hij praatte er vrijwel niet over. De Javaanse Jongens die hij rookte was het enige wat hem aan Indië kon linken. Wel was er zijn oude hutkoffer met zijn verzameling aan spullen, die gek genoeg altijd op de overloop van het huis stond, waardoor die voor alle gezinsleden in te zien was. 'Daar keek je dan wel eens in,' vertelt mijn vader me. 'Zelfs die envelopjes met vreselijke foto's zaten tussen die spullen.'

'Natuurlijk was dat als kind heel raar om die foto's te zien,' vult Janny hem aan, 'maar je dacht er niet aan om daar iets over te vragen, dat durfde je gewoon niet.' Waarom zou Evert-Jan die foto's zo openlijk bewaard hebben zonder er verder over te praten? Alsof hij op die manier wilde laten zien dat hij iets kwijt moest wat hij niet onder woorden kon brengen. Was het alsnog een roep om begrip? Toen Janny in de jaren zeventig als oudste kind het huis uit ging, begon Evert-Jan meer aan het verleden te denken. Langzaam liet hij af en toe toch iets los, en zo kreeg mijn vader het verhaal over de bevrijding van de Chinezen in Tangerang te horen. Volgens die logica moet Evert-Jan zijn jongste zoon Bernhard het meest verteld hebben. Als ik Bernhard spreek, beaamt hij dat Indië geen veelbesproken onderwerp was, maar in tegenstelling tot in Janny's jeugd kwam het in die van hem soms wel ter sprake. 'Bijvoorbeeld als we op televisie een documentaire over de oorlog zagen of in de krant iets over Indonesië lazen, dan wilde hij weleens wat vertellen. Dan ging het altijd over een actie waarbij hij met een kleine groep duizenden mensen, vooral vrouwen en kinderen, bevrijdde.' Inderdaad, dezelfde actie waar mijn vader ook over te horen kreeg. 'Daar was hij schijnbaar toch wel trots op,' zegt Bernhard. Maar bij hem bleef het niet bij dat ene verhaal. 'Ik vond het wel spannend als hij vertelde over de oorlog. Over de Duitsers in de Tweede Wereldoorlog en over hoe hij moest onderduiken. Als ik een documentaire over Indonesië zag, wist ik dat mijn eigen vader daar ook geweest was. Toen ik een jaar of zestien was, vroeg ik hem een keer op de man af of hij ook weleens mensen gedood had. Veel ernstiger dan normaal begon hij te vertellen dat ze een keer in een zwaar gevecht waren beland. Iemand van zijn groep was aan flarden geschoten en lag ernstig gewond naast hem. Er was geen hulp in de buurt en geen redden meer aan, waarschijnlijk had hij nog enkele minuten te leven. De man vroeg hem om genade en smeekte hem om er een einde aan te maken. Hij vertelde me dat hij dat toen gedaan heeft.'

Ik dacht dat ik met de foto's van opgegraven lijken en de dubieuze beschrijvingen van doodgeschoten Indonesiërs het ergste inmiddels gehad had. De details uit de dagboeken, uit de brieven of van anderen brengen mij zeker dichter bij mijn opa, maar elke keer als ik hem denk te begrijpen schudt zo'n verhaal me weer wakker. Hoe kan ik me ooit echt inleven in hoe het is je eigen kameraad dood te moeten schieten? 'Over de bevrijdingsactie zou hij later nog vaker vertellen, maar dit verhaal vertelde hij maar één keer,' besloot Bernhard zijn herinnering. Het moeizame verwerkingsproces van Evert-Jan begrijp ik intussen wel, zeker als hij het gevoel had dat niemand echt luisterde. Bij Gerrit-Jan verliep die verwerking even moeilijk. 'In Indië heeft mijn vader zijn ziel verloren,' stelt zijn zoon Henk. 'Hij was altijd aan het werk, dus fysiek was hij veel afwezig, maar geestelijk gold eigenlijk hetzelfde, alsof hij er nooit helemaal bij was. Niet op een onaardige manier, zeker niet, mijn vader was een hele fijne kerel, maar het was toch of hij altijd met zijn gedachten nog ergens anders was.' Terwijl hij me dit vertelt, moet ik denken aan wat Annie van Veen tegen me zei over haar man Arie: 'Nederland is het vaderland, maar Indonesië is het moederland, zo was het waarschijnlijk ook voor je opa.'

Behalve zijn broer en zijn oude kameraden was er nog één iemand van wie Evert-Jan het gevoel had dat zij hem wel begreep: Bobby Samson. Ook met haar was het contact verloren gegaan. Maar in 1994 besloot hij haar te schrijven, zo maak ik op uit de brieven die zij terugschreef. 'Beste Evert & Dien. Na zo'n lange tijd weet ik niet wat ik schrijven moet. Ik weet niet eens waar ik moet beginnen! Maar ja, je wou dat ik je even schreef, nou hier is het dan!' Ik moet glimlachen om haar toon, die even enthousiast en humorvol is als tijdens haar jeugd. 'In de 30 of 40 jaren dat we elkaar niet meer gezien hebben is er een heleboel gebeurd; maar dat kan ik niet in één brief schrijven, anders lijkt het op 't Nederlands Dagblad.'

Bobby's moeder leefde ook nog. Ze kon zich Evert-Jan niet meer herinneren, zo schreef ze hem. 'Beste jongen, ik ken je wel niet, niet meer, maar wat vind ik het mooi dat nog één van die Hollandse soldaten mij niet is vergeten.' Evert-Jan was niettemin dolblij met haar antwoord: 'Met die woorden was ik zo vereerd, meer vereerd dan wanneer ze mij 1000 gulden hadden aangeboden. [...] Jullie hebben een plekje in mijn hart en dat is een gevolg van dat bij jullie hart en deuren waren opengezet, openstonden voor ons, voor mij. Dank voor alles uit de oude tijd, *tempo doeloe.* [...] Die band is zo fijn, wordt ook alleen maar begrepen door mensen die ook in die tijd daar waren.'

Met Bobby, die inmiddels dus als Agnes Barnes door het leven ging, werd het contact steeds frequenter. Ze vertelde hem over haar leven in Californië. 'De zon schijnt en ik moet nog steeds de tuin begieten, anders lijkt het wel "verschroeide aarde politiek". Ja, dat moet ik allemaal zelf doen, want hier heb ik geen baboe, *kebon* [tuinjongen] of djongos!!' Na een aantal brieven heen en weer vroeg ze Evert-Jan en Dien om haar op te komen zoeken. Uitgebreid beschreef ze hoe ze dat aan moesten pakken, bijvoorbeeld wat er allemaal bij een vliegreis kwam kijken. 'Dan moet je bepalen waar je wil zitten! Als je niet iedere keer naar de W.C. moet, dan neem je een plaatsje bij het raam. Dan kan je zo lekker naar buiten kijken als je vertrekt en als je aankomt! Maar goed, als je elke keer naar de kakoes moet, dan is het natuurlijk beter als je een stoeltje neemt naast het looppad. [...] Ze vragen je ook of je een gehoorapparaat wil huren. Dat kost ongeveer een dollar en dan kan je naar muziek luisteren en naar de bioscoop kijken.' Wel raadde ze een reis buiten het hoogseizoen aan. 'Kom niet in de zomermaanden naar Cal. Dan is het te heet voor jullie kaaskoppen.' Uiteindelijk zou het haar niet lukken om mijn opa en oma over te halen. Ondanks Evert-Jans tropenervaring en de eerdere emigratieplannen maakten Evert-Jan en Dien nooit een grote reis. Was zijn honger naar avontuur gestild? Of was het de remmende werking van Dien?

Gelukkig kwam Agnes regelmatig naar Nederland om haar in Groningen wonende zoon op te zoeken. En altijd bracht ze dan een bezoek aan mijn opa en oma, die hun landarbeiderswoning aan de lange, lege boerenweg hadden verruild voor een rijtjeshuis in een van de knusse polderdorpjes. 'Dien was dan wat stilletjes, maar wel heel aardig en lief,' vertelt Agnes me aan de telefoon. 'Ze vroeg altijd of ik mee wilde eten, zodat we langer konden blijven praten.' Over Indië had Agnes het liever niet te veel meer, zo bleek wel uit haar brieven. 'Nee, sergeant MP!! Ik denk nooit meer – of niet vaak – aan mijn "geboorteland". En dat is maar goed ook, want ik hou niet van Indië. En tussen ons gezegd en gezwegen: Indië houdt ook niet van mij.' Voor Evert-Jan gold precies het omgekeerde, zo vertelt ze me als ik haar vraag wat Indië voor hem na al die jaren nog betekende. '*Everytime I saw him, he was not talking about anything else than all* die gebeurtenissen in Indonesië,' zegt Agnes. 'Het is net alsof zijn geheugen bevroren is geraakt. Hij praatte nergens anders over met mij. "Weet je wel dit en weet je wel dat?" Toen dacht ik, weet je Evert, ik weet het eigenlijk niet meer. *You know, I really don't remember.*' Zelf zat ze niet meer op verhalen over Indië te wachten, maar na al zijn zwijgen was zij uiteindelijk wel degene die hem begreep. Hij vertelde en vertelde en vertelde, telkens hetzelfde liedje afspelend, '*like* een plaat op een draaitafel waarvan de naald in de groef blijft hangen.'

VERANTWOORDING

Het avontuur van dit boek begon ik jaren geleden na de vondst van mijn opa's dagboeken, brieven en foto's. Zijn onuitputtelijke bron van materiaal was het uitgangspunt van mijn onderzoek. Met behulp van archiefonderzoek, andere soldatendagboeken en -memoires, literatuuronderzoek en interviews heb ik Evert-Jans verhaal zo waarachtig mogelijk willen reconstrueren.

De citaten uit Evert-Jans dagboeken en brieven heb ik zo veel mogelijk in de oorspronkelijke spelling gelaten. Als een vriend schreef over 'hoogere belasting' of Evert-Jans moeder over 'trotsch zijn op deze flinke kerels' heb ik daar niks aan veranderd. Hetzelfde geldt voor samenstellingen die wij aan elkaar zouden schrijven, maar die Evert-Jan en zijn familie vaak los schreven, zoals 'bekend gemaakt', 'er bij', 'gewaar worden' of 'dienst deden'. Slechts in het enkele geval waar een verkeerd gebruik van interpunctie of een spelfout de leesbaarheid te veel zou aantasten heb ik dit gewijzigd, bijvoorbeeld wanneer iemand 'gevoulleerd' schreef in plaats van 'gefouilleerd'.

Wanneer ik citeerde uit overige bronnen heb ik de citaten letterlijk overgenomen. Ook hier zijn teksten als 'onze jonge menschen' en 'dat genoegelijke Chinese theater' dus gehandhaafd. Spelfouten in deze bronnen heb ik aangeduid met (sic), bijvoorbeeld bij een verslag waarin de schrijver het heeft over een 'subsistantie' in plaats van 'substantie', of bij een dt-fout als in 'Weet je wel dat je [...] in een rivier wordt gekeilt'.

Omdat het verhaal voornamelijk vanuit het perspectief van Evert-Jan wordt verteld, heb ik de voor hem bekende aardrijkskundige namen gebruikt, zoals Nederlands-Indië en Batavia in plaats van Indonesië en Djakarta, hoewel de Indonesiërs tijdens de koloniale oorlog de laatste benamingen hanteerden. Dankzij een grondige spellingswijziging in het Indonesisch, waarbij onder andere de *oe* als *u* wordt geschreven en de *tj* als *c*, is de schrijfwijze van veel Indonesische plaatsnamen veranderd. Zo wordt Bandoeng tegenwoordig geschreven als Bandung en Tjiandjoer als Cianjur. Ook in dit geval heb ik de voor Evert-Jan bekende, oude namen gebruikt.

Waar Evert-Jans Indiëperiode uitmondde in een desillusie, was dat bij mijn schrijfavontuur geenszins het geval. Dat is voor een groot deel te danken aan de openheid van alle mensen die mee wilden werken: veteranen en hun familieleden, historici en andere betrokkenen, waarbij ik Agnes Barnes apart wil bedanken voor haar enthousiasme en het delen van haar herinneringen. De verhalen van mijn eigen familieleden golden als cruciale puzzelstukjes. Voor elk detail kon ik hen bellen. Vooral Bernhard, Janny, Evert-Jans broer Henk, Frederika en haar zoon Henk ben ik dankbaar voor hun openhartigheid en vertrouwen.

Grote dank ben ik verschuldigd aan mijn meelezers Bart Leemhuis, Rémy Limpach, Bart Luttikhuis en Harry Poeze, die met hun literaire en historische blik en waardevolle opmerkingen van onschatbare waarde zijn geweest. Daarnaast wil ik alle mensen van mijn uitgeverij HarperCollins bedanken die hebben geholpen aan de totstandkoming van het boek. Dankzij hen heb ik dat wat ooit begon als een droom – het schrijven van een boek over mijn opa's verhaal – weten te realiseren. Mijn redacteur Lisanne Mathijssen wil ik daarbij graag uitlichten, omdat zij het is geweest die vanaf het begin in dit boek geloofde, mij de kans gaf het te schrijven en mij tijdens het proces constant heeft ondersteund.

Een speciale plaats ruim ik in voor de belangrijke mensen in mijn leven: mijn vader, mijn moeder, mijn broer Aran, mijn zus Manon en bovenal Brigitte; haar minutieuze commentaar en onuitputtelijke interesse waren een onmisbare stimulans. Tot slot wil ik natuurlijk mijn eigen opa, Evert-Jan Nijboer, noemen als inspiratiebron. Dankzij zijn nalatenschap en mijn daaropvolgende zoektocht heb ik hem beter leren kennen dan ik ooit had durven hopen.

NOTEN

HOOFDSTUK 1

1. Beeld en Geluid, *Koningin Wilhelmina spreekt bevrijd Nederland toe,* 5 mei 1945.
2. Van Veen, *Militaire Politie in Nederlands-Indië,* 23.
3. Heldring, *Herinneringen en dagboek,* 1473.
4. *Trouw,* 15 juli 1945.
5. Oostindie, *Soldaat in Indonesië,* 64.
6. De Jong, *Het Koninkrijk,* deel 12: 808.
7. De Jong, *Het Koninkrijk,* deel 10a: 736.
8. Romijn, 'Learning on "the job" ', 321.
9. Van Doorn en Hendrix, *Ontsporing van geweld,* 129.
10. De Jong, *Het Koninkrijk,* deel 10a: 748-749.

HOOFDSTUK 3

1. *The Daily Telegraph,* 15 augustus 1945; *The Daily Herald,* 15 augustus 1945; *The Yorkshire Post,* 15 augustus 1945; *Daily Mirror,* 15 augustus 1945.
2. Van Veen, *Militaire Politie in Nederlands-Indië,* 42.
3. De Jong, *De terugtocht,* 15-16.
4. Van Doorn en Hendrix, *Ontsporing van geweld,* 22-23; Limpach, *De brandende kampongs van Generaal Spoor,* 50.
5. Giebels, *Soekarno,* 45; Schulte Nordholt, 'Mohammed Hatta', 352-355.
6. Van Doorn en Hendrix, *Ontsporing van geweld,* 28-40.
7. *De Tijd,* 17 september 1945.
8. Thevissen, *Als ik mij goed herinner…,* 14-15.

HOOFDSTUK 4

1. Van Veen, *Tjampoer Marechéplisie,* 28; Thevissen, *Als ik mij goed herinner…,* 17.
2. Van Veen, *Tjampoer Marechéplisie,* 29.

3. McMillan, *The British Occupation of Indonesia,* 2-3; De Jong, *De terugtocht,* 22-23; www.afscheidvanindie.nl/archieven-onderwerpen-brits-indische-militairen.aspx, 14 februari 2016.
4. Limpach, *De brandende kampongs van Generaal Spoor,* 50-51.
5. Bussemaker, *Bersiap! Opstand in het paradijs,* 14-16.
6. Limpach, *De brandende kampongs van Generaal Spoor,* 159.
7. De Jong, *De terugtocht,* 26; Limpach, *De brandende kampongs van Generaal Spoor,* 65.
8. Bussemaker, *Bersiap! Opstand in het paradijs,* 229-234.
9. www.javapost.nl/2014/02/07/bersiap-de-werkelijke-cijfers/, 28 februari 2016.
10. Thevissen, *Als ik mij goed herinner...,* 18.
11. De Jong, *Het Koninkrijk,* deel 11c: 631-632; De Jong, *Het Koninkrijk,* deel 12: 700-701; Van Veen, *Militaire Politie,* 42; Schoots, *Gevaarlijk leven. Een biografie van Joris Ivens,* 269-270.
12. Schoots, *Gevaarlijk leven,* 271.
13. *BN DeStem,* 30 oktober 2010.
14. *Sydney Morning Herald,* 12 november 1945.
15. *Daily Telegraph,* 8 november 1945.
16. *Limburgsch Dagblad,* 8 november 1945.
17. *Indonesia Calling,* 1946.
18. Schoots, *Gevaarlijk leven,* 253-254.
19. Ibidem, 273.
20. De Jong, *De terugtocht,* 21.
21. *Officiële Bescheiden,* deel 1, 199.
22. Van den Berge, *H.J. van Mook,* 216.
23. De Jong, *Het Koninkrijk,* deel 12: 732-733.
24. Oostindie, *Soldaat in Indonesië,* 54.
25. Veteraneninstituut (VI), Interview met Ed Bolte, 2 september 2008.
26. *BN DeStem,* 30 oktober 2010.
27. *Sydney Morning Herald,* 12 november 1945.
28. *BN DeStem,* 30 oktober 2010; Thevissen, *Als ik me goed herinner...,* 20.

HOOFDSTUK 5

1. Oostindie, *Soldaat in Indonesië,* 254; Van Veen, *Tjampoer Marechéplisie,* 95.
2. De Jong. *Het Koninkrijk,* deel 12: 736.
3. Ansems, *Een jaar W-Brigade,* 14-15.
4. VI, Interview met Ed Bolte, 2 september 2008; VI, Interview met Hendrik Kanon, 30 juni 2010.
5. De Jong, *Het Koninkrijk,* deel 12: 736.

6. *Leeuwarder Koerier*, 14 december 1945.
7. *Dagboeken Jan Mulder*, Hoofdstuk 3, via www.sobatsbollenstreek.nl, 20 mei 2016.
8. Van Doorn en Hendrix, *Ontsporing van geweld*, 131.
9. Limpach, *De brandende kampongs van Generaal Spoor*, 63.
10. Scagliola, *Last van de oorlog*, 39.
11. Scagliola, *Last van de oorlog*, 38-42; Oostindie, *Soldaat in Indonesië*, 83-84; Limpach, *De brandende kampongs van Generaal Spoor*, 75.
12. Scagliola, *Last van de oorlog*, 44-45.
13. Oostindie, *Soldaat in Indonesië*, 69-70.
14. Fragment uit ongepubliceerd dagboek van Harrie van Steijn, privébezit Harrie van Steijn.
15. Hornman, *De Mariniersbrigade*, 16.
16. Van Doorn en Hendrix, *Ontsporing van geweld*, 131.
17. Akkermans, *Bestemming Soerabaja*, 98.
18. Dussel, *Dat was jij, marinier!*, 58.

HOOFDSTUK 6

1. De Jong, *De terugtocht*, 48.
2. Ibidem, 40-53.
3. Oostindie, *Soldaat in Indonesië*, 111-113.
4. Smit, *Gezag is Gezag*, 11.
5. Ibidem, 212.
6. De Jong, *De terugtocht*, 60-62.
7. *Handleiding voor de Maleische taal*, 1945.
8. De Jong, *Het Koninkrijk*, deel 12: 753.

HOOFDSTUK 7

1. Ansems, *Een jaar W-Brigade*, 28.
2. De Jong, *Het Koninkrijk*, deel 12: 754.
3. *Dagboeken Jan Mulder*, Hoofdstuk 15, via www.sobatsbollenstreek.nl, 10 juni 2016.
4. De Jong. *Het Koninkrijk*, deel 12: 755.
5. Wietsma en Scagliola, *Liefde in tijden van oorlog*, 37.
6. Bussemaker, *Bersiap! Opstand in het paradijs*, 109-110.
7. *Dagboeken Jan Mulder*, Hoofdstuk 15, via www.sobatsbollenstreek.nl, 10 juni 2016.
8. *Het Dagblad*, 7 januari 1946.
9. Van Doorn en Hendrix, *Ontsporing van geweld*, 52.

HOOFDSTUK 8

1. Nationaal Archief (NA), Collectie Strijdkrachten Nederlands-Indië (SNI), 3103, Verslagen Staf W-Brigade 1946-1949, 5/6 mei 1946.
2. *Voorschrift voor de uitvoering van de Politiek Politionele Taak van het Leger (VPTL)*, 1945.
3. *Limpach, De brandende kampongs van Generaal Spoor*, 427-429.
4. Verslag 'Operatie "Duck"' van tweede luitenant J.M. Lammeree, 7 mei 1946, via tentoonstelling 'Haarlemse jongens in Indonesië (1946-1948)' in Museum Haarlem.
5. NA, SNI, 1645, Wekelijkse militaire overzichten van de NEFIS, Batavia, 16 mei 1946.
6. De Lange, *Als de natuur zwijgt*, 87.
7. Verslag van Pesing-affaire. Opgetekend door Luud Bieringa op basis van getuigenissen van veteranen van 1-11 RI, 19 mei 1946.
8. NA, SNI, 3107, Korpsgeschiedenis van 1-11 R.I., 19 mei 1946.
9. De Lange, *Als de natuur zwijgt*, 85-90; De Lange, 'Rawagede, het houdt niet op' via www.trouw.nl/tr/nl/4324/Nieuws/article/detail/1194192/2008/12/13/Rawagede-het-houdt-niet-op.dhtml, 8 juli 2016.
10. NA, SNI, 3107, Korpsgeschiedenis van 1-11 R.I., 20 mei 1946.
11. De Lange, *Als de natuur zwijgt*, 90.

HOOFDSTUK 9

1. Wietsma en Scagliola, *Liefde in tijden van oorlog*, 122.

HOOFDSTUK 10

1. *Chicago Tribune*, 6 juni 1946; *The Sydney Morning Herald*, 6 juni 1946; *The Straits Times*, 6 juni 1946.
2. Vanvugt, *Roofstaat. Wat iedere Nederlander moet weten*, 314-320; Somers Heidhues, '1740 and the Chinese Massacre in Batavia', 117-147.
3. Keppy, *Sporen van vernieling*, 22.
4. NIDI-rapport, 'De demografische geschiedenis van de Indische Nederlanders', 8; Ravando, 'Now is the time to kill all Chinese', 20.
5. Wertheim, 'Koloniaal racisme in Indonesië: ons onverwerkt verleden?', 369.
6. Van Doorn en Hendrix, *Ontsporing van geweld*, 46; Ravando, 'Now is the time to kill all Chinese', 33.
7. Somers Heidhues, 'Anti-Chinese violence in Java during the Indonesian Revolution, 1945–49', 384; NA, NEFIS en CMI, 2941, Inlichtingen *Chinese Press*, 10 juni 1946.

8. Somers Heidhues, 'Anti-Chinese violence in Java during the Indonesian Revolution, 1945–49', 386; De Jong, *Het Koninkrijk,* deel 12: 727; NA, NEFIS en CMI, 2941, Inlichtingen *Chinese Press*, 10 juni 1946.
9. Ravando, 'Now is the time to kill all Chinese', 38-39.
10. Limpach, *De brandende kampongs van Generaal Spoor,* 122-123.
11. Ravando, 'Now is the time to kill all Chinese', 46, 51.
12. Ibidem, 54, 63.
13. Ibidem, 67.
14. Somers Heidhues, 'Anti-Chinese violence in Java during the Indonesian Revolution, 1945–49', 386.
15. Limpach, *De brandende kampongs van Generaal Spoor,* 123.
16. Ravando, 'Now is the time to kill all Chinese', 68.
17. NA, Fotocollectie Dienst voor Legercontacten Indonesië, 28 mei 1946.
18. De Lange, *Als de natuur zwijgt,* 93-94.
19. Ravando, 'Now is the time to kill all Chinese', 70.
20. *Het Dagblad,* 6 juni 1946.
21. Ansems, *Een jaar W-Brigade,* 42.
22. *Sin Po*, 10 juni, via NA, NEFIS en CMI, 2941, vertaling van 'The Indonesian nation must solemnly show to the Chinese nation: whether they are civilized or barbarous, whether their movement is an organized movement for independence or they are simply a cruel mob.'
23. *The Straits Times, 7 juni 1946,* vertaling van 'pure gangsters with no motive other than thirst for blood.'
24. *The Argus*, 8 juni 1946.
25. *Het Nieuwsblad van het Zuiden*, 8 juni 1946.
26. Interview met Marijke Bevers, dochter van P.H.M. van Dijk, 22 januari 2016.
27. Nationaal Instituut voor Militaire Historie (NIMH), Dekolonisatie Nederlands-Indië, 1705, Verslag van actie op 6 Juni 1946, bijlage bij brief van den A.G.III, 27 november 1946.
28. De Lange, *Als de natuur zwijgt,* 97.
29. NIMH, Dekolonisatie Nederlands-Indië, 1705, Verslag van actie op 9/10 Juni 1946 naar Maoek door P.H.M. van Dijk, bijlage bij brief van den A.G.III, 27 november 1946.
30. Ibidem.
31. Getuigenverslag in *Star Weekly,* 16 juni 1946 via Ravando, 'Now is the time to kill all Chinese', 72, vertaling van: 'Since 07.00 an emergency alarm had been continuously sounded in Tangerang. Intermittently, we heard that people shouted Siap! Siap! (Get ready!). Member of Laskar Rakyat were

flocking on the road with their weapon unsheathed. They kept shouting and looked really confused. We also became confused and really scared. Maybe there was another riot and we would again become a victim. This vacillation lasted for almost two hours. And approximately at 09.00 we heard a fire. Initially we heard that sound from faraway, but then it became closer and closer. Suddenly our door was smashed. We saw a group of armed soldiers together with 4-5 Chinese among them went inside. They purposely came to Mauk in order to liberate Chinese people who were captured by extremists.'

32. Ravando, 'Now is the time to kill all Chinese', 75-76.

HOOFDSTUK 12

1. Oostindie, *Soldaat in Indonesië*, 256.
2. Wietsma en Scagliola, *Liefde in tijden van oorlog*, 120.
3. Bossenbroek, *De Meelstreep*, 167.
4. Scagliola, *Last van de oorlog*, 262-266.

HOOFDSTUK 13

1. NA, SNI, 3103, Verslagen Staf W-Brigade 1946-1949, juni/juli 1946; De Jong, *De terugtocht*, 78.
2. Nas en Pratiwo, 'Java and De Groote Postweg, La Grande Route, the Great Mail Road, Jalan Raya Pos', 707-725; Vanvugt, *Zwartboek van Nederland Overzee*, 177-178; *Jalan Raya Pos (De Grote Postweg)*, 1996.
3. Groot, *Lust je nog peultjes*, 108.
4. Ibidem, 108.
5. Van Veen, *Militaire Politie in Nederlands-Indië*, 55.
6. Pothof, *De marsroute van 1-11 R.I.*, 66.
7. Van Veen, *Militaire Politie in Nederlands-Indië*, 55.
8. Ansems, *Een jaar W-Brigade*, 51; NA, SNI, 3247, Overzicht verplaatsingen enz. van II-4 R.I., tijdvak van 31 maart 1946 t/m 31 december 1946, 27 juni 1946.
9. Ansems, *Een jaar W-Brigade*, 51.
10. Butot, *Indië-dagboek 1945-1948*, 65.
11. De Jong, *De terugtocht*, 68-72.
12. Mrázek, *Sjahrir: Politics and Exile in Indonesia*, 316-319; Giebels, *Soekarno*, 415-417; De Jong, *Het Koninkrijk*, deel 12: 771-773.
13. De Jong, *De terugtocht*, 74.
14. NA, SNI, 3247, Overzicht verplaatsingen enz. van II-4 R.I., tijdvak van 31 maart 1946 t/m 31 december 1946, 27 juni 1946.
15. Ansems, *Een jaar W-Brigade*, 59.

16. Van Veen, *Militaire Politie in Nederlands-Indië*, 61.
17. NIMH, Dekolonisatie Nederlands-Indië, 1705, Toekenning Koninklijke Onderscheiding Bronzen Leeuw aan P.H.M. van Dijk, 10 maart 1947.
18. Interview met Marijke Bevers, dochter van P.H.M. van Dijk, 22 januari 2016.
19. *De Courant, Algemeen Bandoengsch Dagblad*, 6 november 1946.

HOOFDSTUK 14

1. Akkermans, *Bestemming Soerabaja,* 120; Hornman, *De Mariniersbrigade,* 134.
2. Hornman, *De Mariniersbrigade*, 123.
3. Ibidem, 88.
4. Ibidem, 130.
5. Scagliola, *Last van de oorlog*, 21.
6. Oostindie, *Soldaat in Indonesië*, 82.
7. Ibidem, 269.
8. Scagliola, *Last van de oorlog*, 268.
9. Oostindie, *Soldaat in Indonesië*, 276.
10. Scagliola, *Last van de oorlog*, 265.
11. Oostindie, *Soldaat in Indonesië,* 273.
12. Scagliola, *Last van de oorlog*, 271.
13. Speerstra, *Op klompen door de dessa*, 36; Oostindie, *Soldaat in Indonesië,* 296.
14. Scagliola, *Last van de oorlog*, 271.

HOOFDSTUK 15

1. Neuman, *De W van Willem*, 43.
2. Blok en Molhuysen, *Nieuw Nederlands biografisch woordenboek,* deel 2: 697.
3. Endtz, 'Kolff en Indonesië', 12-13.
4. Van Doorn en Hendrix, *Ontsporing van geweld*, 46-49.
5. *Nieuwe Courant,* 8 juli 1946.
6. *Het Dagblad*, 6 juli 1946.

HOOFDSTUK 16

1. Van den Berge, *H.J. van Mook,* 230; De Jong, *Het Koninkrijk,* deel 12: 802.
2. Van den Berge, *H.J. van Mook*, 225.
3. De Jong, *De terugtocht,* 83.
4. Van den Berge, *H.J. van Mook,* 232.

5. De Jong, *Het Koninkrijk,* deel 12: 783-784.
6. Het versje was onderdeel van het gedicht 'Terwijl…' van een anonieme militair, in *Nieuwe Leidsche Courant,* 14 november 1946.
7. *Trouw,* 24 juni 1947.
8. De Jong, *De terugtocht,* 59.
9. Mak, *De eeuw van mijn vader,* 451.
10. De Jong, *De terugtocht,* 62.
11. Mak, *De eeuw van mijn vader,* 451-452.
12. NA, SNI, 3103, Verslagen Staf W-Brigade 1946-1949, september 1946.
13. *Het Dagblad,* 7 december 1946; *Het Dagblad,* 16 december 1946.

HOOFDSTUK 17

1. Limpach, *De brandende kampongs van Generaal Spoor,* 204.
2. Romijn, 'Learning on 'the job'', 329.
3. *De Baanbreker,* 4 mei 1946.
4. McMillan, *The British Occupation of Indonesia: 1945-1946,* 89-90, vertaling van: 'The prisoners had urinated on the floor, and owing to the lack of ventilation the stench was more than any human could stand… One Indonesian whose head was covered in bandages, his face lacerated in several places, ought to have been placed in more sanitary conditions.'
5. *Handelingen Tweede Kamer der Staten-Generaal,* 1945-1946, 36ste vergadering – 6 mei 1946, 737; Romijn, 'Learning on 'the job'', 330.
6. Verslag van Pesing-affaire. Opgetekend door Luud Bieringa op basis van getuigenissen van veteranen van 1-11 RI, 22 mei 1946.
7. Oostindie, *Soldaat in Indonesië,* 135.
8. Ibidem, 138.
9. Ibidem, 141.
10. Limpach, *De brandende kampongs van Generaal Spoor,* 746.
11. Verslag van Pesing-affaire. Opgetekend door Luud Bieringa op basis van getuigenissen van veteranen van 1-11 RI, 22 mei 1946.
12. De Jong, *Het Koninkrijk,* deel 12, 802.
13. *De Waarheid,* 23 september 1946.
14. *Limburgsch Dagblad,* 5 september 1946.
15. De Jong, *Het Koninkrijk,* deel 12, 802.
16. *Het Vrije Volk,* 18 december 1946.
17. *Friesch Dagblad,* 19 december 1946.
18. Van de Vrande, *Ons groot avontuur,* 88-89.
19. Romijn, 'Learning on "the job"', 330.
20. Handelingen Tweede Kamer der Staten-Generaal, 1946-1947, kamerstuk-

nummer 237 ondernummer 2: Onderzoek in verband met de militaire bezetting van Pesing.

21. De Moor, *Generaal* Spoor, 200.
22. NA, Procureur-Generaal bij het Hooggerechtshof van Nederlands-Indië (PG), 1312, ongetitelde en ongedateerde handgeschreven nota van Felderhof; Limpach, *De brandende kampongs van Generaal Spoor*, 583.
23. Limpach, *De brandende kampongs van Generaal Spoor,* 439-450.
24. NA, PG, 57, handgeschreven brief van Felderhof over op de vlucht neergeschoten arrestanten naar aanleiding van bijgevoegde krantenknipsels, juli/augustus 1946.
25. Limpach, *De brandende kampongs van Generaal Spoor*, 474.
26. Ibidem, 472-475.
27. Ibidem, 458, 567-569.
28. De Moor, *Generaal* Spoor, 200; Limpach, *De brandende kampongs van Generaal Spoor*, 426; *Nieuwe Courant,* 28 december 1946.
29. Limpach, *De brandende kampongs van Generaal Spoor,* 738.
30. Van Doorn en Hendrix, *Ontsporing van geweld,* 229.
31. Butot, *Indië-dagboek 1945-1948,* 66.
32. NA, SNI, 3103, Verslagen Staf W-Brigade 1946-1949, juni/juli 1946.
33. Ansems, *Een jaar W-Brigade,* 52.
34. Limpach, *De brandende kampongs van Generaal Spoor,* 672.

HOOFDSTUK 18

1. Van Veen, *Tjampoer Marechéplisie*, 49-52.
2. NIMH, Losse Stukken, 3443, Verslag over de protestante geestelijke verzorging in Nederlands-Indië, over de maand februari 1947.

HOOFDSTUK 19

1. Van Veen, *Militaire Politie in Nederlands-Indië,* 193.
2. Ibidem, 108.
3. Limpach, *De brandende kampongs van Generaal Spoor,* 598.
4. *Het Dagblad,* 12 september 1946; *Het Dagblad,* 18 september 1946.
5. Limpach, *De brandende kampongs van Generaal Spoor,* 67.
6. NA, PG, 65, stukken betreffende de moorden gepleegd tijdens de eerste en tweede bersiap-periode en de vervolging en berechting van de daders.
7. De Jong, *Het Koninkrijk,* deel 12, 872-873.
8. De Jong, *Het Koninkrijk,* deel 12, 864-675; Piccigallo, *The Japanese on Trial,* 174-184.
9. Van Veen, *Militaire Politie in Nederlands-Indië,* 103.

HOOFDSTUK 20

1. Van Liempt, *Nederland valt aan*, 269; De Lange, *Als de natuur zwijgt*, 175-176.
2. De Moor, *Generaal Spoor*, 270.
3. Hornman, *De Mariniersbrigade*, 239-241.
4. Heijboer, *De Politionele Acties*, 32.
5. *De Tijd*, 21 juli 1947.
6. De Jong, *Het Koninkrijk, deel 12*, 781-782.
7. Smit, *Het akkoord van Linggadjati*, 121.
8. De Jong, *Het Koninkrijk, deel 12*, 788.
9. De Jong, *De terugtocht*, 108.
10. Ibidem, 109.
11. Van Liempt, *Nederland valt aan*, 9.
12. Bogaarts, 'Lieftinck en de druk op de Indische ketel 1946-1947', 57-83.
13. De Jong, *De terugtocht*, 113; De Jong, *Het Koninkrijk, deel 12*, 822.
14. De Jong, *De terugtocht*, 124-126.
15. Van Liempt, *Nederland valt aan*, 8.
16. Bogaarts, 'Lieftinck en de druk op de Indische ketel 1946-1947', 57-83.
17. Limpach, *De brandende kampongs van Generaal Spoor*, 94.
18. Burgers, *De garoeda en de ooievaar: Indonesië van kolonie tot nationale staat*, 553.
19. Van Doorn en Hendrix, *Ontsporing van geweld*, 99-100.
20. De Jong, *De terugtocht*, 131.
21. Ibidem, 55.
22. Freriks, *Echo's van Indië*, 13.
23. Beeld & Geluid, *Linggadjati in de branding*, 1947.
24. Limpach, *De brandende kampongs van Generaal Spoor*, 91.
25. De Jong, *Het Koninkrijk, deel 12*, 828; Kok, Somers en Zweers, *Koloniale oorlog*, 77.
26. Zweers, *De gecensureerde oorlog*, 72-75.
27. Limpach, *De brandende kampongs van Generaal Spoor*, 420-424.
28. Zweers, *De gecensureerde oorlog*, 352.
29. Kok, Somers en Zweers, *Koloniale oorlog*, 64.
30. Zweers, *De gecensureerde oorlog*, 353.
31. Van Doorn en Hendrix, *Ontsporing van geweld*, 99-100.
32. De Jong, *De terugtocht*, 132-133; De Jong, *Het Koninkrijk, deel 12*, 833.
33. *Washington Post*, 5 augustus 1947 en *The New York Times*, 24 augustus 1947, beiden in: Franssen, 'War of double standards', 36.
34. De Jong, *De terugtocht*, 133-134.
35. Oostindie, *Soldaat in Indonesië*, 118.

HOOFDSTUK 21

1. De Jong, *Het Koninkrijk*, deel 12, 835.
2. De Jong, *De terugtocht*, 137-139.
3. Ibidem, 152.
4. Gouda, *American Visions of the Netherlands East Indies/Indonesia*, 156.
5. Zweers, *De gecensureerde oorlog*, 284; De Jong, *De terugtocht*, 146-174.
6. De Jong, *De terugtocht*, 143-145.
7. Limpach, *De brandende kampongs van Generaal Spoor*, 86.
8. De Jong, *De terugtocht*, 131.

HOOFDSTUK 22

1. Oostindie, *Soldaat in Indonesië*, 257; Wietsma en Scagliola, *Liefde in tijden van oorlog*, 189.
2. *Sexueele voorlichting*, Inspectie Geneeskundige Dienst der Koninklijke Landmacht, 1946.
3. *Voorschrift Hygiënische en andere Wenken voor den soldaat*, 15.
4. Wietsma en Scagliola, *Liefde in tijden van oorlog*, 26, 177.
5. Ibidem, 55.
6. Ibidem, 91.
7. Limpach, *De brandende kampongs van Generaal Spoor*, 465; *Het Spoor Terug*, VPRO, 22 mei 1988.
8. VI, Interview met Ed Bolte, 2 september 2008.
9. Wietsma en Scagliola, *Liefde in tijden van oorlog*, 106-108; Limpach, *De brandende kampongs van Generaal Spoor*, 685.
10. Wietsma en Scagliola, *Liefde in tijden van oorlog*, 158.

HOOFDSTUK 23

1. Limpach, *De brandende kampongs van Generaal Spoor*, 86; De Jong, *Koninkrijk, deel 12*, 901; Van Veen, *Tjampoer Marechéplisie*, 104.
2. *Het Spoor Terug*, VPRO, 28 maart 1989.
3. Neuman, *De W van Willem*, 77.
4. De Jong, *Het Koninkrijk, deel 12*, 908; Oostindie, *Soldaat in Indonesië*, 25; De Jong, *De terugtocht*, 150-155.
5. De Jong, *De terugtocht*, 144.
6. Van Veen, *Militaire Politie in Nederlands-Indië 1945-1950*, 43, 130; *De Locomotief*, 29 januari 1948; NIMH, Dekolonisatie Nederlands-Indië, 1705, rapport ongeval 24 januari 1948.
7. Oostindie, *Soldaat in Indonesië*, 26.
8. Ibidem, 112-113.

9. *De Volkskrant*, 16 augustus 2005.
10. *Nieuwe Courant*, 1 maart 1948.

EPILOOG I

1. Oostindie, *Soldaat in Indonesië*, 284-285.
2. Scagliola, *Last van de oorlog*, 275.
3. Ibidem, 31-34.
4. Beeld en Geluid, *R.T.C. Slotvergadering en Soevereiniteitsoverdracht*, 1949.
5. Oostindie, *Soldaat in Indonesië*, 26; 'Cijfers Japanse bezetting, Pacific-oorlog en Indonesische onafhankelijkheidsstrijd' via www.niod.knaw.nl/nl/vraag-en-antwoord/japanse-bezetting-pacific-oorlog-en-indonesische-onafhankelijkheidsstrijd, 16 december 2016.
6. Oostindie, *Soldaat in Indonesië*, 280.
7. De Jong, *Het Koninkrijk, deel 12*, 1056.
8. Limpach, *De brandende kampongs van Generaal Spoor*, 63.
9. Harinck en Verwey, 'Wie kwamen, wie zagen, wie schreven?' via www.kitlv.nl/wp-content/uploads/2015/10/C.H.C.-Harinck-J.-Verwey-Wie-kwamen-wie-zagen-wie-schreven-voor-de-KITLV-website.pdf, 18 december 2016.
10. Oostindie, *Soldaat in Indonesië*, 287-289.

EPILOOG II

1. *Achter het Nieuws*, VARA, 17 januari 1969.
2. Scagliola, *Last van de oorlog*, 107.
3. *Excessennota*, 1969 in: Bank, *De excessennota*, 31-33.
4. Scagliola, *Last van de oorlog*, 111, 322-324.
5. Ibidem, 112-113.

BIBLIOGRAFIE

ARCHIEVEN EN COLLECTIES

NATIONAAL ARCHIEF (NA), DEN HAAG

Archief Netherlands Forces Intelligence Service [NEFIS] en Centrale Militaire Inlichtingendienst [CMI] in Nederlands-Indië
Archief Procureur-Generaal bij het Hooggerechtshof van Nederlands-Indië
Archief Strijdkrachten Nederlands-Indië
Fotocollectie Dienst voor Legercontacten Indonesië

NEDERLANDS INSTITUUT VOOR MILITAIRE HISTORIE (NIMH), DEN HAAG

Collectie Dekolonisatie Nederlands-Indië
Collectie Losse stukken

VETERANENINSTITUUT (VI), DOORN

Interviewcollectie (interview.veteraneninstituut.nl)

LITERATUUR

- Akkermans, I. 2014. *Bestemming Soerabaja. Een verzwegen verleden in Nederlands-Indië.* Amsterdam: Cossee.
- Ansems, H.J. 1947. *Een jaar W-Brigade.* Z.p.: z.n.
- Bank, J. 1995. *De excessennota. Nota betreffende het archiefonderzoek naar de gegevens omtrent excessen in Indonesië begaan door Nederlandse militairen in de periode 1945-1950.* Den Haag: Sdu Uitgeverij.
- Berge, T. van den. 2014. *H.J. van Mook. 1894-1965. Een vrij en gelukkig Indonesië.* Bussum: Uitgeverij Thoth.
- Blok, P.J. en P.C. Molhuysen. 1912. *Nieuw Nederlands biografisch woordenboek.* Leiden: Sijthoff.
- Bogaarts, M.D. 1990. 'Lieftinck en de druk op de Indische ketel 1946-1947'

in: *Politieke Opstellen 10, 1990.* Nijmegen: Centrum voor Parlementaire Geschiedenis.

- Bossenbroek, M. 2001. *De Meelstreep. Terugkeer en opvang na de Tweede Wereldoorlog.* Amsterdam: Bert Bakker.
- Burgers, H. 2011. *De garoeda en de ooievaar. Indonesië van kolonie tot nationale staat.* Leiden: KITLV Uitgeverij.
- Bussemaker, H. Th. 2005. *Bersiap! Opstand in het paradijs. De Bersiap-periode op Java en Sumatra 1945-1946.* Zutphen: Walburg Pers.
- Butot, H. 2015. *Indië-dagboek 1945-1948. Herinneringen van Henri Butot.* Z.p.: z.n.
- Doorn, J.A.A. van, en W.J. Hendrix. 2012. *Ontsporing van geweld. Het Nederlands-Indonesisch conflict.* Zutphen: Walburg Pers. [1e dr.: Rotterdam: Universitaire Pers Rotterdam, 1970.]
- Dussel, W. 1950. *Dat was jij, marinier!* Amsterdam: C. De Boer Jr.
- Endtz, O. 2016. 'Kolff en Indonesië. G. Kolff & Co., NV Koninklijke Boekhandel en Drukkerij.', *De Colve. Kroniek van de Familievereniging Kolff* 21: 12-13.
- Franssen, A. 2015. 'War of double standards. The representation of the Dutch-Indonesian conflict in the American print media, 1945-1949', MA Thesis, Universiteit Leiden.
- Freriks, K. 2015. *Echo's van Indië. De onafhankelijkheid van Indonesië in verhalen en herinneringen.* Amsterdam: Athenaeum – Polak & Van Gennep.
- Giebels, L. 1999. *Soekarno. Nederlandsch onderdaan.* Amsterdam: Bert Bakker.
- Gouda, F. 2002. *American Visions of the Netherlands East Indies/Indonesia. US Foreign Policy and Indonesian Nationalism, 1920-1949.* Amsterdam: Amsterdam University Press.
- Groot, C.P. 2014. *'Lust je nog peultjes'. Dagboek van Cornelis Petrus Groot. OVW-er bij de 3e cie. van het Kennemer-bataljon II-4 R.I. / 1945-'48.* Z.p.: z.n.
- Handelingen Tweede Kamer der Staten-Generaal, 1945-1946.
- Handelingen Tweede Kamer der Staten-Generaal, 1946-1947.
- Handleiding voor de Maleische taal. Koninklijk Nederlandsch Indisch Leger. 1945.
- Hanswijck de Jonge, H.A.G.J.P. van. 1981. *Troepentransport naar Nederlandsch-Indië. 1946-1950.* Bussum: De Boer Maritiem.
- Harinck, C.H.C. en J. Verwey. 2015. 'Wie kwamen, wie zagen, wie schreven?' via http://www.kitlv.nl/wp-content/uploads/2015/10/C.H.C.-Harinck-J.-Verwey-Wie-kwamen-wie-zagen-wie-schreven-voor-de-KITLV-website.pdf.
- Heijboer, P. 1979. *De politionele acties.* Haarlem: Fibula-Van Dishoeck.

- Heldring, E. 1970. *Herinneringen en dagboek (ed. Joh. de Vries).* Groningen: Wolters-Noordhoff.
- Hornman, W. 1995. *De Mariniersbrigade. De Geschiedenis.* Hoevelaken: Verba.
- Jong, J.J.P. de. 2015. *De terugtocht. Nederland en de dekolonisatie van Indonesië.* Amsterdam: Boom.
- Jong, L. de. 1980. *Het Koninkrijk der Nederlanden in de Tweede Wereldoorlog. Deel 10a.* Den Haag: Martinus Nijhof.
- Jong, L. de. 1986. *Het Koninkrijk der Nederlanden in de Tweede Wereldoorlog. Deel 11c.* Leiden: Martinus Nijhof.
- Jong, L. de. 1988. *Het Koninkrijk der Nederlanden in de Tweede Wereldoorlog. Deel 12, Epiloog.* Den Haag: Sdu Uitgeverij.
- Keppy, P. 2006. *Sporen van vernieling. Oorlogsschade, roof en rechtsherstel in Indonesië, 1940-1957.* Amsterdam: Boom.
- Kok, R., Somers, E. en Zweers, L. 2009. *Koloniale oorlog 1945-1949. Van Indië naar Indonesië.* Amsterdam: Uitgeverij Carrera.
- Lange, J. de. 1995. *Als de natuur zwijgt.* Bergen: Bonneville.
- Liempt, A. van. 1994. *Een mooi woord voor oorlog. Ruzie, roddel en achterdocht op weg naar de Indonesië-oorlog.* Den Haag: Sdu Uitgeverij.
- Liempt, A. van. 2012. *Nederland valt aan. Op weg naar oorlog met Indonesië, 1947.* Amsterdam: Balans.
- Limpach, R. 2016. *De brandende kampongs van Generaal Spoor.* Amsterdam: Boom.
- Mak, G. 2012. *De eeuw van mijn vader.* Amsterdam: Olympus. [1e dr.: Amsterdam: Atlas, 1999.]
- McMillan, R. 2005. *The British Occupation of Indonesia 1945-1946. Britain, the Netherlands and the Indonesian Revolution.* Londen: Routledge.
- Moor, J. de. 2011. *Generaal Spoor. Triomf en tragiek van een legercommandant.* Amsterdam: Boom.
- Mrázek, R. 1994. *Sjahrir: Politics and Exile in Indonesia.* New York: Cornell Southeast Asia Program.
- Nas, P.J.N. en Pratiwo. 'Java and De Groote Postweg, La Grande Route, the Great Mail Road, Jalan Raya Pos', in: F. Colomijn red. 2002. *On the road: The Social Impact of New Roads in Southeast Asia.* Leiden: Koninklijk Instituut voor Taal-, Land- en Volkenkunde (KITLV).
- Neuman, H.J. 1949. *De W van Willem. Kroniek van een Brigade.* Semarang: G.C.T. van Dorp & Co. N.V.
- NIDI-rapport. 2002. *De demografische geschiedenis van de Indische Nederlanders.* Den Haag: Nederlands Interdisciplinair Demografisch Instituut.

- Oostindie, G. 2015. *Soldaat in Indonesië.* Amsterdam: Prometheus.
- Piccigallo, P. 1979. *The Japanese on Trial: Allied War Crimes Operations in the East, 1945-1951.* Austin: University of Texas Press.
- Pothof, P. 1995. *De marsroute van 1-11 R.I.* Z.p.: Vereniging 1-11 R.I.
- Ravando. 2014. 'Now is the time to kill all Chinese. Social Revolution and the Massacre of Chinese in Tangerang, 1945-1946', MA Thesis, Universiteit Leiden.
- Romijn, P. 2012. 'Learning on "the job": Dutch war volunteers entering the Indonesian war of independence, 1945-46', *Journal of Genocide Research* 14:3-4: 317-336.
- Scagliola, S. I. 2002. *Last van de oorlog. De Nederlandse oorlogsmisdaden in Indonesië en hun verwerking.* Amsterdam: Balans.
- Schoots, H. 1995. *Gevaarlijk leven. Een biografie van Joris Ivens.* Amsterdam: Jan Mets.
- Schulte Nordholt, H.G. 'Mohammed Hatta' in: H. Bergema red. 1959. *Pioniers van het nieuwe Azië.* Franeker: T. Wever.
- Sexueele voorlichting. Inspectie Geneeskundige Dienst der Koninklijke Landmacht. 1946.
- Smit, C. *Het akkoord van Linggadjati. uit het dagboek van prof. dr. ir. W. Schermerhorn, voorzitter der commissie-generaal voor Nederlands-Indië, 14 september 1946 - 18 september 1947.* Amsterdam: Elsevier.
- Smit, H. 2006. *Gezag is gezag. Kanttekeningen bij de houding van de gereformeerden in de Indonesische kwestie.* Hilversum: Verloren.
- Somers Heidhues, M. 2009. '1740 and the Chinese Massacre in Batavia: Some German Eyewitness Accounts', *Archipel* 77-1: 117-147.
- Somers Heidhues, M. 2012. 'Anti-Chinese violence in Java during the Indonesian Revolution, 1945-49', *Journal of Genocide Research* 14:3-4: 381-401.
- Speerstra, H. 2015. *Op klompen door de dessa. Indiëgangers vertellen.* Amsterdam: Atlas Contact.
- Thevissen, H. 2009. *Als ik mij goed herinner.* Z.p.: z.n.
- Vanvugt, E. 2002. *Zwartboek van Nederland Overzee. Wat iedere Nederlander moet weten.* Soesterberg: Aspekt.
- Vanvugt, E. 2016. *Roofstaat. Wat iedere Nederlander moet weten.* Amsterdam: Nijgh & Van Ditmar.
- Veen, A. J. van. 1991. *Tjampoer Marechéplisie. Het Korps Militaire Politie/Koninklijke Marechaussee in Nederlands-Indië. 1945-1951.* Amsterdam: De Bataafsche Leeuw.
- Veen, A. J. van. 1997. *Militaire Politie in Nederlands-Indië. 1945-1951.* Amsterdam: De Bataafsche Leeuw.

- Voorschrift Hygiënische en andere Wenken voor den soldaat. Staf Bevelhebber Nederlandse Strijdkrachten, uitgave KNIL, herdruk. 1945.
- Voorschrift voor de uitoefening van de Politiek Politionele Taak van het Leger (VPTL). Staf Bevelhebber Nederlandse Strijdkrachten, uitgave KNIL, herdruk. Batavia: 1945.
- Vrande, L.G.W. van de. 1948. *Ons groot avontuur. Met 2-14 R.I. Bataljon "Zeeland" naar Indië.* Tilburg: Drukkerij Missiehuis.
- Wal, S.L. van der. 1971. *Officiële Bescheiden betreffende de Nederlands-Indonesische betrekkingen 1945-1950. Deel 1.* Den Haag: Martinus Nijhoff.
- Wertheim, W.F. 1991. 'Koloniaal racisme in Indonesië: ons onverwerkt verleden', *De Gids* 5-6: 367-385.
- Wietsma, A. en S. Scagliola. 2013. *Liefde in tijden van oorlog. Onze jongens en hun verzwegen kinderen in de Oost.* Amsterdam: Boom.
- Zweers, L. 2013. *De gecensureerde oorlog. Militairen versus media in Nederlands-Indië 1945-1949.* Zutphen: Walburg Pers.

PERIODIEKEN

- *BN DeStem*
- *Chicago Tribune* (Verenigde Staten)
- *Daily Mirror* (Groot-Brittannië)
- *De Baanbreker*
- *De Courant, Algemeen Bandoengsch Dagblad*
- *De Locomotief*
- *De Tijd*
- *De Volkskrant*
- *De Waarheid*
- *Friesch Dagblad*
- *Het Dagblad*
- *Het Nieuwsblad van het Zuiden*
- *Het Vrije Volk*
- *Leeuwarder Koerier*
- *Limburgsch Dagblad*
- *Nieuwe Courant*
- *Nieuwe Leidsche Courant*
- *Sydney Morning Herald* (Australië)
- *The Argus* (Australië)
- *The Daily Herald* (Groot-Brittannië)
- *The Daily Telegraph* (Australië)
- *The Daily Telegraph* (Groot-Brittannië)

- *The Straits Times* (Singapore)
- *The Yorkshire Post* (Groot-Brittannië)
- *Trouw*

TELEVISIE- EN RADIO-UITZENDINGEN

- 'Achter het Nieuws', VARA-programma, 17 januari 1969.
- 'Afscheid van Indië 8, Het moreel van de troepen', radiodocumentaire van VPRO-programma Het Spoor Terug, 22 mei 1988.
- 'Cheerio! 13: De huisvrouw', radiodocumentaire van VPRO-programma Het Spoor Terug, 28 maart 1989.
- 'Indonesia Calling', film van Joris Ivens. 1946.
- 'Jalan Raya Pos (De Grote Postweg)', film van Bernie IJdis. 1996.
- 'Koningin Wilhelmina spreekt bevrijd Nederland toe', uitzending van Radio Herrijzend Nederland, 5 mei 1946. Collectie Beeld en Geluid.
- 'Linggadjati in de branding', film van Gouvernements Filmbedrijf Multifilm Batavia, 1947. Collectie Beeld en Geluid.
- 'R.T.C. Slotvergadering en Soevereiniteitsoverdracht', Polygoon Profilti Productie. 1949. Collectie Beeld en Geluid.

WEBSITES

- www.afscheidvanindie.nl
- www.javapost.nl
- www.kitlv.nl
- www.niod.nl
- www.sobatbollenstreek.nl
- www.trouw.nl

TENTOONSTELLINGEN

Haarlemse jongens in Indonesië (1946-1948) – 23 juli-28 augustus 2016 in Museum Haarlem.

ILLUSTRATIES

De meeste afbeeldingen zijn afkomstig uit het privé-archief van Evert-Jan Nijboer, met uitzondering van de volgende afbeeldingen:

2. Affiche voor de oproep van oorlogsvrijwilligers, 1945: © Beeldbank WO2 - NIOD / Beeld: Salverda.
5. Soekarno roept in Batavia de onafhankelijkheid van Indonesië uit, 17 augustus 1945: Wikimedia Commons / Beeld: Frans Mendur.
7. De Australische krant *The Sun* over de demonstraties in Sydney tegen de Nederlandse militairen, 7 november 1945: © National Library of Australia.
11. De Willemskerk aan het Koningsplein te Batavia: © Universiteitsbibliotheek Leiden, KITLV / Beeld: Woodbury & Page.
12. Bioscoop de Rex te Batavia: © Universiteitsbibliotheek Leiden, KITLV.
13. Nederlandse militairen lopen door de straten van Tangerang, 28 mei 1945: © Nationaal Archief / Beeld: Dienst voor Legercontacten Indonesië.
14. Verwoeste woning in Tangerang, 28 mei 1946: © Nationaal Archief / Beeld: Dienst voor Legercontacten Indonesië.
15. Door Republikeinse strijders geschreven tekst om de Nederlandse soldaten schrik aan te jagen, 28 mei 1946: © Nationaal Archief / Beeld: Dienst voor Legercontacten Indonesië.
16. Een Nederlandse soldaat benadert een uitgebrande woning in Tangerang, 28 mei 1946: © Nationaal Archief / Beeld: Dienst voor Legercontacten Indonesië.
28. Mariniers landen op het strand van Pasir Poetih op Oost-Java tijdens de 'Eerste Politionele Actie', 21 juli 1947: © Spaarnestad Photo / Beeld: Hugo Wilmar.
30. Soevereiniteitsoverdracht aan Indonesië in het Paleis op de Dam, 27 december 1949: © Nationaal Archief / Beeld: Joop van Bilsen / Anefo.

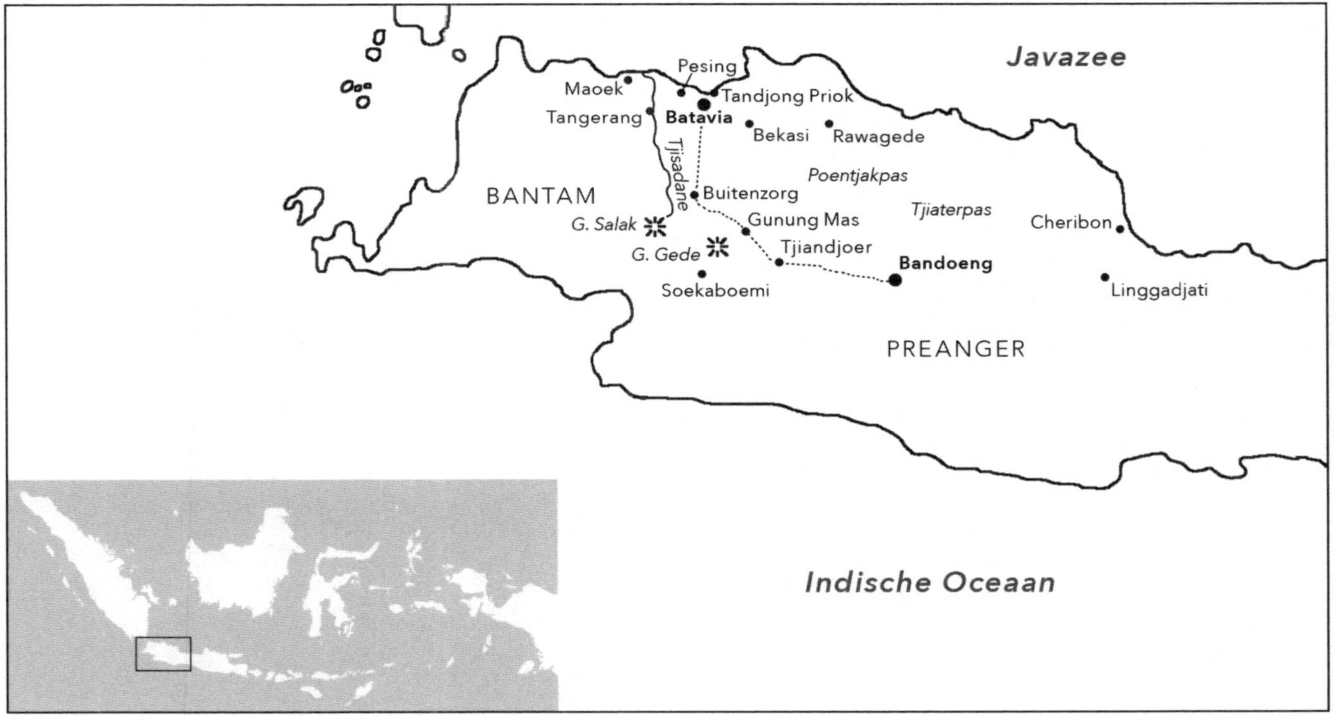
Javazee
Pesing
Maoek
Tandjong Priok
Tangerang
Batavia
Bekasi
Rawagede
Tjisadane
Poentjakpas
BANTAM
Buitenzorg
Tjiaterpas
Cheribon
G. Salak
Gunung Mas
G. Gede
Tjiandjoer
Bandoeng
Soekaboemi
Linggadjati
PREANGER
Indische Oceaan